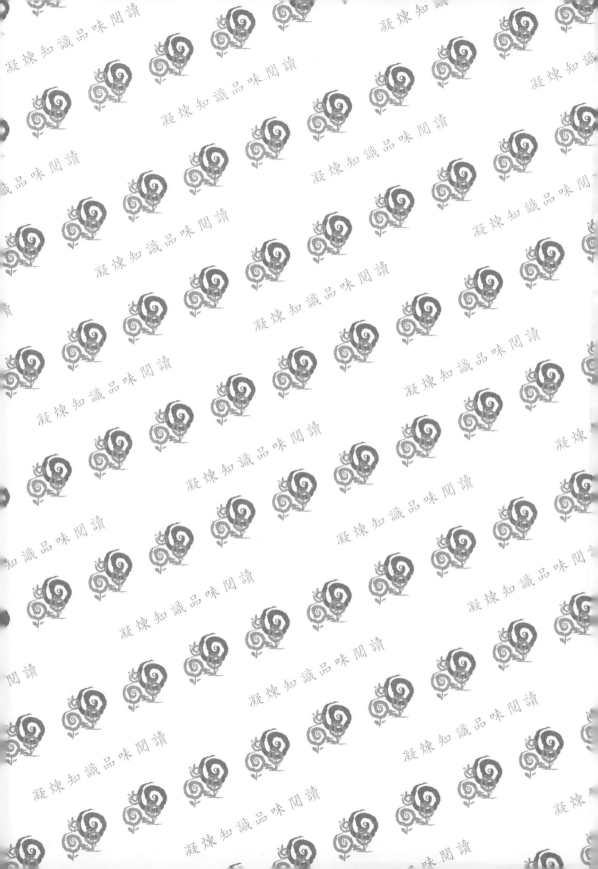

班級經營

林進材　著

五南圖書出版公司 印行

序

　　班級經營（或稱班級管理）的議題和研究，一直是教師生涯發展中重要的一環。國內外的研究指出，班級經營是新手與專家教師最感到沮喪的一環，同時也是教師對教育理想感到挫折的重要因素。一般的教育文獻相關理論與發展，總是理所當然地將班級經營視爲教學的前置作業，認爲它只是教學技術的一部分。其實，班級經營如果作不好的話，容易影響教學活動的進行，使教學屈居於班級經營之下，而形成本末倒置的現象。

　　一般初任教師在接新班級時，由於教學經驗有限而無法面面俱到，因爲教室中各種複雜情境的出現，導致教師手忙腳亂的現象。更有甚者，可以導致教室嚴重問題出現，而付出重大的代價。如果教師在班級經營中，可以依據各種例行公事方式處理班級生活中的各種事件，運用經驗取向的處理策略，以處方性策略或備忘錄的方式，有效並且迅速處理班級各種訊息的話，教學活動的進行必然可以順暢，減少各種內外在的影響因素，提升班級教學效能並提高教學品質。

　　本書自從出版以來，受到教育界和中小學教師的歡迎，已歷經多次再刷和修正內容。爲了能回應學校教育的實際需要，使本書的內容更爲貼近教室現場需求。因此，利用此次再版時，將班級經營中的重要事項以及班級經營內涵，作學理與實際兩方面的結合，提供國內中小學教師班級經營的處方性策略，以實際例子導引深奧的理論，可以提供教師在班級經營中有效的處理策略，深信透過本書的閱讀，可以讓新手與專家教師在處理班級事務時得心應手。

　　本書在內容方面除了原來的內容之外，特別加入「霸凌的類型與因應策略」、「未來班級的想像與塑造」等二個章節，希望這二個章節的加入，可以讓班級經營的議題內容更爲完整。本書的每一章節中均提供相關的理論，以最淺顯的實務驗證理論的重要性，提供教師可行且具有創意的策略，教師可從本書中擷取豐富的經驗和實例。另外，本書將歷年來中小

學教師資格檢定考試的試題和解答附錄在後，提供準備教師資格檢定考試的準教師參考。

　　本書的出版，要感謝的人相當多，包括在過去多年來選修筆者相關課程的學生與現職教師，提供班級經營的豐富經驗與策略，讓筆者得以在鑽研理論的同時，驗證實務方面的應用問題，並隨時修正自己的想法。五南圖書公司總編輯和編輯群的努力用心，是督促本書再版的最佳動力。本書的出版在內文方面難免有所疏漏，尚祈教育先進，不吝指正是幸！

林進材 於國立臺南大學2017/06/01

第一章

班級經營的意涵

「瞭解班級經營的意涵，才能掌握班級經營的關鍵，營造良好的班級特色。」

本章針對班級經營的理論與內涵，論述班級經營的重要性、內涵、理念；有效班級經營的基礎、班級經營的模式、班級經營的要領；以及班級經營七招、班級經營的天龍八部，作為教師班級經營的參考。教師要能掌握班級經營的意義和內涵，才能做好班級管理工作，使教學活動順利進行。

一、班級經營的重要性

自1970年以還，開放教育的理念逐漸受到重視。學習的空間與生活環境在無形中擴大。而教學不再侷限於教室，舉凡操場、社區、校外教學場所等學習場地，都需要依據教育上的需要，做整體性、系統性的規劃統

整，方足以回應日新月異的教育革新與發展。

　　有鑑於此，班級經營（classroom management）（或稱班級管理）遂成為教育過程中重要的一環，成為教師在教學過程中影響教學成效的主要因素。班級經營的主要重點在於產生和維持教室情境，使教學依教師計畫有效地進行，如鼓勵良好行為、培養師生關係、建立有益的團體行為常模等，都是管理活動的一些例子。教師如果無法在教學前階段，進行有效的班級經營，那麼教學活動就無法順利的進行。班級經營通常被認為是教學成功的先決條件，是為教學做整頓工作（簡紅珠，1996）。

　　做好班級經營工作，才能使班級教學順利的進行，讓學生在班級學習中，擁有成功的經驗，透過成功經驗累積，達到學習幸福的境界。

二、班級經營的內涵

　　班級經營所涉及的人、事、物等相當廣泛，其內容常因時、因地、因人、因境、因物而異。有關班級經營的內涵，範圍是相當廣泛的。林進材（2002）指出，班級經營包括班級行政經營、班級環境經營、課程與教學經營、學生偏差行為的因應、班級常規經營、班級氣氛、時間管理、訊息的處理等。一般的學校教育，將班級經營分成八個層面，簡單的說明如下：

（一）班級的行政經營

　　班級的行政經營是教師和學生共同處理教室中人、事、物等因素，使教室成為最適合學生學習的環境，以易於達成教學目的。班級的行政經營內容包括班級常規的制訂、班級座位的安排、班級目標的設定、班級行事曆的擬定和執行、學生檔案資料及班級事物的處理、每日例行工作之執行等。

（二）班級的環境經營

　　班級的環境經營包括心理環境的經營和物理環境的經營，心理環境通常指的是班級教室氣氛或班級學習環境、班級的心理社會環境，是一種無

形的心理環境。班級的物理環境是指班級教室及其他可供教學活動進行的場所及其相關的教學設施而言，包括教室的基本配備、地點、外觀等。

（三）班級的課程與教學經營

班級的課程與教學是班級生活中的重要核心，在班級生活中，教師在課程與教學方面的運作，攸關教學品質與教育成效的良窳。因而，教師應該有效安排教學活動，擬定各種創意的教學活動計畫，以提升教學效果，落實教育機會均等的理念，使學習者因其潛能與性向達到最佳的學習狀況。

（四）班級學生偏差行為的因應

學生偏差行為與暴力問題是班級經營的一大致命傷，對於班級活動、教學的進行、同儕關係的發展與學習氣氛均有相當大的影響。來自於不同社經地位與文化背景的學生，其特有的族群表徵與文化符碼往往使教師在面對學生問題時束手無策。

（五）班級的常規管理經營

班級常規的制定與執行是為了使教學活動的實施更暢行無阻，教學更有效率。班級常規是學生在教室生活中的一種規則，此套規則是由師生共同協商約定俗成的，用來配合教師教學或引導班級活動的進行。

（六）班級的氣氛營造

班級的氣氛營造是由班級師生或學生同儕之間的交互作用而形成的一種獨特的氣氛。此種獨特的氣氛影響班級每一個成員的思想、信念、價值觀、態度、期望或行為模式等。班級氣氛隨著各班師生互動及學生同儕之間的互動而形成，形成之後又影響班級中個別分子的行為。

（七）班級時間的管理經營

在從事班級經營時教師必須掌握時間的因素，瞭解多少時間做多少事

的行為模式。時間的運用和規劃，促使教師班級經營更有效率、更具教育影響力。教師可以引導學生從各種班級生活中，有效的運用時間。

（八）班級訊息的處理

班級活動中訊息的溝通包括語言和非語言部分的溝通，在語言溝通方面包括音量大小是否適中？說話速度快慢是否合宜？語彙使用難易是否恰當？發言是否清晰等。在非語言溝通方面，包括手勢和表情的傳達是否吸引學生的注意力？教學者是否具有親和力？本身的學科與學科教學知識是否足以擔任該科的教學等。

三、班級經營的基本理念

班級經營的基本理念，是教師擔任班級導師（或級任教師）對班級的態度、想法、信念與價值觀。所謂「怎樣的教師，決定怎樣的學生」，既繫於教師對教育活動中各項事物的看法。教師在進行班級經營時，如果能冷靜思考班級活動中所需要的各種理想，進而將各種教育理想落實在日常生活中，則班級生活的一點一滴，都值得師生共同經營。

（一）平等：凡事以學生為出發點

教師在班級生活中，對來自各個不同家庭背景的學生，都應該給予相等的關懷，並且一視同仁。盡量避免因個人的喜好而形成對學生的不同期望，進而影響對學生的態度。不管班級學生來自怎樣的家庭，在學業方面的表現如何，教師在班級經營中，應該對每一個學生一視同仁，凡事以學生為出發點，以平等的心對待每一個學生。

（二）扎根：為學生尋找正確方向

教師在班級生活中，應該隨時引導學生瞭解自己、面對自己並強化自我的概念，在生命中尋找方向。如此，才能在班級學習生活中將各種學習知識與日常生活作緊密的結合。

（三）包容：體諒學生的個別差異

在班級生活中，學生因為來自不同的家庭，不同的生活經驗而有不同的行為表現，教師在面對學生時，應該深切瞭解學生發展的不同，給予各種不同的教育處遇。如果教師可以瞭解學生本身各方面的差異，在面對學生學習方面的表現時，比較能夠給予專業上的同理，並給予支持性的關懷。

（四）關愛：接納學生的不同表現

教師應該在班級生活中隨時接納學生在學習方面的表現，對於有反社會行為的學生應給予積極的關注，擬定各種輔導方案，協助學生降低對學習的焦慮，使班級學習生活更為順暢。

（五）引導：提供正確的學習方法

教師本身除了負責教學活動的擬定、規劃設計、實施教學之外，也應給予學生在生活上、態度上的正確引導。在面對學生學習時，應該引導學生汲取各層面的知識，並且引導學生將知識轉化成為有用的生活經驗，結合學習知識並有效地運用在生活上。

（六）同理：給予真誠積極的關懷

同理心的運用在班級生活中是相當重要的，一般教師面對學生時很難運用輔導方面的同理心，同理學生各方面的行為。例如：班上如果出現學生不寫回家作業時，教師最常出現的反應就是指責、怒罵，而忽略同理心的運用。

（七）溫暖：營造溫馨的生活環境

班級生活環境的營造對教師、學生而言是相當重要的，相關的研究指出學生大部分不喜歡呆在教室中，其中的主要原因在於教室的氣氛、情境的布置，無形中提高學生的緊張。

（八）接納：瞭解個體的學習差異

教師必須在日常生活中以接納的心，瞭解學生的個體差異所在，提供學生專業積極的接納，容許學生少許的犯錯，並在學生表現優異行為時，給予社會性的增強。學生才能在班級生活中順心如意，並將班級視為生活的重心。

四、有效班級經營的基礎

班級經營的基礎，是教師在班級生活中，做各種安排與經營，所要考慮的重要關鍵。

（一）認識學校與社區的發展與歷史

每所學校都有其特殊的歷史傳統、情境脈絡及發展的特色。班級經營的規劃與設計，必須配合學校的過去歷史、現在特色與未來的發展，才能達到應有的效果。瞭解學校的過去歷史與發展，才能掌握學校的發展特色，認識過去的歷史中有哪些輝煌的紀錄，有哪些重要的事件足以引以為戒，才不會重蹈覆轍。

（二）熟悉學校各單位的措施

教師在班級經營過程中，對於學校的行政運作及各單位的措施，要有相當程度的瞭解。甚至將學校的行政運作及各單位的措施，視之為班級經營的一部分。

（三）充分瞭解學生

有效的班級經營要以瞭解學生為要項，瞭解學生才能掌握學生，掌握學生才能管理學生，是班級經營不可顛滅的道理。教師對學生的身心發展特性，如果能深入瞭解並加以運用的話，相信在班級生活中，可以隨時有效地掌握學生的動態，針對學生的需要給予各種的關懷和指導。

（四）建立良好的師生關係

　　班級是教師、學生與環境所組成的生態系統，教師與學生互動關係的建立是良好班級經營的先決條件。師生良好關係的建立有助於班級經營活動的推展。教師如果平日與學生保持良好的互動關係，讓學生感受到相當的溫暖與被接納的情懷，則學生勢必將教師視為傾訴的對象，心理上有什麼困惑，生活上遇到什麼困難，就會主動向教師提出並共同分享生活上的點點滴滴。

（五）良好的親師溝通

　　教師有權利也有義務讓家長走進教師的教學中，參與教師的班級經營活動。同時，有讓家長透過教育參與，瞭解學校教師的教學活動、班級經營的歷程及教師的教育理念。透過班級親師溝通，學校教師可以和家長取得教育上的共識，有助於學校教育的推展。有了良好的親師溝通，可以化解彼此之間芥蒂，縮短教育專業與實務之間的差距。

五、班級經營的模式

　　歸納班級經營相關研究文獻，其模式的應用包括行為改變（behavior modification）、現實治療（reality therapy）、教師效能訓練（teacher effectiveness）及獨斷訓練模式（assertive discipline）（王文科，1996：3-8）。茲分述如下：

（一）行為改變模式

　　行為改變技術模式強調班級經營應運用正、負增強，以維持學生良好行為或去除不良行為以塑造新的行為等。Driscoll（1994）、McCown等人（1996）、Woodfolk（1995）建議在班級經營時應該鼓勵學生遵守班規的行為，有效運用讚許與審慎實施懲罰。行為改變技術的運用系奠基於針對個體行為發展等各項特性，透過行為修正與改變的各種技術，以形成新的行為模式。

（二）現實治療模式

　　現實治療模式是由處理班級行為問題的控制論（control theory）發展而來的，此理論的主要假定有三：一為當學生的需求獲得滿足時，則感到快樂；如果學生未獲得滿足，則感到挫折；其次由於很少給予學生滿足需求，因而學生的工作不利，比較難實現其潛能；最後學校必須營造能滿足學生需求的各種情境。

（三）教師效能訓練模式

　　教師效能訓練模式是衍自Gordon的有效親職訓練而來，其主要的假定有二：首先為學生的不當行為可以透過各種途徑自我矯治；其次是透過師生間的溝通與對話可以矯治學生的不當行為。教師效能訓練模式重視師生之間的溝通與對話。主張教師要積極傾聽學生的感受與觀念，並不斷回應學生的反應。

（四）獨斷訓練模式

　　獨斷訓練模式主張教師應該讓學生瞭解自己的期望，遵守期望與不遵守期望可能產生的後果。例如：教師要求學生必須遵守班級常規，否則接受應有的懲罰。如果學生違背教師的期望，教師可以立即採取獨斷反應，要求學生接受行為的後果。因此，獨斷訓練模式的具體作法是由教師指導學生行為的方式，訂定明確可行的班級規則，並與學生相互溝通，讓學生明白班級的規則和限制。

六、班級經營的要領

　　教師應該要熟悉班級經營的要領，妥善地運用各種策略與方法，才能提升班級經營的效果。

（一）經濟有效的處理班級事務

　　如何在面對瞬息多變的班級事務時，有效地處理並加以因應，是班級

經營中的重要事項。教師可以運用各種企業管理的理論，以及各種經營管理的理念，將班級規範以社會化方式融入學生的行為中，培養學生對班級的向心力，有助於降低教師在處理班級事務使用強制性策略的頻率，同時培養學生對班級的隸屬感與向心力。

（二）安排或改善班級學習環境

一般的班級空間規劃是相當傳統的，以固定的空間、設備、建築、規模，作為學生學習的環境。教師必須在傳統與開放之間取得相當的平衡，運用自身專業方面的創造力，營造適合學生學習的溫馨的、溫暖的、優質的學習環境。教師在學習環境布置方面應該摒除傳統的觀念，將排排坐改為圓形的安排或配合教學性質而布置一個有益於學習的環境。

（三）規劃與運用班級時間

通常班級時間的安排包括晨光時間、班會時間、導師時間、午休時間、下課時間、彈性課程、生活教育、情感教育等時間的安排與規劃，教師應該在班級經營過程中，將相關的時間作妥善的規劃，並且進行各種型態的時間安排與規劃，例如：一天的時間規劃、一週的時間規劃、月的時間規劃、學期的時間規劃等。

（四）激勵班級和諧氣氛

教師在班級經營中，應該設法激發班級和諧的氣氛，讓班級學生認同班級，將班級發展與成敗視為自己的義務，讓學生對班級形成生命共同體，以營造良好的班級氣氛，有助於教學效果的落實。

（五）維持班級秩序以利於教學與學習

教師在班級經營時必須運用各種事先擬定的策略，適時地維持班級常規以利於教學活動的進行。班級常規對教學的影響是相當大的，教師如果無法降低班級常規對教學的影響，則教學品質容易打折扣，班級的運作勢必無法正常化。

（六）改正或矯正學生不良行為

學生偏差行為的出現（如不交作業、上課發出怪聲、干擾其他同儕的學習、不守秩序等），往往造成教師在班級經營上的困擾。因此，如何釐清學生偏差行為的癥結，矯治學生的偏差行為成為，班級經營的要務。

（七）有效的施教

班級教學活動的實施與班級經營是相輔相成的，教師在教學活動實施前應該隨時充實學科與學科教學知識，應用教學專業知識與技能，做充分的教學計畫與準備，熟悉教材內容、擬定教學目標、蒐集各項補充資料與相關資源、規劃教學活動、製作教學媒體並指導學生做課前的預習；教學活動中運用各種有效的教學方法與策略，以學生實際生活經驗為著眼點，結合各種教材，引導學生思考；教學後反省思考並批判自己的教學，擬定各種方案，則教學活動才能順利進行。

（八）激發良好的師生間的互動

班級生活中師生良好的互動是良好班級經營的重要基礎，透過師生的雙向互動可以建立良好的師生溝通。教師可以隨時向學生溝通其對學生的重要期望，對學生的要求及其應配合之處。

（九）學生偶發事件的處理

教師必須在班級經營中具備各種危機處理的專業知能，有效整合社會各福利機構及單位，作為危機管理與相互協助的參考。在班級生活中，建立學生基本資料及家庭聯絡管道，作為偶發事件發生時的處理依據。

（十）適宜的常規訓練協助學生正常社會化

教師在教室生活中，必須隨時教導學生各種生活常規，並且隨時提醒學生應有的生活教育，養成良好的生活習慣。此外，透過生活習慣的培養，引導學生慢慢地社會化，作為未來適應社會的基礎。

（十一）配合學校行政措施

班級經營和學校行政運作的積極配合是相當重要的。教師必須隨時瞭解學校行政方面的各項措施，提供學生即時的訊息並要求學生配合。班級重要的訊息，應該隨時提供行政系統和部門參考，才能使班級經營工作更順暢。

七、班級經營應該要掌握的重點

在班級經營中，教師除了充分瞭解學校生活作息之外，也應運用班級經營的各要點，融入班級經營策略中。有關班級經營應該要掌握的重點，簡單說明如下：

（一）要讓學生歡欣而來

在學校生活中，教師應該設法營造溫馨的學習氣氛，讓教師和學生都喜歡在教室中學習，學生可以視上學為生活樂趣之一。因此，教師可以運用各種創意的策略，使學生在每日的學校生活中「歡欣而來」。

1. 打招呼

「打招呼」是一天的重要開始，教師可以透過「打招呼」吸引學生的注意力，並激發學生在學習上的樂趣。傳統的教師會以點名的方式，作為掌握學生的策略，並透過點名方式瞭解學生的出席情形。

2. 定座位

班級座位的安排，教師可以是教學上的實際需要，隨時給予調整，以增加學生在班級生活上的樂趣，並增加學生同儕之間的互動機會。級任教師在學生座位上的安排可以採取定期輪坐的方式，讓學生可以在固定期間內調整座位。科任教師對班級學生的熟悉度不如級任教師，因此在科任教學時可以要求學生固定座位，並且以「定座位」的方式掌握學生的人數，在上科任課程時，可以隨時透過手上的班級學生座位表，作為點名掌握學生人數的依據。

3. 好起頭

「好的開始、成功的一半」。教師和學生在每日的接觸中，應該隨時提供學生新鮮的點子，作為一天學習生活開始的「好彩頭」，不但可以激發學生的學習動機，對師生之間關係的促進有正面積極的意義。在此方面，教師可以隨時歐蒐集各種創意的點子和策略，形成「教學備忘錄」作為教學的鍥子。例如：每天在「晨光時間」表演一則魔術作為一天學習活動的開始。

（二）要讓學生滿載而去

學生在班級生活中的學習，教師應該設法讓學生有滿載而歸的感覺，才能對班級生活產生興趣，並激發學習上的動力。因此，教師在班級經營方面，必須絞盡腦汁擬定各種有趣、生動的學習活動，才能讓學生對班級學習具備高度的信心。

1. 有頭有尾

教師在班級生活中，可以運用各種媒體報導或生活事件的剪裁，提供學生學習上的參考。除了在一天的開始提供學生創意的活動之外，在一天課程結束之前，也應有頭有尾、有始有終地做生活上的總結，尤其在離開學校之前，教師可以綜合一天的學習活動，引導學生進行生活事件的統整。

2. 準時下課

「準時下課」是每位好老師的基本條件，教師應該嚴格遵守學校作息時間表，不可以因為課程內容進度的問題，延遲下課時間影響學生的課餘活動。如此，不但造成學生本身的反感，同時也會影響學生的學習品質，讓學生對教師的教學活動失去興趣，更進而影響學習品質。

3. 精彩演出

教師的教學行為與教學活動的實施，往往影響學生對學習的參與情形。有創意的教師，在教學活動前應該設計各種足以吸引學生注意力的教學活動（如變魔術），引起學生的注意力，同時作為激發學習動機的媒介。教師在教學活動進行時，應該放下身段，以各種精彩的肢體語言和言

語表達，提高學生的學習興趣，激發學生的學習信心。

（三）要讓學生忙得不亦樂乎

班級經營的「相對論」指出，在班級生活中如果教師忙碌的話，學生就會過於悠閒；如果教師讓學生忙碌的話，教師就會擁有更多的休閒時間。因此，班級生活中，教師應該有效運用並組織學生，透過各種分工合作，讓學生在班級生活中為班上付出、為自己負責。

1. 內容精彩

教師在班級生活中，要設法讓學生隨時擁有精彩的學習活動，提供各類具有生活意義的活動，讓學生可以從精彩的班級生活中，提早適應未來的社會生活。一位具有十足魅力的教師，必須在教學活動實施時，以精彩的內容吸引學生，讓學生願意在學習方面投入，願意做各種犧牲。

2. 氣氛和諧

和諧的氣氛是班級經營的重要基礎，透過氣氛的營造可以凝聚全班的向心力，提供學生溫暖、和煦、自由、無拘束的學習生活。教師在班級氣氛的營造方面，應該隨時提供學生溫馨的學習氣氛，降低學生在班級生活中的壓力和焦慮，引導學生在自由、輕鬆的環境中學習。

3. 組織平順

班級組織的特性往往影響教師與學生的互動，平順的組織具有降低挫折感與焦慮感的作用，可以提供組織成員在班級生活上的保障。讓學生降低對班級生活的恐懼和焦慮，讓學生喜歡班級的組織氣氛，願意投入班級生活的各種組織，對教學品質與學習效率的提升有正面的意義。

（四）要掌握全局

「擒賊先擒王」是班級經營在常規管理等各方面的至理名言；換言之，教師在班級生活中，要能隨時掌握狀況，對於班級內的各種訊息可以完全掌握。尤其是班級生活中的各種事件、人與人之間的互動關係、學生同儕的關係和互動、發生在班級中的每一個故事等，都是教師在班級經營中要隨時掌握的。

1. 是誰（搞什麼名堂）

教師在班級經營中要能瞭解學生會玩什麼把戲，哪些學生會帶頭起鬨，針對帶頭的學生，給予適當的關懷與因應策略，學生對教師的看法會因而改觀。基於此，教師平日應該隨時和學生打成一片，瞭解學生在班級生活中的動態，提供學生在生活上的各種訊息。如果學生起鬨的話，教師也能隨時掌握並瞭解學生的心理，才能使班級經營順暢。

2. 是誰（玩什麼把戲）

「玩把戲」是班級經營中和學生打成一片的重要策略，不管是教師本身的把戲，或是學生次級團體玩把戲，都是班級經營中重要的戲碼。在平日生活中，教師基於教育專業上的需求，除了揉合各種專業技能於教學中外，也要能隨機玩把戲，有助於促進師生之間的關係。

3. 是誰（耍什麼英雄）

學生在班級生活中常耍個人英雄，進而欺凌班上比較若小的學生。教師在班級經營中，要能掌握班上比較喜歡耍個人主義和英雄主義的學生，給予適當的輔導，避免因個人英雄主義而影響其他學生的學習。有效地運用班級學生在平日生活中的次文化，或掌握學生愛表現的特質，並加以因應，對班級經營有正面積極的意義。

八、班級經營七招

班級經營的策略運用，端賴教師對班級學生的教育觀而定。一般班級經營的管理，教師必須首先針對班級經營的重要性和內涵，選擇適當的策略運用。

（一）果斷紀律招──自我肯定、肯定學生

教師在班級生活中，必須依據學校的特性、班級的特色，擬具事宜的班級規範，以利班級教學活動的實施。在班級經營初期，教師必須首先建立寬嚴並濟的常規，藉以引導學生在班級生活中，遵守既定的規範，不可視自己的偏好，在班級中為所欲為，目無法紀。教師在訂定班級常規之後，也應該在平日教學中，自我肯定並肯定學生。

（二）和諧溝通招——就事論事、有話好說

在班級生活中，教師應該摒除傳統威權、發號施令的角色，放下身段隨時和學生進行雙向溝通。當學生的行為超出教師的容忍度時，教師也應該就事論事，以適當的形式及學生可以接受的方式，讓學生瞭解自己的行為本身所代表的意義，以及行為對別人的影響。

（三）目標導向招——知己知彼、百戰百勝

教師在擬定班級目標時，應該首先瞭解自己的特質，瞭解學生的特性，掌握學生的舊經驗，才能在班級目標的達成中，駕輕就熟而順利達成目標。此外，教師可以針對班級特性，在日常生活中擬定一些具體可行的目標，並引導學生朝向既定的目標前進。以目標達成為導向的班級經營，可以讓師生在日常生活中明確瞭解各項預定目標，不斷提醒自己、提醒同儕在班級生活中應有的表現。

（四）交付責任招——理性選擇、自律律人

在班級生活中，教師可以考慮透過組織特性，以交付責任的方式，引導學生達成預定的行為目標。例如：常有輟學、逃學行為的學生，教師可以考慮將開教室門的鎖匙交付給該學生，並在公開場合以正向鼓勵的言語，鼓勵學生明日早到並為大家服務。如果學生在交付責任中表現良好，則教師應該在公開場合給予各種社會性的獎勵，以強化該學生的正向行為。

（五）肢體語言招——盡在不言、動靜得宜

肢體語言的運用，有助於教師強化班級經營與教學的效果。透過肢體語言的運用，可以培養師生之間的默契，同時可以節省教師在班級經營時間上的運用。因此，教師應該平日與學生培養出默契，只要教師眼神一閃，學生可以立即解讀出教師所要表達的意思。

（六）掌握全局招——眼觀四面、耳聽八方

　　教師在班級生活中，對學生的一言一行、一舉一動必須隨時掌握，作為班級經營的參考。因此，教師本身必須具備細膩的心、敏銳的觀察力，對於學生的反應要能看在眼裡、放在心裡、握在手裡，隨時給予適當的處置。在平日與學生互動過程中，教師也應將學生的各項表現與行為，作成觀察紀錄，提供教師或其他教師進行專業輔導的參考。眼觀四面的策略在於教師隨時能掌握班級活動全局，耳聽八方的策略在於教師能細膩地體察學生的外顯行為與內隱情緒，並隨時給予學生適時地開導。

（七）行為塑造招——獎善懲惡、改邪歸正

　　行為塑造策略應用在班級經營，係透過行為主義對個體行為的解釋，從「刺激—反應」的行為模式中，擬定各種行為改變的策略。例如：鼓勵獎賞、正增強、負增強、削弱、漸進性增強等策略的運用。教師應該在接班級伊始，就訂定明確的行為規則，並讓學生瞭解行為表現的後果，包含獎勵與懲罰部分。

九、班級經營之天龍八部

　　班級例行事務的處理是相當繁雜的，教師在面對班級事務時應該建立處理事務的固定流程，擬定各種處理的準則，作為班級經營的參酌。一般而言，班級經營的內涵包括級務管理、教學管理、環境管理、人際關係經營、常規管理、違規處理、獎懲運用等，所以教師應該依據上述的內涵擬定創意的班級經營策略，如此在班級經營時，才能得心應手。

（一）級務管理——運籌帷幄、決勝千里

　　級務管理是教師班級經營首要面對的項目，教師在接手新班級時，應該先瞭解班級學生的特性、班級的氣氛、班級的特性、班級次文化等，作為規劃班級級務的依據。教師在瞭解班級各種情境脈絡之後，必須將班級各項級務做統計和深入的瞭解，並且將班級的組成分子，做任務性編組，

使人人有事做、事事有人做，才能讓班級的運作順暢。

（二）教學管理──教學成功、大家輕鬆

　　教學活動是班級生活的重點，創意的班級教學需要教師發揮創意的專業能力，才能使教學活動的進行，吸引學生的注意力，激發學生在學習方面的興趣。如果教師在班級教學中，動輒扮演權威的角色，缺乏和學生雙向溝通的勇氣，教學活動中經常照本宣科，以僵化、傳統、呆板的方式進行單向教學灌輸，則學生容易對學習產生沮喪、對教學失去信心、對學校缺乏耐心等，學習成果無法彰顯。成功的教學需要教師開展本身的專業能力，運用教育專業知識，結合社會大眾的資源和人力，將生活經驗融入教師的教學中，使學生學習活動和生活緊密結合，可以收到創意教學的效果。教師如能掌握教學要領，隨時運用各種創意策略，學生對學習活動不再感到惶恐、緊張，則學習效果就會加倍。

（三）環境管理──資源有限、創意無窮

　　班級環境的管理與經營，需要教師發揮無窮的創意。尤其面對傳統教室的建築規劃，在擁擠的空間中如何發揮建築本身的教育功能，教師必須深入瞭解並集合各種資源。例如：傳統教室的座位安排是面對面、排排坐的方式，教師如何在有效的空間中，發揮創造力使空間無形中加大，使學生之間的距離拉近等都需要教師的用心。此外，班級環境的管理在資源運用方面，需要教師運用學校的現有資源，結合班級家長、社區的無限資源，將資源引進班級生活中，才能活化學生的學習環境，提高學生對環境的吸引力。

（四）時間管理──掌握先機、分秒必爭

　　時間管理對班級生活是相當重要的，懂得運用時間的班級，教師與學生都可以從中受益，強化班級學生本身的向心力，同時可以加強教師與學生之間的互動關係。教師可以將班級的時間，做妥善的規劃，可以一週、一月、一學期為規劃單位，運用主題統整的方式，提供學生不同的學習活

動。在時間的管理運用方面，教師可以將班級時間作整體的規劃，除了正式課程之外，可以安排具有班級特色或學校特色的課程，例如：創意的班級慶生會、班級的生命教育等，屬於非正式課程的活動，彌補正式課程的不足。在班級生活中，教師應該掌握先機、分秒必爭，將時間作最充分的應用，期使學生能得到最大的收穫。

（五）人際關係──你濃我濃、忒煞情多

人際關係的經營和營造，是班級生活中另一重要的課題。人際關係的管理包括學生與教師之間的人際關係、教師與家長之間的人際關係、學生與同儕之間的人際關係、班際與班際之間的人際關係，班級與學校之間的人際關係、班級與社區之間的人際關係等，教師必須教導學生如何營造良好的人際關係，培養人與人之間的默契，營造班級欲各單位之間的良性互動，才能讓班級活動的進行，可以結合周遭的各種資源。教師與學生之間應該培養良好的關係，可以相互體諒、相互學習成長。良好人際關係的營造，可以縮短人與人之間的距離，減少不必要的衝突與誤會，進而整合相關的人力、資源。此外，教師與家長、社區建立良好的人際人脈關係，可以隨時運用心關的資源和人力，協助班級各項活動的進行。

（六）常規管理──井然有序、動靜合宜

班級常規的維持與掌握，往往影響班級生活是否能進入軌道。教師如果無法營造良好的班級常規，或是在班級常規管理方面失控，容易影響班級學習活動的正常進行。良好的班級生活，端賴教師有效地組織並運用策略，使班級常規可以動靜合宜並且井然有序。班級常規的擬定與管理，教師必須依據學生在身心方面的發展狀況，結合教育心理學、發展心理學的發展階段任務特性，擬定比較適當的班級常規，作為管理學生的依據和參考。

（七）違規處理──及時處理、防範未然

學生來自各個不同社經地位的家庭，不同的文化刺激，進而產生不同

的行為模式。因此，在班級生活中常常出現反社會的行為，或出現違反班級規定的行為。教師在面對學生違規行為時，必須有一套管制的辦法，作為獎懲的依據。對於表現良好行為的學生，必須透過各種獎勵辦法，強化學生的行為並作為警惕同儕之用。

（八）獎懲運用──獎善懲惡、增強效果

獎懲運用在班級經營方面的效果，迭經相關的研究證明。教師在班級經營中可以運用各種行為改變技術，作為調整偏差行為的因應措施。在此方面，教師必須明確地界定哪些行為是獎賞的標準，哪些行為是懲罰的依據，如此，學生的行為才有依循的標準。教師可以隨時提醒學生的良好行為，並且指出違規的行為作為警惕。獎善懲惡以稱增強效果，最佳的策略為「揚善於公堂、規過於私室」，如此才能收到獎懲的效果。

本章討論問題

一、班級經營的重要性何在？

二、班級經營的內涵包含哪些？

三、教師在班級經營中，應該具有哪些重要理念？

四、請說明班級經營的重要模式有哪些？這些如何應用？

五、請說明班級經營的要領有哪些？

六、請說明班級經營應該掌握哪些要點？

七、請說明新接一個班級，你的班級經營重點有哪些？

八、如果你要擬定一個班級經營計畫書，請問你會考慮哪些重要的內容？

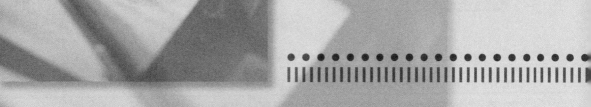

■第二章■■

班級常規的建立與維持

　　班級經營是教學實施的前置作業，如果班級常規無法建立，則容易使教學屈居在班級經營之下。本章重點在於探討班級常規的理論與建立，內文包括重要理論與策略、重要班級管理策略、教室秩序維持策略、班級獎賞制度建立、以愛為出發點的懲罰、班級常規的建立、不守常規的處理等，作為教師班級經營的參考。

一、班級常規的理論與策略

（一）班級常規的意義

　　班級常規，包括規則（rules）和程序（procedures）；二者在本質上，都是有關行為的期望和規範。這些期望，可能以明文的規定或口頭的約定呈現，也可能是以隱含的方式，由班級的成員遵循著，習以而不察焉。所謂的規則，是指一般性的期望或標準，用以規制學生學生的言行舉

止。例如：「學生之間要相互尊重」，就是一條很重要的規則（單文經，2002）。所謂程序，包括經過認可的做事方式或行為準則，如繳交作業的程序、削鉛筆的程序、拿杯子喝水的程序、上廁所的程序等等，其作用在使學生能知先後順序、循序行事等。

1. 教室秩序的概念

教室秩序是個難以界定的名詞。Doyle（1980: 395）對秩序的定義是：「秩序具有管理人的功能，及藉由組織班級團體、建立常規和秩序、反對不當行為、監控和調整班級事件等等。」

2. 班級常規的概念

常規（discipline），《教育國際辭典》（*International Dictionary of Education*）將其定義為「意指教師的教室控制或對學生行為的一般約束。」（Page and Thomas, 1977, p.106）派克報告（The Pack Report）將常規視為「能維持一種有秩序的系統，以利學習活動之進行及教學目標之達成。」（Scottish Education Department, 1977, para, 3.1）

Tulley和Chiu（1995）研究指出，如何有效地維持班級常規問題，一直是教師們感到最普遍也是最棘手的問題之一。班級常規的問題是中外班級經營中的共同性議題。其最常見的問題包括：(1)中斷教學（disruption），例如在班級教學中學生講話、出現一些故意打斷教學的行為等；(2)反抗行為（defiance）：例如不遵從教師的指示、不服從教師的指導等；(3)分心行為（inattention）：例如在教學中不專心聽講、不做各種指定作業等；(4)攻擊行為（aggression）：例如在班級生活中出現打架行為、對同儕謾罵等；(5)其他行為（miscellaneous）：例如出現各種哭鬧、說謊、推託拉扯、欺騙、偷竊、嚼口香糖等不當的行為。

（二）影響班級常規的主要因素

研究和文獻指出，影響班級常規的因素包括教師因素與學生因素。在教師因素方面包括教師教學內容、教學方法與教師素養；在學生因素方面包括學生的類型如無心向學型、心智幼稚型、愚魯自閉型、情緒困擾型等。詳述如後：

1. 教師方面

(1) 教學內容

教師的教學內容影響學生在班級學習的常規表現，如果教師的教學內容經過精心的策略，將教學內容事先融會貫通並且對教學內容熟悉，以充分的教學準備進行教學活動，則教學就不至於枯燥乏味，影響學生的學習興趣。

(2) 教學方法

教師教學方法的運用影響學生對學習內容的興趣，如果教師一直採用傳統教學法，在教學內容與方法方面不求改進或沿用傳統的講述法，則學生對教師的教學方法缺乏興趣，時日久了容易對教學產生厭倦，失去原有學習的興趣及注意力，因而產生各種擾亂教室秩序的不良行為。

(3) 教師素養

教師素養對班級常規的管理與處理的影響是相當大的，如果教師在專業方面的經驗充足，可以隨時將各種專業知能運用在班級經營上，則學生的常規管理就可以得心應手，在情緒控制方面就可以隨時調整。

2. 學生方面

學生方面影響班級常規的主要因素，通常和學生本身的行為類型有深切的關係。影響教室常規的學生類型大致上分成五類，詳述如後：

(1) 無心向學型

此類型的學生在班級生活中，對讀書缺乏興趣對學習失去信心，在學校生活中不遵守校規、不遵守班規。因此，在班級學習中經常出現調皮搗蛋的行為，不僅自己不願意學習，也經常搞亂同儕的學習。

(2) 心智幼稚型

此類型的學生在心智方面，呈現不穩定的現象，對自身的各種行為一點也不感到愧疚。在生活中表現出來的行為是相當幼稚的，無視於班級常規的存在，也不顧及別人的感受。

(3) 愚魯自閉型

此類型的學生包括有生理缺陷的學生，例如：自閉症、語言表達能力低、智商低的學生。此類學生在學習過程中，無法像一般學生正常的學

習，無法掌握教師所傳遞的各種訊息，其行為比較無法正常化，容易影響班級學習的進行。

(4) 情緒困擾型

情緒困擾的學生通常來自家庭問題，如父母親不當的教養態度、父母離異、家庭暴力等，影響學生正常的情緒發展，導致情緒困擾而影響正常的學習。

(5) 家庭依賴型

此類型的學生主要是受到家庭生活的影響，例如：來自父親為黑社會的家庭，學生的行為從耳濡目染中學到各種反社會的行為。因此，在班級生活中出現各種干擾的行為，進而影響教師教學活動的進行。

（三）班級常規的教導

教師在訂定班級常規之後，必須透過各種有效的策略，讓學生瞭解班級常規的內涵和重要性。因此，班級常規的教導對班級經營影響是相當大的。

Doyle（1986）、Evertson（1989）指出，教師在班級常規的教導方面，應該符合下列幾個要點：

1. 及早教導

在學期剛開始時，教師必須利用學生對新同學、新課程、新老師的不確定感，建立適當的班級常規，並教導學生遵守各種班級常規，以利班級教學活動的實施。

2. 系統實施

班級常規的內涵，教師要在開學前就要先擬定好，教師可以針對班級的特性與學生的組成增減規約，也可以全班定期檢討改進。當班規制訂好之後，教師必須仔細向學生說明班規所代表的意義，及適用的時間和場合，並且將其所期望的行為加以示範，讓學生可以具體瞭解班規的內容。

3. 掌握時機

教師應該針對班規的內容和特性，在學期開始時就教給學生，將各種班規經過有效的整理，融入班級生活中並隨機教給學生。

4. 先簡後繁

班級常規的教導必須具體可行，並且掌握先簡後繁的原則。教師必須在開學期，針對班級的特性、學生的學習任務等，事先規劃各種班級常規。

5. 全體參與

教師在班級常規的擬定時，所安排的教學活動應該儘量以全班可以參與的活動為主。透過班級團體的討論參與，使班級具有民主氣氛，一方面讓學生表達自己對班級的期望，另一方面教師可以趁此聽聽學生的心聲，進而達成師生雙方面的協議。

6. 融入教學

教師在班級教學時，應該將各種班級常規的管理策略結合教學活動的進行，有效使用各種讚賞、激勵與獎勵策略，當學生有好的表現時給予立即性的增強；如學生出現偏差行為時，教師也應立即給予制止以避免影響其他學生的學習。

7. 持續提醒

教師如果想要在班級生活中，讓學生瞭解班級常規的內涵和意義，必須隨時給予提醒，只教導一次是不夠的。尤其是一些比較複雜的程序，教師必須透過問答、複誦、提供書面資料、角色扮演、遊戲等方式，加強學生對班級常規的瞭解，並加深印象。班級常規的建立和實施，必須建立在良好的師生關係基礎上。

8. 隨時調整

班級常規制訂之後，在執行一段時間後，教師必須和全體學生針對班級常規的適用性與時效性，進行檢討改進工作。

二、班級常規管理的重要策略

相關的研究指出，教師在教學方面的挫折感往往源自於班級經營方面的挫敗，而班級經營中最常讓教師感到沮喪的部分，就是學生常規方面的建立與管理。

（一）身體趨近策略

　　教師在教學活動進行時，慢慢地靠近學生並以「身體趨近」的方式，讓學生瞭解教師本身已經在注意他的行為了，使學生可以適時地收斂自己反社會的行為，並且減少干擾教學活動的行為。

（二）照顧全場策略

　　教師在班級生活中，可以運用「照顧全場」的方式，作為掌握學生的策略，科任教師可以透過班級學生名單或座位表的方式，掌握每一位學生的動態。

（三）適時發問策略

　　教師可以在班級教學進行中，隨時透過對學生問問題的方式，隨時瞭解學生的學習參與情形，同時讓學生瞭解教師隨時在注意學生的學習，促使學生減少偏離學習行為出現的頻率。

（四）發揮幽默感策略

　　教師必須在平日培養適當的幽默感，不但可以縮短師生間的距離，同時可以提升教學的樂趣化。具備幽默感的教師，並非天生而是透過後天的練習而來；換言之，教師必須在平日不斷練習自己的語言、溝通能力，以更具詼諧、輕鬆的語調和學生相處。

（五）說小故事策略

　　教師可以在備課時間蒐集各種報章雜誌、媒體新聞等小故事，作為班級生活中的教學題材。在小故事的剪輯方面，教師可以結合各學科教學的內容，在晨光時間、導師時間、彈性課程等，作為補充教材之用。

（六）生活體驗策略

　　生活體驗技術的運用，是教師將各種生活中可能經歷的重要技術或經

驗，融入教學中教導學生。例如：在講授「職業的分類」相關單元時，教師可以透過商請家長講解的方式讓學生瞭解各種職業的辛勞，教師也可以透過親身體驗的方式，讓學生瞭解他人的生活經驗。

（七）勞動分配策略

班級生活中的勞動分配對教師與學生而言是相當重要的，透過勞動的實施可以培養學生基本的生活技能，並且進行班級生活中的清潔工作。教師在勞動分配方面，首先必須將班級各項工作進行詳細的組織分工，將班級的各項勞動方面的工作內容做明確的分工，進而將班級學生做公平、公正、效率、具體的分工，並依據工作內容，每日進行勞動工作的評鑑與評分工作。

（八）自我表露策略

自我表露是一種情感交流的活動，教師透過自我表露分享自己的成長經驗或提供學生美好的生活記憶。在班級生活中，教師可以設計各種自我表露的活動，讓學生可以進行心靈對話，對自己、對同儕、對教師有更深入的理解，進而約束自己的言行舉止。

（九）適當停頓策略

適當停頓使用時機為學生的行為表現已經造成教師教學上的干擾，並且影響同儕的學習活動進行時，教師就可以在不影教學的情況之下，採用「適當停頓」作為遏止學生行為的策略。如果教師在班級教學中，經常使用前開策略的話，由此可見，教師的教學策略與教學方法必須作適當的調整。

（十）催化互動策略

在班級生活中，教師可以隨時透過分組競賽方式，作為班級常規的維持策略。在小組競賽過程中，可以運用學生競爭的心理，引導學生為了團體榮譽而約束自己的言行舉止。此外，教師也可以運用催化互動的方式，

引導學生在學習活動中，相互協助、同儕學習輔導，進而強化自己的學習興趣，提高學習效果。

（十一）偶發處理策略

偶發事件的處理是班級常規管理中重要的一項，主要的原因為偶發事件的處理很難有固定的流程或模式可以參考，必須教師在平日的生活經驗或專業方面的經驗，作為處理的參考。

（十二）順水推舟策略

順水推舟的運用是教師發現學生在班級中的各種表現時，附和學生的行為並隨機調整班級各項活動。例如：學生如果流行寵物的蒐集，教師就可以在班級中舉辦「寵物大家一起現」的活動，請學生將自己最寵愛的蒐集，帶至學校相互觀賞分享，透過該活動可以促進師生間的感情，同時縮短同儕之間的關係。

（十三）個別引導策略

個別引導是一種強化學生學習的策略，教師在瞭解學生的學習需要之後，擬定協助學生學習的有效策略，並給予個別引導。學生透過個別引導和學習之後，可以提高對學習的興趣，同時激發學生在學習方面的成就感。

（十四）維持自尊策略

在班級生活中，教師處理各種班級事件時，除了專業方面的考量之外，也應顧及學生的自尊問題，儘量避免在公開場所給學生難堪，或是在大庭廣眾之下批評學生的不是，讓學生無地自容，在同儕之間無法抬起頭來。中國古訓：「揚善於公堂、歸過於私室。」亦即教育人員在面對學生出現反社會行為時，不可急於給學生懲罰，尤其在公開場合中。

（十五）立即酬賞策略

立即酬賞的使用時機是當學生有優異的表現時，教師為了鼓勵學生的良好表現，同時希望達到「群起效尤」的效果而運用的班級經營策略。有鑑於此，教師必須在學其開始時，針對學生在班級生活中的各種行為標準，訂定獎勵的標準和辦法，讓學生在班級生活中有所遵循。

（十六）分組約束策略

在班級學習過程中，教師可以運用分組學習競賽的方式，提高學生對班級的向心力與團體榮譽心，進而做好班級管理。分組學習競賽對學生言，具有團體規範的約束力，透過團體規範可以隨時提醒學生應有的行為準則，達到同儕相互提醒功效。

（十七）分組合作策略

教師必須在班級生活中，以團體或小組教學的方式，引導學生進行團體合作，達到團體成長的目標。因此，教師在教學活動設計方面，必須有效運用團體學習的策略，讓學生有團體合作的機會，透過分組合作的方式，達到預定的教學目標。

（十八）小老師策略

一般的班級人數大約在三十個學生以下，因此教師不容易顧及每個學生的需要，尤其當學生在學習方面發生困難時，教師往往因為教學進度的關係，無法進行個別指導，因而無法顧及學生的個別差異，導致部分學生對學習缺乏興趣。「小老師制」的設計是沿襲同儕學習輔導的理念，教師將學生依據在學科學習方面的表現情形，進行「異質性學習」的分組，透過小組分子在學科學習方面的不同表現，建立學習方面的小老師制，以同儕輔導的方式進行補救教學。

（十九）發掘專長策略

在班級生活中，教師可以將學生的各項專長進行調查並加以運用，讓每位學生各司其職、各司其事，如此對班級運作有相當正面的意義。例如：班級教室布置是教師在班級教學中重要且例行的事務，教師可以將班級學生的各項專長進行整合，指導學生發揮專長進行班級教室布置，將班級教室布置成各種具有創意的氣氛，透過學生的創意和巧思，教師當有想像不到的驚奇發現。

（二十）準時下課策略

教師班級時間的管理與掌控是相當重要的，一般正式課程的時間應該依據教學進度，準時進行教學。在上下課時間的掌握方面，教師必須準時下課，提供學生足夠的休息時間。在下課之前，教師應該再次叮嚀學生下課時間必須完成的工作，同時也要提醒學生注意下課時間的遊戲安全，如果學校有工程進行的話，應該一併讓學生瞭解。

三、教室秩序維持策略

教室秩序的維持端賴教師運用各種專業的策略，結合自身的教學經驗，透過對學生學習行為的瞭解，方能使班級教室秩序維持在一定的品質之上。教師在教室秩序的維持上，可以考慮下列策略的運用：

（一）開學後立即將教室規則定好

教師在開學前應該針對學生的身心發展、年級階段、學習任務等擬定一學期應該遵守的教室規則，在開學後，立即將教室規則定好讓學生瞭解，在教室中哪些行為是被允許的？哪些行為是不被允許的？教師在學生違反教室規則時，應該立即加以制止，促使學生將注意力集中在班級學習上，如此班級的常規才能導入正軌。

（二）指導學生共同訂定教室規則

　　班級教室規則的訂定應該由師生共同協商形成，教師在協商過程中讓學生瞭解教師的期望，教師對學生學習的要求，學生也可以透過協商將自己的想法表達讓教師瞭解。如果班級教室規則是由師生共同制訂的話，學生對教室規則有參與感，而且教室規則是透過學生自己對行為的要求而訂定的，教室規則的內容就比較具體有意義。

（三）引導學生熟悉教室規則內容

　　教室規則訂定之後，教師應該引導學生瞭解並熟悉教室規則的內容，在執行教室規則初期，教師應該隨時注意學生的行為是否符合教室規則，如發現學生的行為有問題，教師應該立即給予糾正。如此，學生會自然瞭解哪些行為是不被允許的？哪些行為是可以被接受的？學生的行為表現就有依循的標準，教室的常規可以執行。

（四）教師應詳細說明並以身作則

　　教室中制訂的各種常規，教師應該花時間向學生講解說明，並且以身作則。例如：教室秩序要維持的話，就必須學生們懂得相互尊重。教師如果希望學生們懂得相互尊重的話，本身一定需先尊重學生，才能收到彼此尊重的效果。當學生在班級生活中侵犯到其他學生時，教師必須加以制止、規勸並說明之。

（五）通知家長瞭解教室規則內容

　　一般而言，家長對孩子的學校生活情形是不清楚的，往往等到孩子在學校出問題時，才會瞭解孩子在學校的學習表現。教師在制訂教室常規之後，應該將各種常規的內容以書面資料讓家長瞭解。如果家長對學校班級常規能有詳細的瞭解，就可以在家庭生活上面配合學校的要求，進而透過親師合作給予孩子正確的生活教育。

（六）事前做好各種學習規則擬定

教師在教學之前，應該針對班級學生常規給予有效的規範，在上課前掌握學生班級規則，做好教學前的充分準備，避免在教學活動進行時花過多的時間在常規的處理上面。有關學習規則應該在教學前，讓學生能充分瞭解並且配合教師的要求，以利教學活動的進行。除了教師在教學前讓學生瞭解各種學習規則之外，還要讓學生瞭解學校的日常生活作息，讓學生瞭解各種生活規則，避免不必要的干擾行為。

（七）處理違規學生態度前後一致

教師對學生在班級常規方面的要求應該要前後一致，並且在標準的擬定方面要具體明確，如此才能收到預期的效果。如果教師在教室規則的擬定方面，僅停留在規定階段而忽略執行階段，則學生對教師會失去應有的尊敬。

（八）運用一對一的行為處理方式

在班級生活中，當學生犯錯時教師除了應該避免在公開場合處理之外，也應儘量減少中斷教學，當學生犯錯時，教師在糾正行為時應該儘量避免傷及學生的自尊心，並且以一對一的方式處理。

（九）降低違規學生對教學的影響

一般教師在處理學生偏差行為時，容易中斷教學並影響教學活動的進行。尤其新手教師往往因為學生的反社會行為，中斷教學加以制止而影響學習活動。教師在處理學生行為時，應該儘量留到下課後再處理，使大多數學生的學習活動不受干擾。

（十）連續犯錯者應給予加重懲罰班級

生活中如果學生對自己犯錯的行為不之悔改，並且一犯再犯的話，教師應該給予嚴厲的懲罰以昭炯戒。如果學生是第一次犯錯的話，教師應該

給予改過的機會，倘使學生行為一再重複而不知悔改的話，教師應該運用各種有效的中斷策略，強制學生立即改過以避免影響學生的學習活動。

四、班級獎賞制度的建立

有效地運用各種獎賞策略，對學生行為的增強與形塑是相當重要的。一般而言，班級獎賞制度的建立會配合各種創意的班級獎勵的建立。班級獎賞制度的建立，在獎賞獎項的設立方面，可以考慮下列獎項的設置（修改自胡鍊輝，民87）：

（一）獎勵卡

獎勵卡的設置是當學生在班級生活中有優異的表現時，教師立即班給獎勵卡以資鼓勵，獎勵卡的獎賞制度應該完整地建立，例如：幾張獎勵卡換何種獎勵或優待等。教師在獎勵卡的設計上面，應該以學生最喜愛的圖樣或以拼圖方式設計。

（二）互助獎

在班級生活中，如果學生彼此之間相互協助或幫忙的話，就頒發互助獎，鼓勵學生在日常生活中相互幫助的情懷。互助獎的設置可以配合班級各項急難救助或是班級各種服務活動。

（三）準時獎

準時獎的設置是針對上學不遲到的學生所設立的，如果班上學生上學上課不遲到早退，一個月以內都沒有違反規定的話，教師就頒給他準時獎，以資鼓勵好的表現。

（四）保護獎

在班級生活中經常出現學生以大欺小的現象，因此教師可以設置保護獎，如果某些特定的學生在一星期或一個月以內沒有出現大欺小的情形，教師就頒給「保護獎」以資鼓勵。

（五）完美獎

完美獎是針對經常犯錯的學生，如果在一週之內未出現不好的行為或是被風紀股長記錄任何缺點的話，教師就頒給完美獎。完美獎的設計可以採用小卡片的方式，教師將完美獎交給班長保管，如果同學一週內都沒有出現缺點的話，就頒給完美獎。

（六）閱讀獎

在班級生活中，教師應該運用各種策略鼓勵學生閱讀各種書籍，如果學生可以閱讀完固定的書籍量的話（例如：讀完一百本書），教師就應該班給閱讀獎，作為鼓勵閱讀之用。

（七）文學獎

依據相關的研究，學生在寫作方面的能力有越來越退步的現象。因此，教師如何鼓勵學生加強寫作是相當重要的。教師可以鼓勵學生寫作並投各種學校刊物或報紙上發表，如果在寫作方面達到預定的數量，就頒給文學獎作為鼓勵。

（八）表現獎

學生在班級生活中的各種表現，教師應該制訂行為表現的獎勵標準，並且設置各種表現獎。如果學生在各方面的表現足以作為班級楷模的話，教師就給予表現獎，作為增強該行為的策略。

（九）進步獎

教師在班級生活中應該鼓勵學生和自己的行為比較，如果今日的行為比昨日進步的話，就應該給予適當的進步獎。進步獎達到某種程度的話，教師應該設置更具鼓勵的辦法獎勵學生。

（十）誠實獎

　　學生說謊的行為往往來自父母和教師處置學生行為不當，導致學生不敢誠實以對。因此，在班級生活中如果學生說實話，教師應該給予改過的機會，不可再給予懲罰。如果學生在班級表現出誠實的行為（如拾金不昧的行為），教師應該頒給誠實獎。

五、鼓勵學生的計畫書

（一）訂定獎勵制度的重要原則

1. 確實執行，並做到公平，切忌朝令夕改。
2. 列出具體的獎勵制度，切忌訂定太高或模稜兩可的標準。
3. 對於特殊個案應另訂一套標準，以免有些孩子永遠達不到要求而失去興趣。
4. 獎勵物要有吸引力，在計畫進行初期才會有努力的動力。
5. 彈性化，能視施行成效或特殊狀況，做變通的調整。
6. 獎勵貴在及時，不宜延宕太久。
7. 獎勵以不超過四層級為原則，切忌太複雜。
8. 個人獎勵方式，依個人是否有進步來獎勵，別跟其他人比較。
9. 要人性化，以學生為主體，不浮濫或過於嚴苛。
10.依年級的不同來訂定難易程度。

（二）班級獎勵制度

1. 訂定誘人、有趣的獎勵辦法

　　第一級：蓋「兔寶寶章」

　　↓

　　第二級：滿二十個「兔寶寶」章，換一張「兔寶寶家族鼓勵卡」

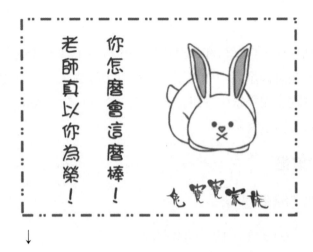

第三級：滿五張鼓勵卡，則可得到老師製作「個人大頭貼」一份

六、班級常規的建立

(一) 班規建立的重要

班規的建立，其目的在於維持班級學習活動的正常，使班級活動的進行可以進入正軌，班規的建立最終目標，在於引導學生自治及良好習慣的養成。

1. 建立良好的班級秩序：使教師能專心於教學，學生可以快樂學習。
2. 提高學生的學習效果：班級秩序如果能井然有序的話，學生學習氣氛就會熱烈，自然能啟發學生的興趣，提升學生學習的效果。
3. 培養學生自治能力：常規是透過民主的程序，共同的參與，建立團體的規範，藉此可以培養學生守法的習慣及自治的能力。
4. 建立安定感：學生在一個新班級或新環境中，都有一種不確定感，班規的訂定，使學生知道老師的要求，期望或標準是什麼而有安定感。
5. 研究顯示：沒有一個教室管理好的班級沒有訂定班規。
6. 預防行為問題產生：學生本性是冒險、自發的、不累的，容易產

生行為問題。訂定班規，讓學生知道哪些行為是避免的，哪些行為是被允許或接受的。

（二）班規教導的時機

班規的教導時間應該在班級常規制訂之後，教師立即將班規的主要內容，教導讓學生瞭解，才能收到預期的效果。如果班規制訂之後，教師並未向學生說明清楚，運用各種班級教導技巧的話，學生對班級容易視若無睹，失去班規的意義。

（三）班規的教導方法

班規的教導必須配合班級教學活動的實施，教師在班級常規建立之後，設法使班規的遵循成為自動化反應，班級教學的進行才能順暢，學生才能安心地進行學習活動。

金樹人（1994）指出班規的教導可運用「李氏斷然管教法」：

1. 在開始上課的頭幾天，決定你想要學生表現的行為。
2. 將清單交給校長，尋求認可與支持。
3. 在初次見到新學生時，就和他們討論你所期望的行為，在黑板上寫下，大約列出五或六種。
4. 強調不容許有人去違背規則，嚴正的告訴學生在每次違背規則時，將會發生什麼結果。
5. 要求學生把它寫下來，帶回家給父母看，並且要蓋章，隔天再交回來。
6. 強調這些規則能夠幫助這個班級人人都能循規蹈矩、順利學習。
7. 要求學生在口頭上重述什麼才是教師期望的行為？犯規會怎樣？守規矩又怎樣？
8. 準備一封短信給家長，說明你為孩子們的行為所做的計畫，你的目的是希望對孩子的發展情形能經常保持聯繫，並且需要得到他們的支持，同時你很高興能與他們為孩子的利益而共同合作。

班規在制訂之後，教師應該在班級生活中，結合教學活動讓學生瞭解

班規的內涵，使每一位學生都可以清楚地瞭解班規的重要性，明確地遵守班規，才能在班級學習中得到最佳的效果，同時也能讓家長瞭解教師本身的用心。

（四）班規的訂定要點

班規的訂定除了讓師生共同參與之外，同時也應在班級生活中隨時給予提醒，教導學生各種班規。通常班規的訂定要點，可考慮下列幾點：

1. 班規應該適宜

班規的訂定不宜過多，通常班級所定的班規大約在五至八項就足夠，如果班規訂定過於繁瑣，內容多如牛毛的話，學生容易無所適從。

2. 條文內容應該易於實踐

班規內容的制訂應該適合學生的身心發展階段，符合學生的年紀和能力，並能附一些具體的行為範例，則學生就容易明白班規的意義，並有具體的範例可遵循。

3. 班規敘述應該是正面

班級常規內容的敘述，文字應該是清楚的、正面的、概括的、適合各種情境的，教師在討論班級規則時，應該儘量從正面的立場向學生說明，讓學生參與討論並做補充說明解釋。

4. 結合學習和人際相處

班規的制訂應該至少包括二類，學習上和與人相處上所需要的規矩。因為在班級生活中，學習生活是相當重要的，教師必須讓學生瞭解學習方面的班規以及人際相處方面的規矩，才能在班級生活中順心如意。

5. 班級應該易於瞭解

開學初，三天內，應該將班級常規定出來，和學生做清楚明確的溝通，以便讓學生清楚每項規則所代表的行為期望。

6. 班規和校規應該一致

班規的訂定要配合校規，不可以和校規有任何的牴觸。

（五）重要的班規內容

　　班級內容的擬定是教師希望學生能表現好行為的是和線索，因此教師必須思考在班級生活中，要建立哪些重要的班規，尤其是班級內容的擬定。通常班規內容的擬定，應該配合學生的身心發展情形、班級的特性、教學上的需要等。有關班規內容的擬定，應因年級、班級、階段而有所不同。張秀敏（1998）指出重要的班規應該如下：

1. 上課說話要舉手。
2. 待人有禮貌。
3. 收拾好自己的東西。
4. 在教室和走廊要用走的，不能跑逃追逐遊戲或大聲喧嘩。
5. 不能打人、推人、撞人或傷害別人。
6. 給每個人學習的機會。
7. 遵守校規。
8. 尊重別人及其所有物。
9. 保持環境整齊、清潔。
10. 要注意安全。
11. 要愛惜公物。
12. 注意聽。
13. 工作要做好。
14. 知道何時可以說話。
15. 知道何時用手和用腳。
16. 知道何事要向老師報告。
17. 仁慈。
18. 遵守老師的指示。
19. 說話有禮貌。
20. 上課要專注。
21. 上課前做好各種準備。

七、不守常規的處理

案例：1. 上課隨意更換座位、傳紙條，不遵守教室常規。

2. 上課中會隨意講話，拿保特瓶敲打桌子和自己的桌子，並且說奶奶教他這樣可以減肥。如果教師給予勸導，就會說一堆的理由辯解。

3. 上課時經常發出怪聲音以引起同學和老師的注意，經規勸之後，安靜的時間無法持久，喜歡以各種動作、聲音引起別人的注意。

4. 上課經常不帶東西，與其他同學笑鬧打架，被懲罰時一副不在意的樣子，學習態度相當惡劣。

5. 上課不專心又喜歡影響他人學習，如果被叫到前面罰站又一副嘻皮笑臉的樣子，只要教師沒注意他，就會發出各種怪聲音，做不雅的動作，挖鼻孔等。

診斷：1. 曾被診斷過為過動兒。

2. 心理年齡比較幼稚，過於自我中心，不顧及他人的感受。

3. 自己表示很多行為從安親班學來的。

4. 在家深受父母的寵愛，過於自我中心，儼然一副小皇帝的樣子。

5. 不易接受他人的勸告，不輕易承認自己所犯的過錯。

處理：1. 先與學生的父母親進行親職教育。

2. 瞭解學生家庭生活背景和父母教養方式。

3. 在班級生活中清楚明確地說明班級教室規則，並且對學生賞罰分明。

4. 教師必須和班級學生約法三章，讓學生相信教師，並且進行自我約束，努力地約束自己在班級中的各種行為。

5. 清楚地訂出班級常規，並且向學生說明清楚。

案例：1. 愛在班級中捉弄同學，和同學借東西又不知愛惜。

2. 喜歡捉弄同學，在班級生活中故意唱反調，經常未經別人同意就

拿走他人的東西。

3. 如果和同學處不來或是發生口角，就會以言語威脅他人如「不准和班上○○○玩，否則的話就小心一點」。

4. 經常用威脅的語氣威脅同學給予零食吃，不然的話，就不可以和別人玩。

診斷：1. 在班級中的行為是為了吸引他人的注意力。

2. 在行為表現上面過於自我意識，而且不在意他人的感受。

3 對自己的行為過於放蕩，不知節制或是自我要求。

處理：1. 教師應該多花一些時間和心力在該學生行為的調整上面，多給予必要的專業關注，用愛心、耐心的方式接納並給予適時的輔導。

2. 在喜歡捉弄班上同學的行為上面，教師應該隨時給予應有的懲罰，並向該生說明此種行為會造成班級生活的困擾，使得大家都不喜歡自己。

3. 對於喜歡捉弄他人的行為，教師應該給予適當的勸導，如果仍舊不聽的話，可以考慮當老師「祕書」給予隔離，直到其行為改善之後。

4. 針對說狠話或威脅他人的行為，教師可以先動之以情，引導學生理解威脅他人可以造成的後果，如法律上的責任等。

5. 經常性地讓學生瞭解班級常規的重要性，指導學生如何培養良好的人際關係，並瞭解如何與同儕培養良好的互動關係。

附錄：國小一年級的常規訓練項目

常規訓練

■ 聽到上課鐘響要立即進教室在位子上坐好

■ 上課要注意聽講

■ 上課發言要先舉手，老師同意才能發言

■ 身體不舒服或跌倒受傷的處理

■ 老師點名時，應舉手答「有」

■ 下課時，別忘了上廁所，及上廁所的指導

- 作業簿的收發方式
- 手勢的利用：食指放在嘴巴

生活規則

- 上課不站起來，不吃東西，不玩玩具，不看課外讀物
- 不奔跑
- 不亂丟紙屑、垃圾
- 遇見師長要有禮
- 說話要輕輕的小聲說
- 和同學要相親相愛、不可打架
- 放學時排路隊

家長事先指導小朋友

- 會說出就讀的學校名稱和班級
- 會說出家的住址、電話號碼、爸媽及自己的姓名
- 熟悉到學校上下學的路線及路上行走安全
- 養成早睡早起的習慣
- 培養好的衛生習慣

班級秩序管理事前的預防

- 訂立班級公約：要明確、具體
- 常規訓練：學期開始
- 生動活潑的教學
- 分組比賽：例如：好（○）、不好（×）具團體制約的效果
- 賦予責任：學習成就低的，有表現的機會。

處理的策略

- 哀兵記：做個「請安靜」牌子
- 接近的控制：不動聲色走到學生旁邊
- 發警告牌：三張以上當值日生
- 製造不同氣氛：教師停止說話
- 運用消弱原理

教育箴言錄

好老師自我惕勵表

1. 是否因自我情緒的好壞，而影響教學品質。

2. 是否因家長背景的不同，而改變對教學生的看法。

3. 是否在言語間不尊重學生，或輕慢的逗弄學生。

4. 是否疏忽不敢出聲、不敢有意見的孩子的感受。

5. 是否以冠冕堂皇的理由，掩飾自己偷懶的心態。

6. 是否厭倦與家長做溝通，尤其是彼此意見不同時。

7. 是否認為自己教學最認真、最辛苦，理應得到大家的肯定與感謝。

8. 是否漠視學生的種種反應，不是真正關懷他們。

9. 是否常批評學生素質太差，卻不檢討自己的教學方法和態度。

10. 是否在學生面前大吐苦水，或非議、批評其他師長。

本章討論問題

一、班級重要的管理策略有哪些？如何運用

二、教師如何有效地維持教室秩序？有哪些策略可以參考？

三、教師如何建立班級的獎賞制度？

四、請擬定一份鼓勵學生的計畫書？

五、教師如何有效地建立班級常規？

六、班級學生如果不守規矩的話，教師如何處理？

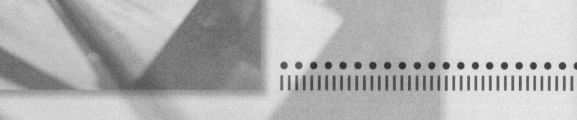

第三章

班級氣氛的設計與經營

本章針對班級氣氛重要理論與策略、班級氣氛的營造、班級是快樂天堂、教室布置與設計、學習角落的布置與美化等等議題,進行學理與實際方面的探討,提供教師在班級氣氛營造方面的參考。

一、重要理論與策略

(一)班級氣氛的影響因素

在班級教學中,影響班級氣氛的主要因素通常包括教師人格特質、班級教室管理、教師期望效應與教師領導型態;在學生因素方面包括學生的本身的人格、適應力、性別、個性、學習態度、對班級的情緒反應等以及同儕團體間的互動關係;在環境因素方面包括班級結構組織、教室地理位置、學校設備、課程、目標和教材等整體學習的環境。有關影響班級氣氛的要素簡要說明如後:

1. 教師人格特質

教師人格特質如何影響班級氣氛，相關研究指出教師人格特質、需欲、價值、態度可以預測其班級經營氣氛（Walberg, 1986）。

2. 教師期望

許錫珍（1979）研究發現，教師期望高的學生，無論在學習動機、學業成就、社交關係，抑或人格適應方面，均較教師期望低的學生為優。

3. 教師領導行為

自從Rosenthal和Jocobson（1968）在「教室中自我應驗的預言作用」研究中，強調教師期望具有「自我應驗的預言效果」之後，震撼美國整個教育界（郭生玉，1980）。

4. 學校組織

蔡培村（1980）研究發現：在學校組織較佳之學校下，班級氣氛會較好。因此，學校組織對班級氣氛的影響是正面且積極的。學校組織特性影響教師的班級經營中的氣氛，因而希冀班級氣氛良好的話，應該從學校組織改造起。

5. 學校所在地及學校環境

鍾紅柱（1983）的研究結果發現：院轄市的班級氣氛具有「組織混亂」、「多樣性」及學生對班級活動較「冷漠」的現象；而縣轄市鎮的班級，則具有「民主」、「滿意」及「目標導向」等氣氛。

總之，影響班級氣氛之因素可分為：學生因素、教師因素及環境因素三大類。其關係如下圖所示：

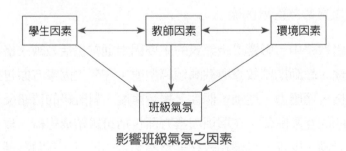

影響班級氣氛之因素

（二）班級氣氛的理論基礎

班級氣氛的研究，最早起源於1920年代社會心理學中團體動力學（group dynamics）與社會計量技術（sociometric technique）的發展，但真正建立理論基礎，成為有系統的研究，則是近三十年的事。

（三）班級社會體系理論（Classroom as A Social System）

最早提出「社會體系」概念來研究人類社會行為的是T. Parsons；而將此概念具體化，發展出一套分析人類社會互動的理論模式，並用以闡明教學情況中行為改變問題的，則當推Getzels和Thelen（1960）。

Getzels和Thelen（1960）認為人類在社會體系中表現社會行為，通常受到兩方面因素的影響：一為制度方面的因素，指制度中的角色期望，又稱「團體規範」層面（nomothetic dimension）；一為個人方面的因素，指的是個人的人格特質與需要傾向，又稱「個人情意」層面（idiographic dimension）（如下圖）。

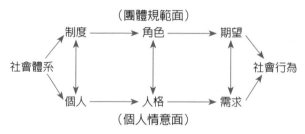

影響人類社會行為的關係圖

（資料來源：陳奎憙，民79，149）

Getzels和Thelen（1972）以為在制度和個人間應再加一個「團體」（group）作為二者間的折衝。其詳圖如下：（陳奎憙，民79）

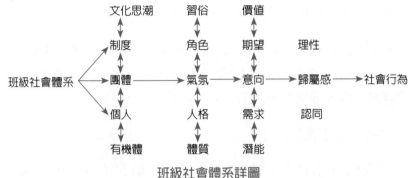

班級社會體系詳圖

（資料來源：陳奎熹，民79，153）

（四）環境壓力理論（Environmental Press Theory）

首先以環境壓力的概念來研究個體在環境中行為的，是人格心理學家 H. A. Murray；而這個概念的發展，則是1930年代社會心理學大師K. Lewin 場域說（Field theory）的延伸。他以「生命空間」（life space）作為理論之基礎，是個體與其心理環境交互作用而成。

Lewin以關係式$B = f（P*E）$，表示行為（B）是個體（P）及環境（E）二者之間交互作用的函數。其中，「E」既代表物理環境，亦代表社會環境及生理環境，而「P」則是個體的內心、才能、知識等。此二者的交互作用，造成最後的合力，由此以支配行為的出現（鄭肇楨，民76）。

（五）班級氣氛的營造原則

班級氣氛是教師與學生之間互動的氣氛，是由師生的態度、情緒、價值觀及其相關因素所形成的。良好的班級氣氛可以增進學生的學習動機，激發學生對班級的向心力，學生容易從班級生活中得到自我實現。

1. 鼓勵發言

教師在班級教學中應該不斷鼓勵學生發言，透過學生的發言可以瞭解學生的內心世界，同時可以瞭解學生的學習情形。

2. 尊重學生

教師在班級生活中對學生應該保持應有的尊重，唯有對學生尊重相待，學生對教師才會以禮相待。教師應該尊重學生的意見及人格，不可以隨意批評學生，使學生在班級生活中喪失自信心。

3. 瞭解學生

瞭解學生是班級經營的第一步，教師透過對學生的瞭解，才能掌握學生各方面的特質，針對學生的學習特質給予專業方面的協助，如此班級經營才會成功，教師的教學活動實施才能更順利。

4. 以讚美取代懲罰

任何學生都需要教師的讚美和鼓勵，在班級經營中，教師應該善用獎勵作為激發學生學習的策略，引導學生進行各學科的學習。如果學生偶爾犯錯的話，教師不可對學生過於苛責，隨時給予學生改過向善的機會，唯有給學生改過的機會，學生才能不斷反省思考並願意調整自己的行為。

5. 製造雙向溝通的機會

傳統的師生關係定位在單向教導的角色上，學生在教室中往往扮演著沈默者的角色，學生的意見對教師而言是無庸置疑的。良好的班級氣氛必須教師製造師生雙向溝通的機會，讓教師與學生的意見可以雙向交流，才能營造良好的班級氣氛。

6. 公平對待

教師在班級生活中，應該對每一位學生一視同仁，不可因個人的喜好與對學生的刻板印象，形成對學生不公平的現象。如果學生在班級出現偏差行為的話，教師也應該給予公平改進的機會。

7. 隨時在場

教師在班級生活中，如果想要營良好的班級氣氛的話，就必須隨時在場，以營造良好的學習氣氛，由於教師在場，所以學生可以積極地參與各種活動，透過活動的實施與推展，營造良好的氣氛。

8. 運用同理心

教師在班級生活中，應該不斷運用同理心，接納學生在班級中的各種行為，如果學生出現不良行為的話，教師應深入瞭解學生行為背後所代表

的意義，以專業同理的方式瞭解學生各種行為表現。

9. 民主的領導的方式

教師在班級領導風格方面，應該摒除傳統一言堂的形式，提供學生更多元的表達意見機會。現代化的教師比須具有民主的風範，以民主的領導方式對待學生，如此班級生活才能營造出更好的氣氛。

10.肯定學生

任何學生在班級生活中都需要被肯定，透過教師的肯定可以引導學生建立自信心。有了教師適時的肯定，才能讓學生瞭解行為表現之後，所帶來的報償進而保持良好的行為表現。如果教師在班級生活中，缺乏對學生應有的肯定，則學生容易缺乏自信心。

（七）增進良好班級氣氛的作法

教師在增進良好班級氣氛的作法方面，可以考慮下列幾個重要的作法，透過良好班級氣氛的作法，可以激發學生對班級的向心力。

1. 教師應具有的特質

教師在班級生活中，應該具有適當的人格特質，如友善的、幽默的、溫暖的、風趣的、真誠的、同理心、尊重學生等各種特質。

2. 教師的領導風格

教師在班級生活中應該採取適當的領導風格，公平對待每一位學生，無論是好學生、問題學生、壞學生或一般學生，都應該給予相同的注意和關懷，不可以因為各種內外在因素而影響教師對學生的觀點。

3. 給予適當的獎勵

獎勵對學生而言是相當重要的，教師對學生的獎勵和稱讚要能隨時隨地，給予學生適當的獎勵。

4. 衷心表示願意協助

教師在班級生活中，應該讓學生瞭解教師願意隨時提供學生各種實質上的幫助，學生在班級生活中遇到困難的話，願意隨時向教師尋求協助。

5. 瞭解學生的需要和困難

班級活動中，教師瞭解學生的需要和困難是相當重要的，因為瞭解學生

的困難處，教師就不會過於苛求學生，對於學生的各種困難就能以同理心相待。

6. 建立良好師生關係

良好師生關係的建立與班級氣氛的營造是相當重要的，教師如果能先營造良好的師生關係，就可以營造更優異的班級氣氛。

7. 學校組織氣氛營造

學校組織氣氛常因校長的領導風格有改變，如果校長採取高關懷高倡導或低關懷低倡導等領導風格的話，班級氣氛就會不同。學校如果組織氣氛是佳的，則班級氣氛就會佳。

（八）班級氣氛相關研究

關於班級氣氛研究的取向，大概可分為三個方向：一是取向於班級教室中教師的領導方式對於班級氣氛的影響；二則是取向於以「團體動力學」（group dynamics）的理論為主；三是取向於班級學習環境對班級氣氛的影響。接下來就以此三大取向與班級氣氛作一探討：

1. 教師的領導方式與班級氣氛

這一類的研究著重於教師不同教導方式會使學生產生不同的班級氣氛與學習效果。談及教師領導方式對班級氣氛的影響，首先要追溯到Lewin、Lippitt和White的研究。Lewin、Lippitt和White（1939）以民主（democratic）、權威（authoritarian）和放任（laissez-faire）三種領導方式，研究其對團體的社會氣氛造成何種影響。結果發現民主式的領導，成員較能共同討論一切事物，朝團體目標邁進，工作效率較高；權威的領導行為，團體成員彼此缺少合作，多以自我為中心、互相攻訐；而放任式的領導，成員雖有很大的自由空間，但彼此卻互相攻訐，而且不瞭解工作目標及性質（Lewin, Lippitt, & White, 1939: 271-299；王俊明，1982：29）。

在國內方面，陳密桃（1981）應用雷汀（W. Reddin）三層面理論（鄭詩釧，1998：20），以「工作」和「關係」兩個層面，將教師領導行為分為統合型（高工作高關係）、奉獻型（高工作低關係）、關係型（低工作高關係）及獨立型（低工作低關係）四種，探討其對班級氣氛的

影響。其研究結果發現統合型和關係型的級任教師，其班級積極氣氛較佳，而獨立型的教師，其班級氣氛就顯得較為消極（陳密桃，1981：161-207；王俊明，1982：31）。

綜合上述的研究可以得知，不論是在國內或國外的研究結果都顯示，不同領導類型的教師，其班級氣氛亦因此而有差異；也就是說教師不同的領導方式，的確能影響班級氣氛的形成，且是一個關鍵性的因素！

2. 團體動力學（group dynamic）和班級氣氛

團體動力學的創始者是勒溫（Lewin），其理論是要探討團體的性質、發展的法則，以及團體內全體與部分的交互關係，並就動力學的原理，從事實驗研究。簡言之，團體動力學所著重的是團體內的互動關係（陳奎熹，1997：284），而班級氣氛研究則是強調班級團體的部分，強調班級內部各成員之間的交互作用關係，也就是說班級氣氛是班級團體內部成員之間彼此交互作用的結果。

從Flander的研究可得知，教室內師生口語行為、談話方式的互動情形，會影響到教室中的氣氛，而教師在教學情境中的教學行為，對學生的學生的學習態度與學習效果，也有重大的影響力；由此可得知，班級社會系統中，師生互動的關係是影響班級氣氛形成的重要要素之一。

另外，Andersonu指出影響班級氣氛的因素包括四種交互作用：(1)學生同儕之間的關係；(2)學生與課程之間的關係；(3)學生與教師之間的關係；(4)學生對班級結構的知覺，這些因素決定了班級氣氛。國內朱文雄也指出班級的社會互動決定班級氣氛（鄭詩釧，1998：22；陳幸仁，1996：144）；故班級氣氛是團體內部成員之間彼此交互作用所產生的。

3. 班級學習環境與班級氣氛

在互動理論的影響下，以往未被重視的環境因素受到了廣泛的關注與普遍的探討，因為，任何的學習總在某種環境中進行，師生與物理環境互動的結果也會決定班級的氣氛，也就是說學習的環境會影響到班級氣氛的形塑。朱敬先（民75）指出影響學習的因素有二：一是社會因素；一是環境因素。前者包括師生、學生同儕、親子等關係；後者包括聲音、通風、溫度、光線，以及教室座位分布等（王雅觀，1999：32-33）。Trickett &

Moos（1971）則認為教室環境（classroom environment）應該包含參與、親密、支持、工作取向、競爭、秩序（或組織）、規則的明確性、教師控制、變革性等九個向度（蔡璧煌，1995：22；Trickett & Moos, 1971）。

　　Doyle（1986）的「生態系統觀」把「教室」視為師生為達成教學目標所居住的「環境」，班級環境乃是由「居民」和「環境」交互作用而形成的「生態系統」。Schmuch & Schmuch（1988）更以班級歷程的觀點分析學習環境，把人際關係及團體歷程，視為影響學習狀況的重要因素，並指出六個層面的團體歷程：期望、領導、凝聚、規範、溝通、衝突，這六項若能相互關連，則會產生良好的班級學習環境（王雅觀，1999：33-34；鄭詩釧，1998：22）；而積極健康的班級學習環境，有益於促進心理健康與學生的學習。

　　除了述及班級氣氛的三大研究取向以外，我們還應瞭解社交評量（sociometry）對於研究班級氣氛的重要性。社交評量是由Moreno所倡導，常運用在班級氣氛的研究裡頭，其主要目的在於明瞭個體在團體中被接受或拒絕的程度，以發現個體在團體中的既存關係和社會地位。

二、班級氣氛的營造

　　教學氣氛的營造與布置對學生學習行為的影響是深遠的，教師在班級生活中應該為學生營造良好的教學氣氛，提供學生優質的學習與生活環境，讓學生喜歡待在班級生活中，教師本身也喜歡處在班級教室中。

（一）班級氣氛與學習成就

　　每一所學校因所處的地點、環境、人、事物等因素而有不同的校風，每一個班級本身也都有獨特的班級氣氛（classroom climate）。班級的組成成員之間密切互動及相互影響，多而久之，自然會形成一種班級成員間共同的心理特質或傾向，稱之為班級氣氛（吳清山等，1990）。在班級師生互動與同儕交流之下，良好的班級氣氛中，師生相處愉快，不但讓教師教學工作順利，學生在學習中受益也良多。

　　相關的論點指出，班級氣氛的營造與類型，影響學生在班級生活中

的各項活動，更進而影響學生的學習成就。此種現象在目前的國中階段最為顯著，例如：在讀書風氣比較好的班級，因為同儕之間的相互競爭與比較下，學生會花比較多的時間在學科學習之上；在讀書風氣比較差的班級中，因為學習氣氛不佳或是同儕對學科學習的趨力比較低，因此學生對學習活動就會缺乏興趣，進而影響學習成就。

（二）班級學習氣氛營造的理論與實務

班級氣氛的營造對教師的教學、學生的學習而言，是相當重要的一環。良好班級氣氛的營造，可以提供教師一個充滿溫馨、具有創意的教學環境，同時可以提供學生自由輕鬆、無拘無束的學習環境。Bandrur（1986）指出，學習是環境與認知因素共同決定的，環境因素與認知因素發生交互作用之後，共同影響個人的行為。班級氣氛是環境因素中重要的一環，班級氣氛影響學生的學習行為，進而改變學生的行為。

班級氣氛的營造內涵通常包括師生關係的學習、教師教導方式與班級氣氛、學生同儕團體中的人際關係等層面。一般而言，班級氣氛的營造會依據下列因素而受到影響：第一，融洽的師生關係：班級氣氛如果可以建立在師生間良好的互動基礎之上，班級學習活動的進行就可以營造一個樂觀進取得班級氣氛；其次，雙向師生互動與溝通：在班級生活中，教師應該隨時接納、傾聽學生不同的意見與想法，給予學生表達意見的時間和機會，持續性地和學生談話，並建立良好的雙向溝通；第三，合作的同儕關係：班級生活中的同儕關係是決定學習進行的關鍵因素，同儕之間如果關係和諧，必然可以營造快樂的學習景象；第四，積極的學習風氣：學習風氣的營造可以引導學生強化學習動機，使學生在學習活動中，培養出好學的氣氛；第五，和諧的班級氣氛：和諧班級氣氛的營造必須將各種影響班級氣氛的負面因素排除，教師必須尊重學生的學習自由及價值，並給予合理的要求與學業上的關懷，學生必須尊重教師的專業，對教師的教學活動積極地參與，教師對學生異常或反社會行為必須給予適時地糾正，以免影響學生的學習。

（三）班級氣氛營造之原則

　　班級氣氛的營造對教師的教學、學生的學習都有正面的影響，因此班級氣氛的營造是班級生活中相當重要的前置工作。教師必須在平日隨時留意班級氣氛的營造，提供學生充滿溫暖、溫馨、自由自在、無挫折的學習環境。班級氣氛的營造原則，依據社會學原則，臚下列幾項要點：

1. 運用情緒暗示原則

　　在班級生活中，學生會偏向以停止被責難的活動或順從教師的要求，以順從教師的情緒反應。因此，學生對細膩地觀察教師的情緒反應或是教師的臉色，作為行為表現的參考。如果教師的臉色充滿快樂，則學生在行為表現方面比較隨便而不拘小節；如果教師臉色不佳，則學生會自我暗示或相互提醒教師的情緒狀況，進而約束班級的行為。

2. 多運用鼓勵與增強

　　鼓勵與增強勢教育過程中的萬靈丹，教師必須在班級生活中靈活運用此二個策略於教學中，如此才能收到預期的效果。一般教師在學生出現偏差行為與反社會行為時，慣於運用體罰、懲罰方式對待學生，造成以暴制暴的不當後果。學生只會以攻擊行為面對學習生的逆境，容易讓學生停留在錯誤階段。

3. 給予各種適時關懷

　　班級生活中，教師與學生的互動時間有限，教師無法在忙碌的班級生活中顧及每個學生的需要，提供學生及時的協助。

4. 教師必須以身作則

　　以身作則是行為的最佳示範，教師在班級生活中必須隨時留意自身的一言一行、一舉一動，提供學生隨時的學習楷模。教師如果展現不當的行為，容易讓學生有不良示範作用，產生不良的後果。

5. 正確運用歸因理論

　　在班級生活中，學生學習成果，往往受到班級同儕關係、師生關係與教師反應而產生不同的歸因，進而影響學生未來的學習活動。在班級氣氛的營造方面，教師應該瞭解歸因理論的內涵與運用，對學生不存刻板印

象，訓練學生進行正向歸因練習，在規劃教室學習環境時，要重視學習歷程，並儘量減少學生同儕之間的惡性競爭。

（四）班級師生關係的營造

班級生活中，良好的師生關係的建立在教師方面包括教師能隨時瞭解學生的需要，關懷學生的問題、尊重學生的人格與自尊、付出教育愛並協助學生在班級生活中獲得豐富知能與健全人格；在學生方面，能對教師表現尊重的態度、樂於接近教師、主動學習，同時可以將個人學習上的困難或樂趣和教師與同儕分享。班級師生關係的營造，可以考慮下列幾項原則：

1. 多運用正增強原則

教師在營造師生關係時，應該多運用正增強原則，用真誠的態度鼓勵學生表現良好的行為，對孩子具體的行為表現給予適當的鼓勵，並且在教學中靈活運用不同種類或方式的增強策略。

2. 善於處理學生問題

教師在班級生活中面對學生的偏差行為與反社會行為，必須有效運用各種輔導策略給予協助。因此，教師應該設法瞭解學生內在情緒，並適時地從不同角度思考問題。

3. 培養尊重接納態度

教師在班級生活中應該對學生展現尊重與關懷、溫暖與接納的情懷，讓學生感覺到被尊重，以培養尊重接納的態度，培養良好的人際關係。教師應該以傾聽代替說教的方式，擺脫教師威權的心理，放下教師角色身段，在生活上與學生打成一片，融入學生的學習生活中。

4. 善於處理教師情緒

教師在班級生活中，必須隨時培養好脾氣，當挫折容忍力降低時，教師要能隨時處理自己的負面情緒，感到壓力來襲時，可以隨時靈活地自我調適並處理自己的情緒。以人性化的方式處理自己的情緒，避免將負面情緒帶給學生，造成學生學習上的焦慮與壓力。

（五）班級同儕關係的管理

　　班級同儕關係的管理，對學生學習行為表現影響最大。學生在班級生活中人際相處與同儕互動，對學習生活的影響是直接的。

1. 教師正確的態度

　　教師在輔導班級同儕關係時，必須秉持公平、公正的態度，對學生要一視同仁，不可有所偏頗，否則容易失去學生的信任。教師對於前來求助的學生，並需提供相同的機會讓學生有辯駁或說明的機會，在面對學生衝突時，教師要能以開放的態度接納學生突發奇想的意見。

2. 同理心的運用

　　學生在班級生活中難免因不同的生活經驗、家庭背景、價值觀相左而產生衝突的現象。教師在處理學生同儕關係時，必須考量學生的不同社經地位與家庭生活經驗，教育學生與用將心比心的方式，凡事多為對方著想，必然可以減少不必要的衝突。

3. 使用增強策略瞭解

　　教師在班級生活中應該隨時觀察學生的行為表現，對於表現好的行為隨時給予學生正增強，讓學生建立良好行為的模式，瞭解良好行為表現的後果。教師在教學實施過程中，可以隨時運用各種增強策略強化學生的學習效果，激發學生的良好表現.。

4. 人際關係輔導

　　人際關係的培養影響學生在班級生活中和同儕互動情形，教師必須針對一些不活躍或不受歡迎的學生，給予表現的機會。在教學中多發掘學生的優點，輔導孤立的學生融入班級生活中，以培養良好的人際關係。

　　班級氣氛的營造不僅影響教師的教學情緒，同時也影響學生的學習意願。在班級生活中。良好的學習氣氛可以使教師樂於教學活動，學生也樂於參與學習，對教學活動效果與學習成果的提升有正面的作用。

三、增進良好師生關係的作法

　　班級氣氛的營造，增進良好師生關係是相當重要的。如果在班級師生

關係的營造方面，可以促進師生之間的互動關係，則班級氣氛會比較融洽和諧。班級師生關係的增進作法，臚列參考如下：

1. 記住每一位學生的姓名

教師不管是級任或科任教師，都應該在短時間內記住班級每一位學生的姓名，如此才能縮短教師與學生之間的距離。級任教師可以要求學生填寫一張學生基本資料表，或是先將學生座位固定之後，填寫一張座位表，並運用最短的時間將每一位學生的姓名記下來；科任教師因為擔任教學的班級會比較多，可以要求級任教師提供一張學生座位表，讓科任教師在短時間之內認識每一位學生。

2. 掌握學生的興趣與嗜好

教師要能瞭解班上每一位學生的興趣或是好，針對學生的興趣和嗜好融入班級生活中，並不斷鼓勵學生發揮自己的興趣和嗜好。除此之外，教師也可以透過各種方式獲知學生的背景資料，提供學生發揮的機會。

3. 多說正面積極的話

一般教師在班級生活中，比較不懂得鼓勵學生。因此，教師應該在班級生活中多說一些正面鼓勵的話，用正向積極的方法處理事務，強調以積極態度幫助學生，而並非對學生處處設限。

4. 展現教師的親和力

在班級生活中，教師不可以自恃過高，或視自己為萬能而忽略學生存在的事實。教師應該在與學生互動中，隨時展現自己的親和力，讓學生覺得與教師親近不是一件難事。

5. 以行動證明對學生的關懷

教師應該以行動代替口頭說教，將自己對學生的關懷透過行動表達出來，如果學生對教師的意思，有不瞭解的地方，教師也應該花時間向學生說明，並且讓學生感受到教師對學生的關愛。

6. 強化個別學習指導活動

教師在班級生活中應該針對學生各方面的學習，依據學生的個別差異，制訂各種不同的學習計畫和學習活動，必要時隨時給予個別學習指導活動。

7. 設立班級信箱

教師可以在班級設立信箱，讓學生有意見可以透過班級信箱，講出自己的觀點和看法，透過班級信箱的方式，請學生寫出「如何讓本班更好的策略」、「如何激發同學的讀書興趣」等。

8. 參加學生的各項活動

教師在班級生活中除了正式的課程之外，應該為學生設計各種結合生活的活動，引導學生從活動中學習。例如：運用各種詐騙集團的騙術，設計成各種學習活動，讓學生從各種學習活動中學習防騙防搶的策略。

9. 定期舉行慶生會

學生生日慶祝會的舉行，不但具有生命教育的意義，同時可以透過慶生活縮短師生之間的距離。教師也可以透過慶生會的機會，邀請壽星的父母到學校分享養兒育女的經驗談，讓學生瞭解自己的父母親養育的辛勞。

10.運用信件或信箋

教師可以在平日班級生活中，如果學生表現良好的話，撰寫一些勵志的信箋送給學生作為獎勵之用，如果學生出現不良的行為，教師也可以寫一些勵志的話讓學生作為自我激勵之用。

11.和學生個別晤談

教師可以在班級生活中和學生約定個別約談時間，在個別晤談中可以設定各種主題，由教師和學生主動晤談，瞭解學生的生活經驗、家庭生活、未來規劃等，透過個別晤談可以強化教師對學生的瞭解，同時縮短師生間的距離。

12.和學生共進午餐

午餐時間是一天當中比較輕鬆的時間，教師可以在午餐時間播放一些比較輕鬆的音樂，在午餐時間和學生共進午餐，瞭解學生的用餐情形，同時在用餐時間和學生閒話家常，瞭解學生的生活近況。

13.請學生表決各種班級徽章

教師可以指導學生表決各種版的班歌、班旗、班徽、班花、班級動物、班級顏色、班級卡通人物、班鳥、班詩、班呼等，作為提振班級士氣的參考。

14.編寫班級歷史作為紀念

教師可以指導學生針對班級生活中的重要大事，對於班級發生有意義的事件，依據時間的先後順序、人物動態等，逐項地記錄下來，作為班級發展歷史。

15.班級活動大家看

教師可以指導學生針對班級的各項活動，蒐集資料與相片並附加文字說明，張貼在教室比較明顯的地方，並集結成冊作為班級生活的回憶錄。班級活動結束之後，教師可以邀請家長或學校其他班級的師生，參觀班級活動所整理出來的資料。

16.我的成長回憶錄

教師可以指導學生將自己童年的各種資料，包括相片、重要文件（如出生證明）等，做資料的整理並在班級提供給大家欣賞。

四、教室布置與設計

（一）教室布置的主要目的

1. 發揮情境教育的功能

構成一個富有親和力的環境因素，是教室的造型、色調、照明、溫度、空間設計和布置。

2. 教學前後的學習引導

配合學期的各個單元，設計好內容，布置上去。

（二）教室環境布置設計原則

1. 教育性

班上有一位自閉症兒童，因為人際關係不好，於是老師為班上設計小信箱，同時引導其他同學寫信鼓勵他。

2. 實用性

全班分組完成月曆，然後懸掛在教室使用。

3. 定期更換

配合學期的大單元布置可以不用變動，但是學生的作品或其他部分，應視需要作更動，隨時保持新鮮感，才能吸引學生去觀賞、探究，否則教學效果等於零。

4. 整體性與美觀性

教室布置避免雜亂，儘量使用明亮的色彩，注意色彩間的和諧，更重要的是暖色系的比重（如紅色）不可太多，以免學生進到教室，會躁鬱不安。

5. 創造性與生動性

利用學生的作品來充實布置內容。

6. 經濟性

教室布置由於要經常更換，所需材料和經費自應考去其經濟性，原則上以廢物利用或社區資源，由師生共同設計，減少成品購置，以達經濟實用之效果。

7. 師生共同參與

教室布置的活動最好應由師生共同一起設計製作，但主角為學生，老師可從旁輔助，如此一來，學生和老師會更加容易建立互信的橋梁，關係會加密切。

五、教學布置內容

（一）教室內的布置

1. 單元重點：以分科分節的形式將各科的重點明顯地展現出來，讓學生在學習時，能有要點可循，即使老師沒有在班上授課時，學生仍然能依此布置的提示，自動學習。
2. 作品展示：將一些學生的優良作品及進步幅度頗大的作品，陳列於此。
3. 公布欄：將每天的注意事項，叮囑同學完成的事項，以緩和非命令式的表達方式條列於上。

4. 榮譽榜：是一個鼓勵區，將學生的各方面表現，呈現出來，塑造出一個良性競爭的班風。

5. 學習角

 (1) 圖書角：供學生閱讀課外書籍或介紹好書，彼此分享心得互相交流的地方。

 (2) 益智角：放一些可以動動腦的遊戲，如下棋用具、積木等。

 (3) 研究區：可為上課內容的延伸，加深加廣的學習。

 (4) 溝通角：可為彼此談心或師生溝通的角落。

 (5) 寶貝角：提供自己心愛玩偶、蒐集品，與同學分享。

 (6) 醫護角：擺放一些常用藥品，告訴孩子使用的方法與適當的時機，可讓學童輪流充當小護士，學習如何做好簡易的護理。

 (7) 工作角：供學生敲敲打打、縫縫補補、剪剪貼貼……等等。

 (8) 運動角：將孩子喜歡的運動器材放在一個大箱子裡，供孩子在下課時間自由使用。「惜物」、「原物歸位」的教育要隨時叮嚀與檢驗。

 (9) 時事角：針對當週的重大新聞，要求學童把想法寫下來甚至訓練他們做「文章縮寫」或「替新聞訂標題」，達到訓練他們思考、語文寫作的能力。

 (10)留言角：找一些可愛的便條紙，讓孩子在日常生活互動中，記錄一些有趣的、難過的和不平的（勿用來罵人）生活點滴，放入小盒子或釘在留言板上。

 (11)塗鴉角：把平時辦公室不用或丟棄的紙張蒐集起來，給小朋友利用空白的另一面盡情塗鴉，將「資源再利用」的觀念真正落實，同時，可以訓練低年級小朋友大肌肉的協調。

 (12)電腦角：供學生上網、查資料。

（二）教室外的布置

1. 綠化走廊：走廊兩側可放一些綠色盆栽來綠化走廊。

2. 柔化走廊：用學生在日常生活中所熟悉之物品加以造形設計，或

學生作品加以加框，輪流懸掛，可吸引學生注意力達到布置的效果。如學生於美勞課所創作的作品。

六、使用教室布置的方法

1. 訂定管理規則

訓練孩子合力整理教室各個地方。

2. 強化教室布置的功能，達到充分使用的目的

例如圖書角，可以利用某一節課，請一位小朋友朗讀一段小故事，或是舉辦圖書迷宮遊戲，讓小朋友去書本堆中找尋答案。

3. 設計學習角過關卡

七、以藝術打造愛的天堂

班級空間規劃與教室布置計畫書

一、教室布置原則

1. 與教學相配合

當老師進行某一單元時，可事先請學生蒐集相關資料張貼或者老師可張貼欲給學生的課外資訊，當上完這單元，可將本單元的重點張貼；而統整課程，學生可依主題分別研究並做成研究專輯張貼於教室。

配合單元教學的教室布置

2. 配合節慶

教室布置是最易與生活經驗相結合的教學方式。如母親節製作感謝母親的謝卡,聖誕節掛襪子、布置聖誕樹,過年時教室門外貼春聯,端午節掛香包、粽子及艾草等等。

母親節謝卡

3. 配合學校或班級活動

學校會時時舉辦許多活動,如運動會、反毒宣傳、寶特瓶回收計畫等,都可配合著布置相關主題;班上的活動,如慶生、歡送等等,都可將活動照片張貼出來。

防治SARS宣導

慶生活動

4. 展現班級特色

　　每一個班級的班風都不一樣，教室布置應由師生共同決定，如何布置可以展現出本班的特色，讓學生對班級有一股向心力。

每一個置物櫃都是出自小朋友們的巧手喔！

我們這一班很特別吧？

5. 激發學生學習

　　布置的內容如果是可以引起學生想看的興趣，那麼就可以產生很大的教學功用了！學生可透過布置內容激勵自己學習，甚至引發靈感，這對他們是很有幫助的。

激發學生學習的興趣

6. 均等機會

老師應秉著「每個作品都是好的」原則，讓每一個兒童的文章、圖畫、學習單，都能有展示的機會。

每個作品都是好的

7. 豐富但不雜亂

教室布置的內容可多樣多變，但千萬不要雜亂無主題，好像雜貨店似的，讓人有一種不知所措的感覺，降低了學生走近看的意願。

豐富可愛的教室布置

8. 經濟實惠的價錢

布置不是裝飾或美化為主，因此不需要花費太多金錢，盡可能廢物利用或以經濟考量為原則，比如：可利用紙箱展開當主題板，寶特瓶當花瓶，丟棄的塑膠套子來裝置學習單等，盡可能從周遭取用，而不要花到太多班費。

9. 舒適溫馨的家

教室要看起來不要像教室，看起來像個家，讓師生感覺到舒服溫馨，如此教師的教學效率會增強，學生的學習效果也會提高。

10. 人人參與

教室是大家的，不是少數幾個好學生的，因此布置是大家一起來動手做，不論字多醜，圖畫多奇怪，藝術造詣如何，我們都應相信每一個孩子都有潛能。

11. 隨時做變動

教室空間應隨教學而做變動，不是每一個部分都要設一個學期，可能這個月是「語文角」，下個月變成「簡報欣賞區」；或這個月來個「學生蒐集特展」，下個月來個「幼時記憶展」。此外，如果是以教學單元作為單元設計的布置，也要隨著下一單元的教學做變動。

二、教室布置的內容

1. 教學單元類

按各科進度，蒐集相關資料、剪報、教學重點等。

教學單元類

2. 作品展示類

學生作品常有的是美勞、作文、學習單、讀書心得、參觀心得等。

讀書心得

3. 公布欄

主要公布學校的活動消息、班級事務等時效性很高的事，或班級活動照片的展示等。

公布欄

4. 榮譽榜

將班上或個人的榮譽公布在此，可以讓他人有學習效法的心，激勵自己向上。主題名稱可為「好人好事」、「我是大明星」、「優點大轟炸」、「榮譽博士榜」等。

5. 時事與時令

除了讓學生學習學校的知識外，也要讓學生知道一些現在社會國家所發生的事。主題名稱可為「焦點新聞」、「一週大事」、「熱門話題」、「時事專欄」、「不可不知」等。

擴展孩子的視野

6. 生活輔導

教室除了知性，也可以是一個感性的地方。規劃一個有關學生心聲或親師交流的園地，讓教室更溫馨、更感性。主題名稱可為「請聽我說」、「老師的悄悄話」、「心情指數」、「靜思角」、「請幫幫我，我需要……」等。

7. 休閒娛樂類

讓學生休息娛樂的地方。可以規劃教室的一個小區域，鋪上墊子，放置一些如象棋、書報、玩具等物品，讓學生在上課讀書外，還有一個休閒聊天的地方。例如：「遊戲角」、「圖書角」。

讓孩子有喘息的空間

8. 電腦資訊類

電腦的使用是現代
孩子必備的技能

9. 工具類

教學上不管老師或學生，常常會有使用到一些文具的機會，也常常會有學生撿到無人認領的東西，如筆、橡皮擦、尺、膠水、針線、衛生紙等，因此可以規劃一個區放置這些相關東西，供師生一起使用。例如：「文具區」、「急救箱」、「愛心用品區」等。

工具箱

急救箱

文具區

10. 裝飾類

適當的裝飾可使教室增色不少，例如：盆栽、布偶、彩球、彩帶等。

11. 雜物類

有一些物品是教室最好要準備的，如月曆、鏡子、時鐘等，這些都是與生活息息相關。

時鐘

椅子

漱口水

睡墊

廚具

12. 置物櫃

用來放置一些班上或學生的東西，可利用教室窗臺下方或學生購買自己的置物箱置於教室後。這樣一來，學生可將不常用到的課本、毛筆、樂器等放在箱中，省去許多麻煩。

這樣是不是整齊多了呢？

三、教室布置的方式

1. 事先規劃

   布置前先規劃好幾個固定主題，幾個活動主題，讓教室有一定的規則存在。

2. 固定的底與外框

   許多主題的內容是時效性的，更換的比率很高，因此在一開始即將每一個主題的底面與邊框做好，屆時只要更換內容，無須再重做。

3. 覆蓋一層塑膠膜

   在底面做好時，在表面上先貼上一層塑膠套。如此一來，不會破壞了美觀，也不會因為時間的過去而褪色。

4. 認養區制度

   將每個主題列出，讓學生採認養制度去布置。每一個區域都有人負責布置更換，學生也都有展現能力的機會。

5. 老師的叮嚀

   除了老師本身的提醒之外，由學藝股長負責監督提醒每一組的工作。

四、教室布置地點

1. 教室後方三大塊面積

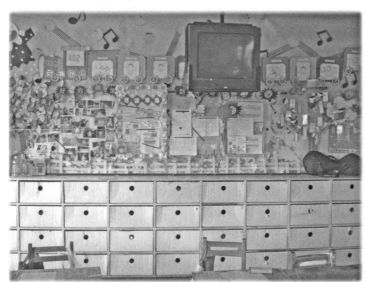

將三大塊面積合成一大塊，比較不受到面積形狀限制，主題空間更彈性。

2. 門裡門外

門外

門內就是一些如老師備忘錄、學生工作檢查表張貼處，非常實用。

3. 走廊

走廊

4. 教室內柱子上

柱子的空間不大，因此朝向較小的主題去布置。

5. 天花板

天花板所布置的是可以懸掛的作品，如學生美勞作品，或特別節慶掛的綵球裝飾品等。但記住別掛得太低，否則學生會搞怪的，作品壽命也不會長久。

6. 黑板左右

黑板左右的布置儘量以備忘錄或公布欄為主，切勿太花枝招展，否則將太過吸引學生上課的目光。

7. 前後黑板下方

這是一個很大的空間，但許多人都忽略了它的存在，它可以是作品展市區，可以是學生資料的張貼處，或一些檢查表的張貼處，愈低年級愈可使用。

8. 窗戶上

窗戶上的張貼以短暫性學生作品或活動照片為主，待一段時間後即拆下或做更換，玻璃上或邊框上均可使用。

五、班級空間規劃

1. 黑板
2. 講臺
3. 公用置物櫃
4. 老師桌椅
5. 學生桌椅
6. 學生置物櫃
7. 電風扇
8. 電燈
9. 睡墊
10. 創意小角落：學習角、圖書角、遊戲角……等。
11. 專欄：單元布置、學生作品欄、公布欄、榮譽榜……等。
12. 資訊電腦區
13. 清潔用具

14. 時鐘、月曆、錄音機

15. 資源回收區

16. 鞋櫃

17. 盆栽

18. 置衣架

註：感謝崇學國小提供班級教室布置的創意點子供本章作為說明之用。

八、學習角落的布置與美化

班級學習角設計書

一、讀書角

供學生閱讀課外書籍或介紹好書，彼此分享心得互相交流的地方。

可成立班級圖書館增加藏書量，並配合讀書會引導孩子做更深入的閱讀。

二、遊戲角

放一些可以動動腦的遊戲，如下棋用具、積木、大富翁……等。

下課時間雖然只有短短10分
鐘，卻是孩子快樂的泉源。

三、研究角

可為上課內容的延伸，加深加廣的學習。

四、溝通角

可為彼此談心或師生溝通的角落。

五、寶貝角

提供自己心愛的玩偶、蒐集品，與同學分享。

每一個玩具都是孩子的寶貝

六、醫護角

擺放一些常用藥品，告訴孩子使用的方法與適當的時機，可讓孩子輪流充當小護士，學習如何做好簡易的護理。

教導孩子正確的護理常識，讓孩子懂得如何照顧自己。

七、工作角

供學生敲敲打打、縫縫補補、剪剪貼貼……等。

八、運動角

將孩子喜歡的運動器材放在一個大箱子裡，供孩子在下課時間自己使用。這也是「愛惜物品」、「物歸原處」生活教育的另一種方式。

九、時事角

針對當週重大新聞要求孩子把想法寫下來，甚至訓練他們作「文章縮寫」、「替新聞定標題」的活動，達到訓練孩子組織文章結構、語文寫作的能力。

十、留言角

利用一面仍為乾淨的廢紙，剪裁成紙條大小，讓孩子在日常生活互動中，記錄一些有趣的、難過的和不平的（但不可用來罵人）生活點滴，釘在留言板上。

十一、塗鴉角

在教室牆壁中找一塊空間，貼上淺色的壁報紙，讓小朋友可以在空白的地方盡情塗鴉。塗鴉的成果也是教室布置的一部分。

孩子自己妝點的牆壁，使班級更有特色。

十二、休息角

提供孩子一個休息、聊天的小地方。

利用多餘的椅子，就可以布置出一個別出心裁的小小園地。

十三、電腦角

結合教學課程，訓練學生上網、查資料的能力。

將學生所查到的資料，記錄在磁片中，累計學習經驗。

值得警惕

11/10　中國時報　問卷調查

實施教科書開放，則有八成七學生學習分量加重。

二成四的學生，每週補習時數超過10小時。

五成以上學生，每天睡不到5小時。

有六成六家長認為小孩過得很痛苦。

則有二成家長，填下 最高 痛苦指數。

九年一貫課程讓孩子學習更有生活化 、活潑化及能力提升？

有一成三家長同意；不同意的家長高達六成七五。

本章討論問題

一、請說明如何營造良好的班級氣氛？

二、請擬定一份增進良好師生關係的計畫書（包含策略與方法）？

三、請至少參觀三所學校，提具有創意的教室布置說明圖？

四、請說明教室學習角落的規劃與布置？

五、請擬定一份教室綠化美化的計畫？

第四章

班級教學的規劃與實施

　　本章的重點在於探討班級教學的規劃與實施，內容包括重要理論與策略、班級座位的安排、科任教師的班級經營、教具在班級教學的應用、班級教學擬定與實施、創意教學的實施等。

一、重要理論與策略

　　教育家杜威有言：「要想改變一個人，必須先改變環境，環境改變了，人也就改變了。」教師在經營班級時，應該有效運用各種資源，做妥善的經營，以創造良好的學習環境。

　　依據社會學習論的觀點指出，學生的行為是人格與環境的函數。因此教師如果希望學生的行為符合班級的期望，在學生座位方面的安排，就必須參考相關的理論與研究。

（一）學生活動的型態研究

Sommer（1969）研究指出，學生在活動中選擇所涉及的互動類型為：1.個別的工作：此類型的學生選擇遠離別人的座位，或者是以各種步幕隔開別人的視線，在有意避開他人時，也常選擇桌子的盡頭，遠離教室中心、靠近牆的位置，並試著保持距離，來保護自己的隱私與不受干擾的要求；2.分工的工作：此類型的學生當進行合作性質工作時，通常會選擇靠得很近，以方便相互討論議題，所以教師在安排座位時，應該考慮學生的分工情形；3.競爭的工作：當工作本身具有競爭性時，一般人會選擇坐比較裡面的位置，以理解別人的進行情形。學生在參與競賽時，比較喜歡坐在對手的對面，如此可增加彼此目光的接觸，激化彼此競爭的動機。

（二）座位與人格特質

有關學生座位與人格特質之間的關係，Waller（1933）研究指出，坐在前面的學生通常比較具有依賴性，喜歡追求挑戰或者特別用功者；而坐在後面的學生，比較具有叛逆性，對自己的成就動機低。

（三）座位與參與感

學生座位在學習參與感方面，坐在前面以及中央的學生有較高的學習成就和參與感。此種現象主要為：1.坐在前面及中央位置的學生，學習動機比較強，並且對學科具有比較高的興趣；2.坐在前面及中央位置的學生，在師生之間交互作用方面，比坐在其他位置的學生頻繁。

由以上的相關研究可以瞭解學生座位與學習態度之間的關係，因此教師在學生座位的安排方面，應該針對班級氣氛、班級特性、學生特質以及學科上的需要，做妥善的規劃處理，期使學生與教師都可以在班級生活中，獲得最大的利益。

二、班級座位的安排

（一）教室空間規劃

　　傳統的教室空間規劃都是固定的空間和建築物，教師要著墨或是調整的地方是有限的，一般的教師對學校建築與室內空間設計的理念是相當淡薄的。因此，教師在班級空間規劃方面，應該多蒐集一些室內設計與規劃的資料，原上是將班級空間規劃與家庭中的書房相近，以激發學生在班級中的學習動機即可。由於教室空間規劃在硬體方面教師能調整的有限，因而在內部的設計與規劃就必須花比較多的心思，運用各種室內設計的技巧，將各種資源材料做有創意的整合。有關教室空間規劃請參考下圖：

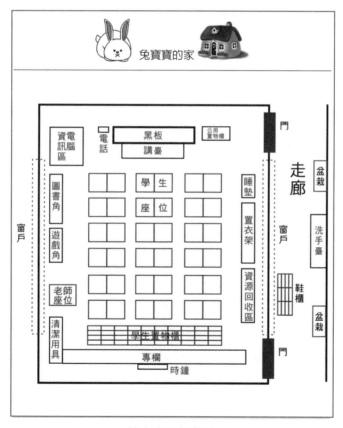

教室空間規劃圖

（二）教室環境設備安排原則

教室環境設備的安排，必須教師發揮專業能業，多參考專家教師的教室安排，作為教室環境安排的參考。一般而言，教室在環境設備的安排方面，可參考教育性、實用性、安全性、整體性、獨特性、創造性、生動性、經濟性、美觀性、發展性等原則。

（三）座位安排的原則

教室座位的安排，每一位教師的想法與作法都不一樣，一般教室座位的安排應該結合各科教學活動的實施，如此才能提升教學的效果以及教學品質。通常教室座位的安排有幾項原則可資參考：

1. 可考慮男女生間隔坐。
2. 考慮身高因素：按照學生身材的高低而定先後，身材低的坐在前面，高的排在後面。如果有特殊需要的話，教師可以在桌子和椅子的高度上面做適當的調整。
3. 考慮視力因素：視力不良的學生可以考慮排在前面，或是比較不會影響光線來源的地方，但原則上還是要請學生父母為學生做視力矯正的工作。
4. 「近朱者赤」：儘量避免將「較難管教的學生」或是「同類學習困擾學生」集中坐在一起，應將他們排在前面，以便於老師監督或是運用同儕學習輔導的方式。
5. 各組都有領導型學生。教師在班級分組學習時，應該在每一組設置小組長，請小組長學習負責學習輔導工作。
6. 多變化，不一定全是排排坐（請參考本章的座位安排案例）。
7. 定期輪調：學生座位的安排應該採取定期輪調制，讓學生在座位上面有定期調整的機會，同時可以強化學生之間的同儕互動關係。
8. 學生座位的安排應儘量避免直接面對干擾的來源：學生座位的安排應儘量避免來自外界的干擾而影響學生的學習情緒，以及學生

專心聽課的情緒。

9. 座位之間應保持適當的通行距離，以避免擁擠和干擾：尤其是小組與小組之間的距離應該要適當，避免小組之間的相互干擾。

（四）編排學生座位的注意要點

1. 桌椅高度和學生身高要配合。避免前面學生影響後面學生的視線，進而影響學習成效。

2. 座位排定後，馬上畫一張座位表貼在講桌上。並提供一張學生座位表給科任教師，以利科任教師在教學中做常規管理。

3. 座位排定一、二週後，若發現誰和誰坐在一起不適合，應馬上調整座位。例如：經常搗亂班級學習的學生，或是在班上比較常在一起講話的學生，必要時應該給予區隔。

4. 對於學習落後、注意力不專注的學生，盡可能安排坐在前面的位置，以方便老師就近督促、輔導。或是安排小老師坐在旁邊，以方便進行同儕學習輔導。

5. 考慮學生走動的方便，及空間的安排。尤其是應該預留足夠的空間，避免學生下課時間產生意外事件。

6. 多備一、兩組桌椅，以備轉學生轉來使用。

（五）座位安排的方式

1. 此種型態的優點是教室常規較好控制，學生比較不易分心，且適合講述性的教學。

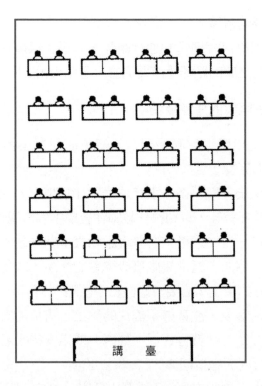

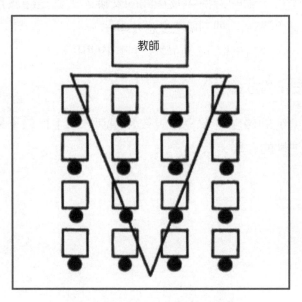

最方便師生交互作用之座位圖

2. 此種型態利於小組討論與小組教學。教師採用此種型態安排座位時，應當把小組領導者安放在可以明顯影響其他組員的中心位置，並且可將比較害羞、內向的學生，安排在領導者或喜歡說話的對面。

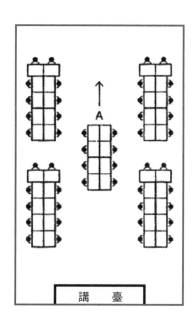

3. 此種型態可使每一位學生都能面對全體，有助於學生間的互動。在實施時，教師應將領導力較強的學生安排在可以明顯影響其他同學的位置。

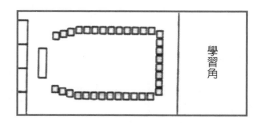

4. 此種型態常使用在國小討論教學上。

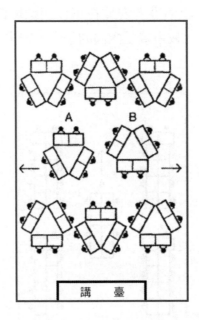

5. 其他型態

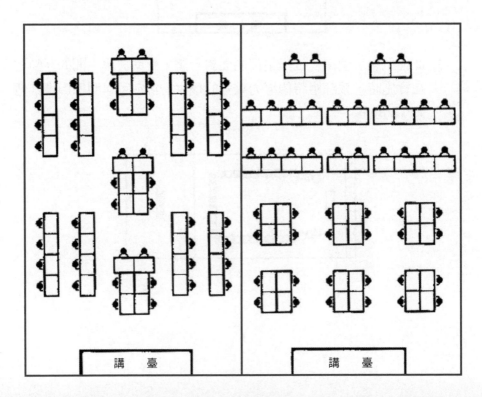

三、科任教師的班級經營

一般而言，科任教師在班級經營方面比級任教師困難，主要是於科任教師對學生的不瞭解，無法完全掌握學生的各種動態，再者，科任教師所擔任的課程大部分不是主科，比較不受重視。

（一）科任教師常見的失控問題

1. 科任教師對學生的約束力不夠

科任教師在教學過程中，在班級經營方面比級任教師要花更多的時間在學生常規的管理上面，其主要的原因是科任教師對學生不熟悉，缺乏深入的瞭解，無法完全掌握學生的動態。

2. 學生對科任課程的錯誤認知

國內目前的制度，科任教師大部分擔任非主要科目的教學，因此學生對科任課程總存在有「不重要科目」的認知，進而影響學生對科任教師的態度。

3. 各種工具不帶並缺交作業

科任教師經常面對的問題為學生上課前忘記帶各種用具，主要原因為科任課程並非是經常性的課程，往往間隔一至二天或隔週上課的情形，科任教師在當天課程中要求學生下一次上課帶的用具，學生經常因事隔多時而遺忘，造成科任教師上課的困擾。

（二）科任教師的班級教室管理對策

1. 慎選教學主題

科任教師在教學單元主題的選擇上，比級任教師具有更彈性的空間，比較不會有教學進度上的壓力。

2. 教學實施多元化

科任教師在教學實施過程中，應該規劃設計各種動態的教學，運用各種結合肢體語言、感覺器官的教學策略，提供學生更多元的學習機會，讓每一位學生都可以真正參與學習活動，從各種活動中學習並收到潛移默化

之效。

3. 善用讚美少用懲罰

科任教師在教學活動實施中，應該有效運用各種讚美策略，透過各種社會性增強，強化學生的學習興趣，並激發學生在學科方面的興趣。例如：創作性的科目，教師的教學評量應該以「用心程度」作為評量的標準，避免以「統一標準」或「高標準」要求不同的學生。

4. 有效的獎賞與懲罰策略

科任教師的獎賞與懲罰策略，應該與級任教師的班級經營計畫內容相契合，如此學生在科任教學中，才能遵守既定的班級常規。

5. 引導有效學習減少學習障礙

學生如果在學習過程中遇到各種障礙缺，乏反覆練習或向教師請教的機會，在日積月累之後漸漸對科任課程缺缺乏興趣。因此，科任教師應該瞭解學生在學習方面的困難，在教學中有效引導學生進行學習，提供學生有效的學習策略，減少學習障礙進而增進學習信心。

6. 建立教學的有效程序

科任教師在教學中，應該儘量建立教學的有效程序，讓學生瞭解教學的重要步驟以及教師對學生的要求，學生才能在教學中遵守各種規定。教學程序的內容應該包括教學目標、教學設計、教學器材、教學評量等，並應涉及學生表現、常規要求等項目。

7. 請級任提供學生與家長名單

科任教師無法掌握學生的另一個原因，在於科任教師與任教的學生家長不熟悉，無法與家長進行親師溝通，要求家長配合教學。因此，科任教師在教學前，應該請級任教師提供學生的名單以及家長通訊錄，以便科任教師隨時與學生家長聯繫，瞭解家長對孩子的期望，同時讓家長瞭解學生在科任課中的表現，請家長配合要求自己的孩子。

8. 和級任教師充分聯繫

科任教師與級任教師充分溝通與配合，對班級常規的維持是相當重要的。在溝通的內容上面包括級任教師的班級經營、親師溝通的內容、班級常規等，作為科任教師教學的參考。原則上，科任教師應與級任教師的班

級經營做密切的配合，才不至於讓學生對科任教師的班級經營產生陌生，進而無法配合科任教師的要求。

（三）結語

截至目前為止，科任教師所擔任的課程，皆被視為非主科、不重要、營養課程等，在此種錯誤觀念之下，家長、學生對科任的學習缺乏關懷與信心。因此，科任教師在教學中容易因各種外在因素加上班級經營的困難，導致各種教學上的挫折。科任教師在班級經營方面，應該與級任教師進行密切的聯繫配合，瞭解級任教師對學生的要求，以及各種行為上的規範，作為科任教學的參考，有效運用各種策略維持學生的常規。

四、教具在班級教學的應用

有關教具的選擇與蒐集，本節將針對教具的選擇議題，探討教具本身對教學活動所產生的效果，教具在教學上的運用以及教具的相關論點，進行討論並提供教師在教具運用方面參考，藉以提高教學成效。

（一）教具的功能

教師在教學中所使用的教具通常包括實物、標本、模型、圖畫、掛圖、表解、實驗儀器、練習卡片、黑板、白板、揭示牌、錄音機、電唱機、幻燈機、投影機、電視、錄放影機等。教具的使用對教學活動具有輔助效果，不但可以強化學習者的動機與興趣，同時可以強化教學成效。教具的功能包括下列幾項：

　1. 提高學習者的學習興趣

教具的運用可以讓教師在教學活動實施中，不管運用實物、標本、模型、圖畫、掛圖、表解等類型的教具，皆可以達到提高學習者學習動機的效果。教師在教學中如果僅憑教科書、一支粉筆、一個黑板、一張嘴，對學習者的學習興趣是無法提升的。

　2. 協助學習者學到他們該知道的

教師在教學中面臨將「形式課程」轉化成為「實質課程」的問題；換

言之，如何將各種抽象的概念轉化成為學習者可以理解的方式。因此，教師在講解各種原理原則與概念時，必須透過舉例或實物，才能引導學習者理解各種概念的意涵。

3. 增進學習者理解課程內容

課程內容的理解往往是學習者最感困難之處，教師在進行教學時必須透過各種媒體，將課程與教學的內容進行說明講解，以引導學習者理解課程內容。教具的使用有助於教師引導學習者較快理解課程內容，學習者在實作中可以透過教具的操弄，將各種實作與課程內容作緊密的結合。

4. 加深學習者的學習印象

教學歷程中如何加深學習者對課程內容的瞭解，是教學實施中重要的一環。教師必須透過各種教具，加強學習者的學習印象。例如：在進行物理、化學實驗時，教師必須將各種實驗儀器讓學習者實地操作，才能加深對該儀器操作和使用的印象。

5. 強化生活上的應用

學習與生活經驗無法作緊密的結合，往往是教學中備受批評之處。教師透過教具的運用，可以引導學習者集中注意力於課程教學中，同時透過學習架構瞭解更多生活經驗，並且將各種生活經驗運用於生活中。因此，教具的使用有助於強化學習者生活上的應用。

6. 充實學習者的實際經驗

傳統的教學因缺乏教具的輔助，而導致教學者無法將各課程內容作詳盡的講解，或者教學者無法在教學歷程中舉出具體的例子，講解課程內容與重要的經驗。教具的使用有助於教師將課程與教學內容抽象概念具體化，對學習者的學習有正面的作用，同時可以充實學習者的實際經驗。

7. 增強學習者的記憶

學習者在學習結束之後，往往因各種內外在因素而無法全盤吸收教師的教學內容。教具的設計通常會結合課程與教學中重要的概念或原則，將抽象的概念具體化。

8. 節省教師的教學時間

教具的設計通常會將教學重要內容做整合，教師使用教具時可以減少

不必要的講解時間，透過教具的使用可作課程內容重點式的講解。教具可以縮短學生學習的時間，教師可因此教比較身的內容，讓學習者擁有較多的時間練習，或是進行反覆操作練習。教具的運用，可以將繁複的教學內容簡化，作扼要性的講解。

9. 獲得正確的知識

教具的運用讓教師將各種課程重要名詞作正確的指導，避免因口頭講解而使學習者一知半解，無法學習正確的知識。例如：教師如果在講解「街燈」名詞時，可以出示相關的圖片或影片，作為教學的輔助，學生可以立即瞭解該名詞的意義，不至於因誤解而產生學習上的問題。

10.建立學習者的學習信心

學習者在教學活動實施歷程中，往往因無法適時地理解教師的教學內容而產生學習上的挫折感，因此而喪失學習上的信心。

（二）教具的運用原則

在教學中所扮演的角色以及可能發揮的功能，恪遵下列原則，才能使教具的運用達到應有的功能。教具的使用原則通常有下列應該考慮的要點（林進材，2003）：

1. 適當的使用時機

教具在使用時，教師應該避免單元教學一開始時，就將各種教具展現出來。如此，不但容易分散學生的注意力，同時會降低學生對教具的好奇心。教師在未使用教具之前，不可以提前將教具秀出來，應該等到要配合各種重要概念時，才將教具展現出來。

2. 結合重要概念

教學活動進行時，教師必須將各種重要的概念作說明，教具的出現應該與重要的概念同時出現，如此可以提高學生的好奇心，同時增強學生對重要概念的印象。有助於學習者注意力的集中，並且提高學習者的學習動機和興趣。

3. 色澤上的考量

任何教具在表現或圖中色彩的考慮，必須符合心理學有關人類色彩的

特性，教具在色彩和字體方面的印刷必須鮮明，字體大小應該能讓學生可以一目了然，以最後一排的學生可以看清楚為原則。

4. 配合教師的講解

教具的展現要能配合教師在教學過程中重要概念的講解，並且配合講解呈現教具。如此，學生在學習重要概念時，才能將各種抽象的概念具體化，並且強化學習者的學習印象。可以加深各個重要概念，強化學生的學習效果。

5. 配合各種形式評量

教師在教學歷程中可以將各種教具配合評量的實施，進而瞭解學生在學習方面的變化情形。教師運用教具呈現教材時，在指導學生學習時，可以隨時透過教具以問答的方式，瞭解學生在學習方面瞭解的情形，作為改進教學的參考。

6. 教具的數量不宜過多

教具的使用在數量方面應該適度，不過一次使用太多的教具，使學習者看起來眼花撩亂，反而失去教具本身的功能。教具的數量如果太多，容易受制於教具，如果數量太少幼無發發揮教具本身的功能。其次，教師在教具的呈現時，要考慮教具呈現的優先順序。

7. 指導學生正確的學習

教具運用在教學歷程中，教師要能瞭解教具本身的特性，注意教具所強調的效果，在教具使用上也要注意富變化，以免讓學習者感到單調乏味。在運用教具時，教師要能指導學生正確學習，如此才能發揮教具本身的作用。

8. 安排討論時間

教具運用在教學歷程中，教師必須配合討論時間的安排。引導學習者針對重要概念進行討論，如此有助於學習成效的提升，同時可以提高教學品質。教具的運用也可以配合指定作業，將各種教具融入教師指定作業中。

（三）教具的選擇標準

　　教具在教學中的應用既然如此重要，那麼教具的選擇相形之下，就必須教師多加注意了。教具選擇標準通常必須考慮下列特性（黃銘惇、張慧芝譯，民89）：

1. **製造廠商的聲明**

　　(1) 對材料的描述是否清楚與真實？

　　(2) 所宣稱的效用是否獲得證實？

　　(3) 是否提供關於該材料在發展上以及實地測試上的詳細資料？

　　(4) 是否提供使用者滿意度的資料？

　　(5) 作者憑證是否明確與令人信服？

2. **費用方面**

　　(1) 是否詳列總費用以及個別學生的費用？

　　(2) 需要在補充哪些其他的材料？

　　(3) 這些材料是否與其他的材料能相容？

　　(4) 學生和教師需要花費多少時間去使用這些材料？

　　(5) 使用這些材料，教師必須具備什麼樣的品質或在職訓練？

　　(6) 製造廠商是否提供經常性的支援與問題的解決？

3. **內容方面**

　　(1) 對學生和課程計畫而言，這些材料是否合適？

　　(2) 材料是否精密、有趣、且新穎的？

　　(3) 材料能否避免性別、種族，以及其他形式的偏見？

4. **教學上的意涵**

　　(1) 所有課程目標是否清楚？

　　(2) 是否針對特定的對象？

　　(3) 對於學生不同的資質程度，這些材料是否皆具有挑戰性？

　　(4) 教師的角色是否有明確的界定？

　　(5) 這些材料是否以各種不同的形式呈現？

　　(6) 這些材料是否能夠作為自我教導之用？

(7) 這些材料是否能積極地引起學生的興趣？

(8) 是否能夠提供練習的機會？

(9) 是否包含自我測驗與回饋？

教具的選擇標準除了以上的標準之外，同時要考慮教具選用的便利性與流通性。一般在教具的購買上，必須考慮教師是否可以在一般的商店就可以買到想要的教具，或是當教學上需要時，教具的費用是否超出教師本身的負擔，學校行政人員是否支持教師的教學需求等。

五、班級管理與有效教學

教師在班級管理方面，欲期順暢無阻，必須在教學活動的規劃、策略的運用、方法的研擬、教學表徵方面，發揮專業知能素養，才能在二者之間得心應手。MacKay（1982）在其著作「有效的教學研究」一文中，針對有效的教學行為與班級秩序的運作提出多面的建議，認為教師在教學時應該展現有效的教學行為，才能提高學生的學習參與（林進材，2000：432-436）：

（一）建立一套有制度的規則

教師在教學前應該針對學生的特質與教室的氣氛，建立一套有制度的規則來處理教學與班級秩序等事物，讓學生對規則能耳熟能詳，並要求每位學生都要遵守既定的法則，瞭解違反規則時將受到何種程度的懲處。

（二）有效監控座位中的活動

教師在教學活動進行時，應該在教室中來回走動，有效地監控學生的學習活動，讓學生瞭解自己的行為隨時在教師的掌握中。透過教師正式語言行動（如口頭制止）與非正式行動（如眼神制止），有效地遏止學生的反社會行為。

（三）提高學生的學習參與感

教師在教學時，應該設法提高各類活動的趣味性與意義性，讓學生從

學習中的到樂趣，有助於學習參與感的提升。教師的記學活動與學生的學習活動如果無法產生互為主體性，學生的學習意願相對的就會降低，對教學活動無法產生共鳴，學習參與感就會低落而影響教學活動的進行。

（四）有效運用學科教學時間

教師在教學時，應該事先對學科學習時間作有效的規劃，透過各種策略的運用，補充教材的輔助，讓學生在最少的指示下進行學習任務。學科教學時間的有效運用，讓學生得以積極投入學習活動中，完成各項預定的學習任務。

（五）隨機轉換各種教學技巧

教師在教學活動進行時，必須有效地掌握學生的學習狀況，依據學生的學習反應調整教學策略與教學技巧。教學技巧的運用有助於教學活動的進行，增進學生的學習興趣。

（六）聯結新概念與舊經驗

教師在教學時除了具備多種教學技巧，配合學習需求加以使用之外，也應設法將各科學習活動的新概念與教過的舊經驗作有效地聯結。從新概念與舊經驗的聯結中，讓學生的學習活動產生類化作用，以舊經驗為基礎，提高學習成效。

（七）轉化具體活動為抽象活動

高效能教師在面對教學情境時，能迅速做出審慎的的行動，並且批判地檢視行動的後果。教師在教學活動中，應該有能力隨時將抽象概念轉化成為具體的行動，相對地也應轉化具體活動為抽象活動，學生才能從學習活動中獲益。

（八）注意教室中所進行的事件

教學活動的進行受到內外在因素的影響，內在因素包括教師本身的專

業素養、教學前、中、後的思考與決策、教學表徵、教學行為等。外在因素包括學生的學習反應、學習行為、學習表現、常規等。

（九）良好的課程銜接與課程實施

教師在教學時，應該具有同時注意一個以上問題的能力。在課程實施方面，應該設法使課程內容流暢，課程重點之間的銜接應有良好且平滑的接續。使就課程與新課程之間，產生良好的接續作用。

（十）激發學生的學習動機

任何教學活動的進行，學生「喜歡」比「會」更重要。換言之，學習動機的激發，對教學而言是相當重要的關鍵。

（十一）正確回應學生的情緒與經驗

教師在教學活動中，除了授課應該清楚明確，強化學生的學習成效之外，應該明白表現對學生的關懷、接納與重視，讓學生感受到教師正向的回饋。

（十二）善用發問技術並因應個別差異

教師在教學過程中，運用發問技術有助於教學評鑑工作並修正自己的教學行為。教師應針對不同的學生提出合適的問題以適應別差異，摒除傳統以單一標準要求學生的不當觀念。

（十三）運用正向讚美鼓勵良好的表現

教師在教學歷程中，應該運用正向讚美鼓勵學生優秀的表現，以及勉勵表現較差的學生，讓每位學生在學習歷程中有自我實現的機會。

（十四）適時傳達教師對學生的期望

教師在與學生的互動過程中，應該設法傳達對學生的期望。對於能力較強的學生偶爾作輕微的批評，以傳達對他們更高的期望。讓學生隨時瞭

解教師對學生的期許，從師生互動中獲得正向的激勵作用。

（十五）適時統合學生的學習行為

教師對學生的學習行為（如提出問題、表示意見、學習困擾等），應該作有效的接納與整合。學生學習行為的整合，對教師的教學行為有正面的幫助。教師從學習活動的整合，理解學生在學習方面的反應，作為修正教學的參考。

教師在教學活動中能否展現教學效能與有效地運用各種策略技巧，影響學生的學習行為。學生在班級秩序方面的表現，受到教師教學行為的影響。效能教師的教學活動能激發學生在學習上的活力與動力，使學生深受教師魅力的吸引，無形中改善常規表現，減少教學上的干擾行為，具有提升教學效果的正面意義。如果教師在教學中無法有效地控制班級秩序，則學生的干擾行為勢必成為教學的最大阻礙。

六、創意教學的實施

（一）創意教學的程序

創意教學的實施常隨方法的採用而調整。如以腦力激盪法的應用，創意教學的實施至少應包括下列五個重要步驟（簡紅珠，1996）：

1. 選擇適當問題

教師在進行腦力激盪時之前，應該針對學生的學習內容，擬定或選擇適當的問題，提供學生進行創造思考以尋求解決的答案。學習問題在擬定之後，教師應該事先讓學生瞭解，以便提早蒐集資料，並作各種學習上的準備。

2. 組成腦力激盪小組

教師將各類問題揭示之後，將學生依照學習性質分成學習小組，在人數方面，每小組人數至少五至六人，以十至十二人為理想。小組成員以男女混合為原則，以不同的性別提出各種想法。小組組成之後，由教師或學生互選一名較有經驗者擔任小組負責人。

3. 說明應遵守規則

在實施腦力激盪教學時，學習規則對學習成效的影響很大。因此，教師應該在學習前，向學生詳細說明應該遵守的規則：

(1)不批評他人的構想，使小組各成員勇於發表自己的見解。

(2)小組成員必須拋開各種足以影響創造力的障礙，讓個人的見解可以自由的抒發，不要羞於表達與眾不同的構想。

(3)成員提出的構想越多越好，小組成員盡可能提出各種不同的想法，構想越多，得到好主義的可能性越高。

(4)尋求綜合與改進，提出構想之後，小組成員依據提出的構想，做進一步的發揮，以研擬出更好的解決方案。

4. 進行腦力激盪

腦力激盪活動進行時，主持人必須將所要解決的問題重新再敘述一遍，或是將問題寫在黑板上，讓小組成員能隨時注意問題，使學習不致於偏離主題。每個學習者在提出新構想時，主持人要將構想記錄下來，並適時地編號，將所有的構想統整起來，作為討論的參考。

5. 評估各類構想

腦力激盪時，學生提出各類新的構想，教師必須指導經由評估找出好的構想。評估的方式由全體成員進行評估，教師或主持人將整理歸類的新構想列一清單，讓每位成員瞭解，並選出最有價值的構想。主持人在評估活動結束時，依票選結果選出較佳構想供大家參考。

（二）創意教學注意事項

創意教學的實施與一般教學的差異性相當大，因此教師在使用時必須瞭解注意事項，作正面的引導，才能發揮創意教學應有的成效。教師在採用創意教學，在學習指導和發問技巧方面，需要隨時注意下列要點（高廣孚，民78）：

1. 學習指導方面

(1) 教師應多提一些開放性問題，避免單一答案或固定答案的問題。

(2) 教師在處理學生問題或回答問題時，應該儘量接納學生不同的意見，減少作價值性的批判。

(3) 教師對學生的錯誤經驗，應該避免指責，以免學生喪失自信心或因而退縮。

(4) 教師在指導學生從事腦力激盪時，要注意運用集體思考型態，引發連鎖性反應，以引導出具有創造性的結論。

2. 發問技巧方面

(1) 多提或設計增進學生「比較」能力的問題或情境。

(2) 多提或設計增進學生「分析」能力的問題或情境。

(3) 多提或設計增進學生「想像」能力的問題或情境。

(4) 多提或設計增進學生「綜合」能力的問題或情境。

　　除了上述注意事項之外，教師在採用創意教學時，應該事先將學生生要學習的科目、課程內容、原理原則、學習素材，預先作整理，以問題形式呈現出來，研擬各種問題解決的教學情境，激發學生的熱烈動機，從面對問題、分析問題到解決問題中，完成學習的目標。其次，教師也應重視學生在學習上的個別差異，讓每位學生都有充分自我實現的機會，從同儕成員的互動中，不斷追求新知。

注音符號創意教學

設計者：陳韻如老師

　　還記得半年前學國音時，才驚覺自己連ㄅㄆㄇ的順序都背不完整，想來還真有些兒荒謬，從小一使用至今，注音符號理應已是種常用的工具，十多年後，卻對它生疏如是，其原因何在呢？追溯源流，我回想當年學習的過程，似乎不是個有趣的經驗，只記得老師不斷的考試，硬是讓同學們將之硬塞入腦袋瓜裡。此般的學習法，對於剛入小學的兒童，自是種折磨，為什麼這個奇怪的符號就是「ㄅ」，而那個扭曲的形狀就是「ㄆ」？身為一個老師，除了依照制式的教材教學外，還有什麼方法可以幫助兒童更容易來認識這些抽象的符號呢？或許可以利用以下的幾種方式，來進行快樂的學習。

一、圖示法

　　將注音符號用圖像表示出來，使兒童能藉由具體的圖形，而和抽象的形符連結。

　　ㄅ　好像一個人彎著身體抱著東西的樣子。

　　ㄆ　像人的手拿著一根鞭子輕輕的敲打東西。

　　ㄇ　像用布覆蓋東西周圍下垂的樣子。

　　ㄈ　像放東西的方形容器，如箱子、櫃子等。

　　ㄉ　像刀子的形狀。

　　ㄊ　像媽媽生產時，小孩子的頭先突出來的樣子。

　　ㄋ　像人在說話的時候，嘴裡呼出的氣不順暢。

　　ㄌ　像人在用力的時候，手臂上筋脈鼓出的樣子。

　　ㄍ　像田間小水溝裡水流動的樣子。

　　ㄎ　模擬咳嗽的聲音。

　　ㄏ　像山崖上頭有突出的岩石。

　　ㄐ　像兩條互相纏繞的藤蔓。

　　ㄑ　像田間的小水溝。

　　ㄒ　界限的意思。

　　ㄓ　像人腳印朝外的形狀。

　　ㄔ　像人左邊大腿、小腿及腳相連的形狀。

　　ㄕ　像一個人橫躺的樣子。

　　ㄖ　像太陽的樣子。

　　ㄗ　像半邊竹片的樣子。

　　ㄘ　把物品從中間切斷的意思。

　　ㄙ　是自己為自己打算的意思。

　　ㄚ　像樹枝分岔的樣子。

　　ㄛ　呼氣順暢。

　　ㄜ　口型較扁的ㄛ音。

　　ㄝ　像古時候用來盛水洗手的容器。

　　ㄧ　古人用來計數的符號。

ㄨ　像遠古時代數字五的結繩形狀。

ㄩ　像盛飯的器皿。

ㄞ　像豬的樣子。

ㄟ　像水面上水波橫流的狀態。

ㄠ　像胎兒還沒成形的樣子。

ㄡ　像右手五指張開的樣子。

ㄢ　像花朵含苞待放的樣子。

ㄣ　是有所隱藏的意思。

ㄤ　像一個人彎曲著一條腿的樣子。

ㄥ　像手肘到手腕間的胳臂。

ㄦ　像人腿部彎曲的樣子。

鼓勵學生閱讀的策略

■ 親子共讀

■ 運用簡易有趣之童話故事及短文

■ 推動讀書會並設定閱讀目標

■ 設計閱讀紀錄卡及獎勵措施

■ 課堂上鼓勵孩子發表閱讀大意及感想

■ 善用圖書館資源

本章討論問題

一、班級座位的安排可以考慮哪些原則？

二、請說明科任教師的班級經營重點有哪些？

三、請說明教學媒體如何在班級教學時有效地運用？

四、請說明如何在班級經營中運用教學效能的概念？

五、請擬定一份創意班級教學實施計畫？

第五章

班級學習的理論與策略

　　本章重點在於說明班級學習的重要理論與策略，兼論行為紀律的管理、學生的個別指導、肢體語言的運用、電腦教學的班級經營、實驗教學的班級經營以及作業的處理與批改，提供教師強化班級學習的有效策略。

一、重要理論與策略

（一）學習的定義

　　學習的定義因不同學派對學習的研究而有不同的定義，行為學派的學習理論主張，學習是反應的習得（learning as response acquisition），是一種透過反覆練習或增強作用，使學習獲得新的反應，建立新習慣的活動。此種理論將個體視為被動的學習者。1970年至1980年代之間，認知論者主張學習是知識的建構（learning as knowledge construction），是學習者主動去選擇有關的訊息，並運用學習者既有的知識來詮釋此一訊息的歷程，是

一種學習者使用後設認知（meta-cognitive skills）加以控制認知歷程的活動。此種理論將學習者的角色由被動者提升至主動的學習者（林進材，1999）。

1. 行為學派學習論

行為主義學習論依據對動物的相關實驗，建立「刺激－反應」聯結關係的操作制約學習理論，用來解釋人類的學習歷程和獲得經驗的學習歷程。行為主義對學習產生的觀點如下（林進材，1999）：

(1)行為的基礎是由個體的反應所構成的。

(2)個體的行為是受到環境因素的影響而被動學習來的，不是與生俱來或是受到遺傳因素的影響。

(3)從動物實驗的研究所得的行為原則，可用來推論或解釋一般人的同類行為。

2. 認知學派學習論

認知學派重視知覺的整體性，強調在環境中眾多刺激之間的關係。個體在面對學習情境時，學習的產生如下（張春興，1994）：

(1)新情境與舊經驗相符合的程度。

(2)新舊經驗的結合並重組。

(3)學習並非是零碎經驗的增加，而是以舊經驗為基礎，在學習情境中吸收新經驗驗。

認知心理學對個體的學習反應，認為學習者有主動求意義、建構意義的傾向，而非如行為主義者，重視被動接受刺激產生反應的觀點，影響學習的趨力是學習者內在動機，而非顯性的增強作用。學習的認知觀認為，人是訊息的主動處理者，啟導經驗以進行學習，蒐集訊息以解決問題，確認所知以完成新學習，並非被動的接受環境影響，而是主動的從事選擇、練習、專注等反應，以求達成目標（朱敬先，1997）。

3. 折衷主義學習論

折衷學習論以Tolman為代表，認為人類學習的產生是行為與認知的綜合體，而非單一形成的。Tolman認為強化並非學習歷程必須的條件，學習是環境與有關訊息的組合而構成的（施良方，1996）。

折衷主義的學習以位置學習引導個體進行有意義的學習，將欲望或預期作為一種學習中的重要中介變量，強調其對學習所產生的作用。

4. 互動學習論

互動學習論主張個體的學習除了受到外在環境之影響，個體內在的認知是一項重要的指標。互動學習論認為學習活動是由學習者的行為、心理歷程及外在環境互相形成的，透過個體內在的心理作用和外在環境的刺激互動，才能產生有意義和認知的學習活動。互動學習論者以班度拉的社會學習論和蓋聶的學習條件論為主。班度拉主張學習的產生是由學習者在社會情境中，經由觀察他人行為表現方式，以及行為後果（得到獎勵或懲罰）間接學到的。蓋聶認為學習不是單一的歷程，不管是刺激的與反應的聯結、頓悟、問題解決等均無法對學習作完整的解釋，人類的學習是種複雜多層面的歷程。學習包括：

(1)是一種使個體成為有能力社會成員的機制，學習使人獲得技能、知識、態度和價值產生的能力；

(2)學習結果是由人類環境中的刺激和學習者的認知歷程所習得。

互動學習理論強調有效的學習策略，必須提供有意義和認知的學習活動，引導學習者觀摩示範者的正向行為與表現，內化成為學習的成果。

5. 人本主義學習論

人本主義對學習歷程的解釋，關切人類個體性與獨特性，勝於發掘解釋人類反應的一般化原理，以人類本身的情感發展，如自我概念、自我價值、自我實現為主要焦點對於認知事物的訊息處理或刺激與反應較不重視。人本主義的學習論者以Rogers為代表。Rogers以為學習應該是與一個人的生活、實踐息息相關，學習內容能和生活結合在一起，能融入學習者的情感，才能促進學習行動的進行。Rogers的學習理論是屬於人本的學習論，基於其本身對非指導式諮商理論及當事人中心治療法而提出的。Rogers對人類學習的概念，認為人生來就有學習的潛能，當學習者察覺到學習內容與自己有關時，意義學習就發生了；涉及到改變自我組織的學習是有威脅性的，往往受到抵制；當外部威脅降到最低限制，就比較容易察覺和同化那些威脅到自我學習內容；當自我威脅很小時，學習者就會用一種

辨別的方式來知覺經驗，學習就會取得進展；大多數意義學習是從做中學的；當學習者負責任地參與學習過程時，就會促進學習；涉及整個人的自我發起學習，是最持久、深刻的；當學習者以自我評價為主要依據、將他人評價放在次要地位時，獨立性、創造性和自主性就會得到促進；最有用的學習是瞭解學習過程，對經驗始終保持開放態度，並將它們結合進自己的變化過程中（施良方，1996）。

（二）行為學派學習理論與教學

1. 學習理論

行為學派學習論者主要依據行為心理學的基本假設，認為「學習」是個體在特定的環境刺激之下所產生的適當聯結反應行為（甄曉蘭，民86）。行為主義從人類單純的行為，可觀察、可探討影響個體並且可能導致行為的制約以及單純的行為本身解釋學習歷程。行為主義學習論依據對動物的相關實驗，建立「刺激－反應」聯結關係的制約學習理論，用來解釋人類學習歷程和獲得經驗的學習歷程。行為主義對學習產生的觀點如下（林進材，1999）：

(1)行為的基礎是由個體的反應所構成的。

(2)個體的行為是受到環境因素的影響而被動學習來的，可用來推論或解釋一般人的同類行為。

(3)從動物實驗的研究所得的行為原則，可以用來推論或解釋一般人的同類行為。

2. 學習方法

行為學派在學習方法方面包括行為改變技術、鼓勵預期行為，消除非預期的行為等策略（Mathis & McGaghie, 1970）。

(1)行為改變技術

行為改變技術的應用係由個體行為養成程序，設計擬定各種實驗策略，分析可運用之增強物，安排各種改變行為之原則，進行行為的改變計畫。透過行為改變技術的應用可以強化或削弱各種預期的行為。

(2)鼓勵預期行為

行為學派運用增強作用鼓勵預期行為，以讚許、行為塑造、正向練習等方式，鼓勵學習者表現良好的預期行為。在學習者表現出良好或預期的行為時，即透過各種策略加以強化該行為。

(3)消除非預期的行為

行為學派運用負增強、申誡、反應代價、社會孤立、懲罰等學習者感到厭惡的策略，作為消除非預期行為的策略。當學習者表現出非預期行為或反社會行為時，教學者立即運用各種策略削弱各種非預期行為。

3. 有效的學習策略

行為學派強調學習是刺激與反應之間的聯結，以練習、增強方式強化學習的促進。因此，學習策略方面，重點在於學習者行為的改變方式。

教師在教學歷程中採用讚許的方式如下（朱敬先，1997）：(1)要明確一致，使學生瞭解良好行為一定會受讚許；(2)強調真實做到，不僅要參與，更要達成目標，對消極參與、或擾亂班級者絕對不獎勵，宜稱許能力進步的學生及真實做到的價值；(3)稱許標準依個別能力及限度，如對學生個別努力表現及成就給予讚許，鼓勵學生專心自己的工作，無須與他人比較；(4)將學生成功作努力與能力歸因，使有信心並繼續找到成功，勿作「成功係基於幸運、額外幫助、工作容易」之暗示，要求學生描述問題，說明解決過程；(5)以真誠讚許來增強之，可當眾讚許以代替班級影響，勿為平衡挫敗而讚許學生，而宜給予適當認可。

4. 教學論

行為主義的發展對教學最直接的貢獻，是行為改變技術和編序教學法的問世。編序教學法的要義在鼓勵教師採用連續漸進的教學方法，讓學生主動對學習情境產生有效的反應，而達到學習的效果。其次，近年來發展出來的電腦輔助教學、精熟學習、凱勒計畫、個別化系統教學等教學法均源自於行為主義論。

行為主義學派對教學活動的建議，認為教師應用學習規則時，必須遵守下列要項（Deci & Ryan, 1985）：

(1)採用行為學派的方法，適切增強正向學業及社會學習行為，並兼

顧規範之遵循。

(2)鼓勵學生重視並配合行為改變計畫，使學生瞭解並接受行為改變之理由。

(3)瞭解學生使行為策略的擬定適合每個人的需要，並顧及可能產生的後果，包括增強物的選擇、適當的鼓勵、確認增強設計對學生學習活動的效果。

(4)選擇性使用增強，採用最簡單的、最積極的、最現實的、最內發的方法，引導學生對自己的學習負責任。

(5)儘量採用內發性獎賞與誘因，使學生瞭解獎勵的主要目的在於鼓勵學習者本身的行為而非目的本身。

行為學派對學習行為的形成，完全以個體行為為出發點，透過對個體行為的改變，以及個體對外界的刺激和反應之間的關係，推論學習行為的產生並論述在教學上的意義。儘管行為學派對學習及教學的論述有所不足，然而行為學派卻提供教學研究與教學實際相當豐富的理論基礎，引發人類對學習議題的關注，後來的認知學派、人本學派等的發展，應受到行為主義深刻的影響。

（三）認知學派學習理論與教學

1. 學習理論

認知學習論者關心內在知識方面的累積、主動地求知、並察覺如何運用有效策略獲得訊息並處理訊息。認知學派重視知覺的整體性，強調在環境中眾多刺激之間的關係。個體在面對學習情境時，學習的產生如下（張春興，1994）：

(1)新情境與舊經驗相符合的程度。

(2)新舊經驗的結合並重組。

(3)學習並非是零碎經驗的增加，而是以有舊經驗為基礎，在學習情境中吸收新經驗。

2. 學習方法

認知心理學強調學習是個體內化的歷程，在學習策略的應用方面，重

視認知學習策略、教導學習策略與學習技巧，以及閱讀教學策略。

3. 有效的學習策略

認知主義提出協助學習者學習的有效策略如下（Woolfolk, 1995）：

(1)引導學生瞭解各種不同策略，不僅一般性學習策略，亦包括特殊的學習方法，如記憶術的運用。

(2)教導適時、適地、適當運用不同學習策略。

(3)學習策略的使用必須因時、因地、因物而隨時調整，策略方案應包括動機的訓練。

(4)教導基模知識的學習，使學習更有效。

4. 教學論

認知學習理論對個體的學習歷程，強調主動建構知識的重要性。因此，教師的教學必須以學習者在學習上的特性為主，引導學習者作有效的學習。認知學習派的學習理論，在教學上的應用包括發現式學習（discovery learning）、闡釋教學法（expository teaching）、教學要件模式（instructional events model）等。

（四）折衷主義學習理論與教學

1. 學習理論

折衷學習論以Tolman為代表，認為人類學習的產生是行為與認知的綜合體，而非單一形成的。折衷學習論並強調行為的整體性，行為是指向一定的目的，行為本身具有認知的性質，行為不是機械性、固定的反應，而是適應性的。因此，學習應是行為建構與認知形成的綜合。

2. 學習方法

折衷主義的學習以位置學習引導個體進行有意義的學習，將欲望或預期作為一種學習中的重要中介變量，強調其對學習所產生的作用。其次，在學習歷程中，折衷主義強調潛在學習（latent learning）與信號學習理論。個體的學習受到動機與趨力的影響，剝奪（descrivation）與誘因動機（incentive）策略的運用，對學習具有正面的作用。

3. 有效的學習策略

折衷主義對學習的論點，融和行為主義與認知主義的論點，認為強化並非學習歷程中必備的條件，學習是由環境與有關訊息的組合而構成的。因此，在學習策略方面，折衷主義採行為主義和認知主義的觀點，將學習類型分成形成精力投入與形成等信念、形成場的預期、形成場認知方式、形成驅力辨別、形成運動等方式。有效的學習策略應該針對學習者的行為及認知方面的特徵，擬定學習策略，並融入教學歷程中。

4. 教學論

折衷主義的教學，主張教學者應採行為主義各種有效的教學策略（如行為改變技術、正增強、行為塑造、社會性隔離）等於教學歷程中，在教學策略的擬定方面，以認知學習論的要點，重視學習者「如何學習」的心理歷程，作為擬定各種教學活動的參考。

（五）互動學派學習理論與教學

1. 學習理論

互動學習論認為學習活動是由學習者的行為、心理歷程及外在環境互相形成的，透過個體內在的心理作用和外在環境的刺激互動，才能產生有意義和認知的學習活動。在學習主張方面如下：

(1)是一種使個體成為有能力社會成員的機制，學習使人獲得技能、知識、態度和價值產生的能力。

(2)學習結果是由人類環境中的刺激和學習者的認知歷程所習得。

2. 學習方法

互動學習理論強調有效的學習策略，必須提供有意義和認知的學習活動，引導學習者觀摩示範者的正向行為與表現，內化成為學習的成果。

3. 有效的學習策略

有效學習策略的擬定，要以個體內在行為動機及外在環境影響為主，以強化學習者的學習效果。互動主義學習論者，在學習策略的擬定方面，較重視外在環境對個體學習的影響，強調外顯性的因素對學習成果的正向與負向的作用。

4. 教學論

互動學習論者認為教師在教學歷程中，必須從三方面加以因應：第一、確認適當的學習者楷模和示範者；第二、建立行為的功能性價值；第三、引導學習者的認知歷程。教師在教學歷程中要能掌握學習的內、外在因素。內在因素是學習者本身的先備知識與技能、興趣和態度，外在因素是學習氣氛、環境、設備、教材等各種資源。

（六）人本學派學習理論與教學

1. 學習理論

人本主義的學習論者以Rogers為代表。Rogers以為學習應該是與一個人的生活、實踐息息相關，學習內容能和生活結合在一起，能融入學習者的情感，才能促進學習行動的進行。Rogers的學習理論是屬於人本的學習論，基於其本身對非指導式諮商理論及當事人中心治療法而提出的。

2. 學習方法

人本主義學習理論強調以學生中心模式的教學意義與目的，促使個人成長，教師扮演的角色是輔導者，師生建立良好關係，觀念共享、坦誠溝通，引導學生為自己的學習負責。Rogers提出以學生中心模式的學習步驟如下（Rogers, 1983）：

(1)每位學生設定自己的工作計畫，並簽定契約。

(2)學生針對自己的計畫進行工作或研究。

(3)學生經由研究或工作中來教導自己，且彼此相互教導。

(4)針對個人、團體或班級問題進行討論。

(5)評鑑：由學生自己設定標準，自己進行學習活動。

3. 教學論

Rogers認為教學者在教學歷程中最大的任務，就是協助學習者對環境變化和自身的理解，將自己與生俱來的潛能發揮至最大（朱敬先，1997）：

以學生中心模式的教學指出，最能增進學習效果的方法如下：

(1)以生活中所遭遇的問題作為學習的內容。

(2)提供完善及豐富的資料來源。

(3)運用學習合同或契約，促使學生設定自己的目標與計畫。

(4)運用團體決策來訂立學習目標與內容。

(5)幫助學生學習如何對自己問問題，以及如何自行解決問題。

(6)利用啟發性活動，使學生獲得經驗性學習。

(7)利用編序教學，依據學生的學習速度，多給予正增強，使學生獲得經驗性之學習。

(8)採用基金會的會心團體及敏感性訓練。

(9)採用自我評鑑方式。

人本主義學習論的觀點，從人性角度出發，並著眼於「以人為本」的學習論點，引導教學者在規劃教學階段中，將個體周遭生活議題納入教學中，統整各種教學資源；在教學活動進行時，強調應引導學習者自行面對問題、解決問題；在教學結束階段，採用自我評鑑方式，瞭解學習成效，作為檢討教學依據，更進而形成新的教學活動計畫。

二、行為紀律的管理技巧

教師在處理學生行為時，應該瞭解行為紀律的意義，作為擬定紀律的參考，並制定違反行為紀律時如何處理。

（一）行為紀律的意義

行為紀律的意義是學生在班級生活中必須保持的一種規律，同時也是教師與學生共同處理教室中人、事物等因素，使教室成為最適合學習的環境，透過此種形式達到教學目的的一套系統或不成系統的規則，就稱之為行為紀律。

（二）行為紀律訂定的原則

教師在教室管理上，必須指導學生共同訂定行為紀律，作為日常生活行動的各種準則，期使教學活動順利進行。一般在行為紀律的訂定方面，教師可以考慮下列原則，作為訂定的參考：

1. 明確的規範

行為紀律在訂定上，應該要能明確、合理並且要能執行，在行為紀律方面應該在條文或規定上面要求明確的說明，對行為的規範要合理，不可過於嚴苛，最後則應該要能執行。

2. 適度為宜

行為規律的訂定要以適度為宜，不可過於抽象，也不可過於要求高標準，導致每一個學生都無法達到標準。

3. 以書面方式呈現

行為規律訂定完成之後，應該將各規律的內文和要求以書面的方式公布在教室適當的地方，隨時提醒學生應該注意和遵守之處。

4. 學期開始就定規範

行為規律的制訂，教師應該在學期開始之前，就針對教學上的需要研擬相關的行為規律，在開學初就提出讓學生瞭解教師對班級生活的期望，務使在開學時就讓學生有段適應的時間。

5. 行為紀律應該明確

班級生活中的行為規律，在內容方面應該明確地規範，讓學生瞭解在班級生活中哪些行為是被允許的，哪些行為是不被允許的。如果在行為規範上面過於抽象的話，自然無法收到預期的效果。

6. 分成通行與單行法規

班規應該分成「通行」與「單行」法規。通行者，即上課、下課、排隊、打掃等常規；單行者，即針對破壞、偷竊、打架、喧鬧問題行為之正負加強。

7. 應該在班級公開

行為紀律制訂之後，教師應該將各種行為紀律公布在班級的公布欄中，並且以書面的方式通知家長，讓家長也能瞭解教師在教室中對孩子的要求。此外，教師也應該將各種行為紀律的內容，設計成卡片形式提供給學生隨時自我提醒。

8. 配合身心發展

行為紀律的制訂，應該配合學生身心方面的發展，對學生行為表現的

要求也應該配合學生在學習方面的特性與需求。不可以將行為紀律定得過於抽象，也不可以用一個遙不可及的目標要求學生。

（三）行為管理原則

1. 好的開始

行為紀律的管理應該應用好的開始是成功的一半，在接班級時就將行為紀律定好，學期開始就將重要的行為紀律公布，讓學生能瞭解班級的各種行為紀律。

2. 建立良好的師生關係

師生關係的建立是所有班級經營的開始，也是班級生活中的重要基礎。透過師生關係的建立，塑造和諧愉快的班級氣氛，教師更容易發揮積極的影響力，指導學生建立良好的規律。

3. 強化組織功能與幹部能力

班級行為紀律的維持，除了教師用心之外，同時也要靠優秀學生幹部的維持，因此教師應該在班級強化組織功能，可迅速有效地建立班級行為規範。

4. 培養良好生活習性

班級行為規律的養成，絕非一朝一夕可成，必須在平日班級生活中，慢慢地養成並且日積月累。教師應有耐性，留給學生足夠的時間、空間，使之有效、扎實地養成遵守常規的習慣。

5. 行為規律可以因人而異

學生在學習與成長過程中，每個人的成熟度都會顯現出差異，因此教師應該瞭解學生尚是學習中的有機體，在情緒方面可能未臻成熟，因此行為規律可以因人而異。

6. 行為規律應該前後一貫

班級行為規律的訂定，應該在內容與學習輔導方面做適當的統整。常規的訂定與輔導方面的契合，可以分成幾個重要的項目，讓學生對行為規律有統整的瞭解，前後一貫地遵守。

7. 行為規律應該著重行為的表現

教師在制訂行為規範時，應該以學生的行為表現為準，訂定各種行為規範的準則，讓學生瞭解在班級生活中的行為必須有所規範，不可以秉持「只要我喜歡，沒什麼不可以的心態」。

8. 重視行為的追蹤

行為規律訂定之後，在實施一段時間之後，教師必須有效地進行追蹤，瞭解學生在行為紀律方面的表現情形，作為行為規律是否調整的參考。教師可以透過學生同儕的相互觀察，或是運用幹部組織成員的評鑑，追蹤學生在行為規律方面的表現情形。

9. 和家長密切聯繫

班級生活中的各種重要規章、行為規律等，都需要隨時讓家長瞭解，家長才能隨時叮嚀孩子遵守班級常規。教師在擬定各種班級生活常規時，可以考慮讓家長也參與，透過參與瞭解各種行為規律的內容，進而要求自己的子女在學校務必遵守班規。

10.強調學生的身心發展

班級行為規範的訂定，必須參考學生在身心方面的發展情形，進而針對行為做適當的規範，才不會因不同年齡層的學生，有不同的心理、行為特質，造成不必要的困擾。

（四）違反紀律的處理

1. 管教學生應該以具體的行為為主

有效的管教，其先決條件是應把重點放在學生的可見行為上，學生的行為，要待表現出來後，方能判斷是好是壞，該賞該罰，可接受或不可接受，老師千萬不可僅憑籠統模糊的感覺，就「修理」學生。

2. 明確確立學生的行為標準

有效的管教，師生可運用透過共同討論的方式，作明確的約束，以為共同遵守的準繩。千萬不可由教師暗立規則，或隨興之所致，信手拈來，更不可由教師個人好惡，或過度情緒化，而致隨意管教，如此方式將造成學生的動輒得咎，不得安寧，不但管教無功，亦將造成班級氣氛的分離，

達不到教學的效果。

3. 減少懲罰不良的行為

有效的管理，應該極力避免懲罰不良行為。管教學生，非在實不得己的情況下，不宜使用懲罰。目前除教育行政單位一再申明禁止體罰外，一般心理學者也都反對採用懲罰的方式，尤其是報復性或洩忿式的懲罰。

4. 以好的行為取代不好的行為

教師應該指導學生以好的行為取代不良的行為，以免學生的行為領域頓成，真空狀態，致使其他的壞行為乘虛而入。當學生的某種不良行為因無人理會，或暫時受到禁止，應馬上提供一種可被接受的行為來替代它的地位，藉以占據該生的心思，分散他的精力，不然，其他不良行為會接踵而來，造成管教上的困難。

5. 診斷不良行為的原因

有效的問題行為輔導，應該先找出學生問題行為的肇因。不同學生雖然表現相同不良行為，卻可能由不同原因造成；反之，不同學生受不同因素的刺激，可能產生不同的不良行為。

6. 隨機選用合適的處理技巧

機動選用合適的處理技巧，是問題行為輔導的重要原則。處理技巧，如同醫生的處方，處方不對，自然無法治病，選用的處理技巧不能適用於處理的問題行為，輔導自然無效。

7. 敏察問題行為的存在

敏於知覺問題行為的能力是問題行為輔導的重要條件。導師敏於知覺問題行為可能發生，即可輔導在先，使之消失於無形；導師敏於知覺問題行為之存在，可立即施予輔導，使之改過向善；導師敏於知覺本班的學生狀況，可以瞭解本班先要建立何種常規，次要建立何種常規；導師敏於知覺不同的學生可能發生不同的問題行為，而及早選用合適的輔導技巧，分別實施輔導，終能收到輔導的效果。

8. 有效運用各種社會資源

有效借重學生同儕力量或運用社會資源，實施問題行為的輔導處理，可以使班級經營和學生問題行為之處理發揮更廣的效果。目前的社會資

源豐富，人力充沛，導師可善加運用，以協助輔導學生處理問題行為；再者，學生同儕間相互影響力很大，導師也可善為借重，不但可減輕導師負擔，更可提升問題行為的輔導效果。

（五）預防不良行為的技巧

1. 培養學生自律能力
   (1) 利用各種機會，指定某些任務讓學生對自己的行為負責。
   (2) 培養學生在教室內的禮節及同理心。
   (3) 要求學生準時認真完成各項功課要求。
   (4) 避免濫用教師之權威和命令，儘量由學生自行判斷，解決問題。

2. 預防不當行為的發生
   (1) 關懷並支持學生：倘若能叫出學生名字，瞭解各自專長、特徵、興趣、個人問題，使其感受到教師的關愛和鼓舞，行為問題自然會減少。
   (2) 公平善待每一位學生並尊重他們：教師不可偏袒某位學生，以免其他學生感受不平，造成學生的嫉妒、不滿。教師應將每位學生當作獨立、有尊嚴的個人而尊重他們。
   (3) 提供機會讓學生協助教師處理事務：例如：請那些有行為問題傾向的學生偶爾幫忙教師整理資料，或為班級服務，可使學生感受到教師的信任、注意及正面的期待，從而減少不當的行為態度。
   (4) 保持一致的行為標準：當班級規約、行為準則建立之後，教師在執行時應確實遵守，不可前後不一而使規約失去公信力。
   (5) 發展班級的凝聚力和忠誠感：教師應提供各種全班活動的機會，如郊遊、舞會、班歌、班旗等。此外與其他班級的競賽活動也會有助於發展全班的隸屬感和榮譽心、忠誠感。
   (6) 利用肢體語言，如眼神、手勢：對於少數學生在課堂中的不當行為，例如：不注意聽講、說悄悄話、左顧右盼等，教師可利

用眼神來制止學生的這類行為。有效地利用目光接觸可以使學生集中注意力，回復到正常的學習活動。

三、教導學生學習專注

教學活動的進行必須學生專注以對，才能收到效果。教師在教學時，必須教導學生如何專注，才能使教學活動的進行順利。

（一）設定各部分的工作目標

將各部分的工作目標定出來，學生才能在學習中隨時監控自己努力的程度和目標達成的時程，進而隨時提醒自己的學習。

（二）經常變換各種不同活動

教師預期學生可以隨時保持專注的狀態，必須在教學活動進行時，隨時變換各種不同的活動，以吸引學生的學習注意力。教師不斷地變換各種不同活動，一來可以吸引學生的注意力，其次可以讓學生對學習產生興趣，願意花時間在學習上。

（三）經常提供各種練習機會

教師在講解之後，應該提供學生各種練習的機會，如此學生才能在學習過程中更為專注，將教師的教學活動深耕在心田中。教師提供學生練習的機會，不但可以吸引中學生的注意力，同時可以讓學生專注於教學中。

（四）隨時謹記大目標小目標

教師應該將教學中的各項目標細分，將大目標與小目標定出來，並且將大小目標之間的關聯作適當的聯結，而後將大目標的內涵與小目標的內容明確地讓學生瞭解，請學生隨時謹記大目標與小目標，提醒自己的學習必須專注，才能達到預期的目標。

（五）提出問題檢核理解程度

教學進行時，教師可以依據教學目標擬定各種問題，作為檢核學生理解程度的參考。因此，教師必須建立「教學的問題題庫」作為教學實施的運用，在講解一個重要概念之後，立即運用教學問題題庫中的問題，作為檢核學生理解程度的參考。

（六）為學習的概念舉例說明

教學進行時，學習概念的說明必須引用具體的例子作為佐證，教師在講解抽象概念時，必須結合日常生活經驗以為講解。教師在講解抽象概念之後，應該提供學生舉例說明的機會，透過概念舉例說明可以瞭解學生的學習情形，同時可以集中學生的注意力。

（七）尋找所學習的運用機會

抽象概念的學習之後，教師可以運用各種理論與實務的結合機會，引導學生進行學習活動，尤其是在學習結束之前，必須提供學生所學習的運用機會，透過各種運用機會的使用，教導學生集中學習注意力。

（八）擬定定期的休息計畫

學習活動的進行，必須保持適當的休息，讓學生在段落與段落之間，有休息並整理學習活動的機會。

（九）監控自己的注意力

教導學生專注的策略，最後是有關自己注意力的監控；換言之，在學習過程中，學生可以運用各種方法瞭解自己在學習過程中的注意力，並且檢討自己的學習參與。透過監控自己的注意力，可以協助學習過程中的專注行為，讓學習成果更為提升，教學效果更佳。

四、肢體語言的運用

肢體語言的運用在教室中是另一種教育形式，教師在班級教學中應該

有效運用各種肢體語言，達到教師教學溝通的目的。一般而言，教師的肢體語言分成眼神接觸、手勢表達、臉部表情等方式。

（一）眼神接觸

教師在眼神的接觸方面，應該針對事情的輕重緩急，表達個人對事情的看法。一般教師在教學中的眼神接觸可以考慮下列方式：

1. 當走上講臺開口說話前，先用眼光掃描全班，使學生知道老師正看著他，而提醒自己也必須看著老師。
2. 開始上課後，教師的眼睛要散發自信、活力、愉快的神情。因為如此，學生會得到「一起打起精神吧！」的暗示，學生必會較有意願和一位有活力的老師進行學習。學生也比較不會精神渙散，無法集中注意力而影響學習效果。
3. 眼睛不可離開學生，而且配合身體的轉動，讓每個學生都能接收到老師關愛的眼神。教師也才能時時刻刻抓住學生的注意力，才能有效地控制全場。
4. 在講授課程時，教師的眼睛必須配合教學內容而改變。當學生有好的表現時，不妨傳遞出讚賞、嘉勉、期望的眼神。

（二）手勢表達

有經驗的老師都會使用許多不同的手部動作來獎勵或是制止行為。王淑俐（1998）指出教師教學中做手勢的基本原則如下：

1. 雙臂離開身體，才顯得大方。
2. 手指合攏，才顯得有精神。
3. 依自己的身材決定手勢的大小，不要過於誇張，也不要顯得小氣。
4. 手勢要多變化，有時劈掌、有時握拳、有時交握、擊掌等。但也不要太過頻繁，讓人眼花撩亂。

（三）臉部表情

好的臉部表情能傳達真摯、誠懇、溫暖、使學生如沐春風；相反地，臉部表情也能顯露出厭惡、嫌棄、煩惱，這些都會觸發不良行為的發生，現舉例幾則教室中常用到的臉部表情，及運用時的注意要點如下：

1. 輕輕搖頭：能事先制止不良行為的發生。
2. 皺眉頭：表示「疑惑」、「不贊成」。
3. 閉緊嘴唇成一直線：指出老師的忍耐已到了限度。
4. 時時表現出「親切」、「溫暖」，讓學生感到老師的「平易近人」，具「親和力」，而非莫測高深」、「太冷漠」。
5. 當老師發現學生對於顯露的訊息，「表錯情、會錯意」時，應立即輔以其他方式，如口頭說明、手勢等，來更正，以免刺激不良行為發生。

五、電腦教學的班級經營

電腦教學的教師在班級經營方面，比級任教師在管理學生方面，容易顯現出心有餘力不足的現象。因為，電腦教學在常規方面的處理比一般的教學困難，電腦教學強調學生的學習操作技巧，在教師講解完成之後，學生即進行上機操作。一般電腦教學的班級經營，必須強調電腦教室的整潔、上課的秩序、電腦軟體操作、電腦硬體操作等方面的掌握。

（一）電腦教室的整潔維護

教師在電腦教室的整潔維護方面，應該訂定明確的規範，要求學生必須遵守電腦教室的規則。通常電腦教室在清潔的維護上如下：

1. 個人的東西不可以帶進教室。。
2. 不得攜帶糖果、餅乾、口香糖，飲料等食物或其他雜物至電腦教室。
3. 為了維護電腦教室的乾燥，身體或衣物等潮濕時，不得進入電腦教室。

4. 進入電腦教室前先將雙手清洗乾淨，並且保持乾燥。

5. 進入電腦教室必須脫去鞋子，因此請著重個人衛生，並保持公共道德。

6. 離開電腦教室前，應該先將各種配備歸回原位，將電腦教室周圍整理乾淨之後再離開。

7. 離開電腦教室前，應該將各種物品歸回定位。

8. 離開電腦教室之前，應該將電腦中的各種系統正常關機，並且將電腦中的個人事物移除。

（二）上課常規方面

1. 上課要準時進電腦教室，在教師講課之前，不可以擅自動各種電腦設備。

2. 請班長向教師回報上課人數，並且確定全班都到齊之後再上課。

3. 請按編號入座，不隨意更換座位。

4. 請確定坐在自己的座位上，未經老師同意，不可以隨意離座。

5. 上課應該保持安靜，不可以隨便講話以免影響教師上課情緒，如果交換意見的話，應該儘量放低音量。

6. 上課操作電腦期間，可以商請小組長擔任教師的助教，協助學習緩慢的學生進行電腦學習。

7. 電腦教室中的各種圖書設備，僅准在電腦教室中使用，未經同意不可以攜出電腦教室。

（三）電腦軟體操作常規

1. 請同學使用正版的電腦軟體，不可以隨意使用盜版軟體。

2. 禁止在電腦教室打電動玩具及上網觀看情色圖片。

3. 如需要下載軟體，請自行準備各種設備（如光碟片、隨身碟等）。

4. 未經教師同意，不可以隨便修改或刪除電腦中的各種軟體。

5. 請遵守並尊重著作權法所規範的各種法規。

6. 未經教師及同學同意，不偷看，也不私自拷貝、刪改電腦內他人的檔案。

7. 同學自己設計的軟體或資料請自行保管，並不可以在電腦教室中從事與教學無關的各項電腦行為。

8. 請遵守電腦教室中的各種規定。

（四）電腦硬體操作常規

1. 電腦教室中的各種設備或物品，必須經過學校獲教師同意才可以借出，並請填寫相關的借用登記表。

2. 如果違規使用或不當操作導致學校電腦損傷，請依價賠償。

3. 嚴格禁止自行將電腦自行拆卸、裝配各項設備，或調整按鈕。

4. 電腦關機之後，應該要等待十至十五秒之後再重新開機。

5. 請發揮應有的公德心，並請隨時愛惜公物。

（五）電腦教學常規的管理

1. 掌握剛上課關鍵時間

教師在電腦教學時，應該掌握剛上課時段，尤其每部電腦的開機速度不同，往往為了等待所有電腦都開機才能進行教學，有些同學就會利用空檔上網或玩遊戲，老師要在進行教學時，就更不容易將學生的注意力捉住。教師應該在上課剛開始時，運用電腦作廣播系統的控制，或是運用各種短片、動畫引起學生的學習動機，集中學生的注意力。

2. 利用學生座位表認識並掌握學生

電腦教學比較不容易掌握學生的原因在於，教師因擔任教學的班級數多，因此不見得對每個學生都很熟悉。因此，在上電腦課時應該運用學生座位表認識學生，要求每一位學生都要依座位表坐，教師才能在短時間之內認識每一個學生，並且在學生犯錯時，立即叫出學生的姓名。

3. 對於學生的學習成果給予肯定

教師在教電腦時應該隨時對學生的各種學習成果，給予應有的肯定與鼓勵。尤其對學生運用課外時間所做出來的作品，更應該給予高度的肯定

與評價。在上課時讓學生有機會將自己的作品秀出來，如此學生在上電腦課時才會遵守教室的常規。

4. 建立上課的默契

教師在電腦教學中，應該與學生建立各種教學的默契，將各種可能出現的問題，和學生討論並請學生務必要遵守。為了讓學生能專心聽講，最有效的方法是，用廣播系統控制學生螢幕；但是經常切換螢幕，會干擾學生的練習，也會引起學生的抗議。

5. 營造常規競賽的氣氛

教師可以在教學中，營造常規競賽的氣氛，引導學生在上電腦課時，應該遵守電腦教室中的各種規定。如果小組的學生有違反規定的現象，就請小組學生下課時幫全班整理電腦教室的整潔。

六、實驗室教學的班級經營

（一）實驗教學的班級經營重要性

實驗教學的班級經營對教師而言，是一項相當重要的考驗，其中不僅代表著教學的成效問題，同時也包含學習上的安全問題。如果教師在進行實驗教學時，疏於做好常規管理，所產生的後遺症是相當大的。張惠博（1993）所提出實驗教學的過程要項有下列幾點：

1. 實驗教學前

(1) 對於實驗活動的內容，要加以清楚的說明，不應僅僅提供講義而已。

(2) 說明或示範合適的步驟。

(3) 確定學生對於實驗前的活動是否已經瞭解。

2. 實驗教學中

(1) 對於每一實驗分組或組內的學生，應確實督導並瞭解他們的實驗進程不要把注意力僅投注於少數幾組或其中某一部分學生。

(2) 在學生實驗開始之後，要儘快的瞭解每一組實驗的進展狀況，並應確定每組都開始進行探究，並朝正確的方向進行。

(3) 準備若干問題，用來檢驗學生是否做對或朝正確方向進行。

3. 實驗教學後

(1) 要準備一些問題，用來幫助學生對於實驗作總結或進行分析。

(2) 對每次的實驗，應作一個歸納性的說明。

由以上對實驗教學班級經營要領的說明，可以瞭解教師在進行實驗教學時，常規的管理是相當重要的。如果教師在實驗教學中沒有做好常規管理的話，不僅影響學習效果，同時也容易出問題。

（二）相關研究與建議

有關教師實驗教學常規管理方面的研究均指出，教師在進行實驗教學時，在常規方面往往無法有效地控制，因常規無法控制而影響教學活動的實施。此方面以新手教師或初任教師比較嚴重，因而對新手教師與初任教師的實驗常規管理經驗傳承是相當重要的。

楊永華、邱文純（1994）的研究中指出，一般的初任或是實習教師較無法控制學生的活動進度，並且學生在實驗室的秩序並不好。Sanford（1984）以及Grossman（1992）提出，教師如果沒有良好的教室管理技巧，實驗室內的活動是紊亂不堪的，有時教師為了幫助少部分的同學，導致無法注意到大部分的同學所有的不合宜行為；學生所能夠達成任務目標的成果有限，並且容易使整個教學環境變得危險。

Sanford（1984）提出實驗課與一般課程在教室經營上的最大不同是在於：1.實驗分組時，學生的行為的確較一般班級教學難以掌握。2.教師對於班級經營的考慮，會影響到教師對課程的安排及計畫。因此，在實驗室的教學活動，要更為注意班級經營的技巧

Beasley（1983）針對實驗分組中教師管理行為與學生的學習參與作了研究。從其研究中可以發現，如果教師針對學生個別的需求來加以指導，甚至花過多的時間與小組產生互動，而此班級學生的學習參與意願及其行為均屬低落的。因為教師無法注意全體，掌握整體的課室情境及教學氣氛。因此，如果教師能夠除了給學生適當編組外，並對學生能夠注意並監督其工作達成度，則對於學生的參與程度有大幅的提升功效。如此的作

法，則是要以小組為單位，授予某種程度的自主權，賦予學生更多的學習責任以及培養更多的自制能力。

（三）實驗教學常規管理的策略

1. 常規不可以建立在懲罰策略上面

教師在進行實驗教學時，在常規的管理方面應該儘量避免將常規建立在懲罰學生的策略上面，而應該將常規建立在對於學生的自我要求上面，讓學生瞭解實驗課程常規的重要性，以及常規如果失控可能引起的後遺症。讓學生瞭解實驗教學中，不管是教師或學生都應遵守既定的班級常規。

2. 不斷反覆常規內容並講解常規的意義

教師在實驗教學進行時，應該不斷地講解相關的常規內容，以及常規所代表的意義，並要求學生務必嚴格遵守。如果教師在實驗教學進行時，忽略對常規的要求以及講解的步驟，容易在實驗進行中出意外事件。例如：運用酒精燈於教學實驗時，教師應該先講解實驗進行的注意事項，以及可能產生的問題。

3. 正視學生的各種需求作為常規管理的參考

學生在學習階段中，本身有各種需求以及學習上的特質，教師應該在教學前瞭解學生的各種心理特性，並能掌握學生在各方面的心理特性，作為常規管理的參考。例如：每一位學生對於新鮮事物都存有好奇和冒險的心，教師就必須針對學生在此方面的特質，給予正向的引導。

4. 明確講解實驗教學可能發生的意外事件

教學實驗進行時，很容易因為師生的忽略而發生意外事件，教師可以在教學前針對實驗教學所產生的各種意外事件，蒐集各種訊息和資料在上課前講解，讓學生瞭解各種教學實驗產生的意外事件及其後遺症，教師可以針對學生各種錯誤的行為作講解，並且避免給予不當的增強。

5. 正確的示範與講解舉例

實驗教學進行時，教師應該針對常規管理以及實驗上須知，作正確的示範與講解，提供學生正確的操作說明，並確認學生已經熟悉並且可以遵

守之後，才進行實驗教學或實驗活動。在教學進行中，教師也應隨時給予監控以確保教學實驗的安全。

七、作業的處理與批改

（一）學生作業批改原則

1. 用詞遣詞必須淺顯

班級作業的批改在措詞用語方面，儘量能以在孩子認知能力範圍內可以理解的方式，並且運用學生可以懂得評語，透過評語的運用，鼓勵學生用心寫作業。

2. 使用學生的語言

作業的批改用語儘量以學生的語言，透過鼓勵的話增強學生在作業方面的好表現，以學生能懂得語言促進溝通，讓學生對自己的作業充滿信心，並期待教師在作業評語上給予的鼓勵。

3. 簡明清楚，避免訓話語氣

教師在批改作業時，在評語的運用方面儘量以清楚明確的用語，避免以訓話的方式，並忌用情緒性的語言。例如：字這麼醜、內容紊亂、錯字連篇等，容易傷害學生的自信心和自尊心。

4. 流露誠懇與關切多鼓勵少批評

作業批改時如果涉及生活態度的話，教師應該在字裡行間流露出對學生的關切，儘量以鼓勵代替批評。例如：在批改作文本時，如果學生述及家庭生活的不幸或父母親難以溝通等情節，教師可以運用同理心加以輔導，讓學生瞭解父母的難為等。

5. 維護學生的自尊與自信

教師的作業批改應該儘量維持先論優點再提缺點的方式，以維持學生的自尊與自信。在評語的用字淺詞方面，應該以正面的鼓勵取代負面的懲罰，例如：「你的字有進步，如果再加強會更好」方式鼓勵字體需要加強的學生。

（二）作業批改的方式

教師在作業批改方式上面，可以依據學生的身心發展或不同年級，選用適合學生的方式。一般而言，作業的批改方式如下：

1. 優等，甲等，乙等，丙等，丁等。
2. Grade A, B, C, D。
3. 以分數區分。
4. 以畫圓圈或蘋果等之數量代表等級。
5. 以貼紙圖示表示。

（三）作業評語示例

好　很好	非常好	整齊清潔	字體工整	字跡清秀	字型娟秀
正確無誤	迅速確實	反應靈敏	思慮周密	主動求知	自動自發
內容豐富	有想像力	富創造力	好學不倦	認真書寫	實事求是
求知慾強	理解力強	智慧超人	孜孜不倦	溫故知新	勤能補拙
天資聰穎	一點即通	用心寫作	孜孜勤學		

（四）作文評語示例

文氣充沛	段落分明	文思泉湧	揮灑自如	筆鋒犀利	語句精闢
情意真摯	感人肺腑	扣人心弦	生動活潑	描寫自然	層次分明
深入淺出	條理清楚	有條不紊	敘述流暢	簡潔有力	文氣暢盛
言簡意賅	意象鮮明	意義深遠	行雲流水	充滿感情	文筆流暢
結構有序	言詞豐富	布局嚴謹	頗有見地	能抒己見	觀察入微
切中主題	段落分明	闡述深入	敘述具體	文句有力	具體陳述
合情合理	婉轉清麗	把握特性	文字生動	出神入化	技巧圓熟
說理清楚	簡潔俐落	意境深遠	文句簡勁	關照周切	情味深重
妙筆生花	詞藻豐富	詞句優美	神來之筆	氣勢磅礡	溫馨小品

（五）口頭鼓勵示例

1. 太棒了、很好、非常好、老師為你感到高興、真是個好主意。
2. 你試試看、你很有創意、你的畫很有藝術氣息，你的動作很快。
3. 你進步很多、你的動作很正確、老師非常喜歡你們這樣的表現。
4. 你們做得很好、老師很滿意。

（六）動作鼓勵示例

1. 靠近學生並給予微笑，注視，輕拍等動作。
2. 引導全班學生鼓勵，愛的鼓勵等。

（七）書面鼓勵示例

寫在聯絡簿或作業簿上。

獎勵卡：

　　　初級卡→啪啪……（愛的鼓勵）

　　　中級卡→我左看右看，還是你最棒

　　　高級卡→你真的很棒，不簡單喔！！

　　　超人卡→休息一下吧～～給自己鼓鼓掌

（八）活動鼓勵示例

1. 你書法寫得很棒，這次的書法比賽由你代表班上參加。
2. 你很有領導能力，下星期班長由你擔任。
3. 你好棒，會主動幫助同學，全班選出你是這星期的愛心天使。

（九）狀況鼓勵示例

1. 不敢去嘗試某些不熟悉，沒有把握的事情時，可以鼓勵他：
   (1) 先試試看，事情沒有想像的那麼難。
   (2) 試試看，往好的方面想。
   (3) 做做看，說不定像坐雲霄飛車一樣，蠻過癮的。

(4) 事情總有第一次，做做看，做了才知道困難在哪裡啊？

(5) 來！我們一起做做看，我也不太熟悉，或許我們兩個臭皮匠也可以變成諸葛亮喔！

(6) 先將不敢嘗試的問題癥結找出，再計畫練習，對事物更熟悉後，再踏出穩健的第一步。

(7) 做做看！成功了可以得到成就感，更肯定自己，失敗了也可以得到經驗，知道自己的弱點，反正都有所得，沒損失呀！

2. 希望他朝向自己所期望的目標時（比馬龍效應），可以鼓勵他：

(1) 你越來越好了，相信你會更好。

(2) 你很聰明，又這麼認真，再細心點，表現會更好。

(3) 我相信你有電腦設計的才能，有空多翻閱有關電腦的書籍，你會更進步。

(4) 其實我一直仔細觀察你，發現你能力夠，智慧也夠，其他老師也有同感，你對自己要有信心。

(5) 有這方面的能力，把它展現出來，讓大家分享。

3. 因為失敗挫折而退縮，可以鼓勵孩子：

(1) 其實你做得不錯，只差那麼一點點而已，相信下次你會處理得更好。

(2) 勝敗乃兵家之常，別擔心，想想看失敗的原因，作為改進的參考。

(3) 每一個災難都是一個恩賜，它使我們獲得更大的學習力量。

(4) 凡事一次就成功的人不會珍惜他的成果，失敗正可以激勵士氣，再努力吧！

(5) 失敗並不可恥，最重要的是相信自己有這份能力，就把它當成一次考驗！

(6) 前事不忘，後事之師，努力不懈，改進錯誤，必有成功之日。

(7) 失敗為成功之母，沒有關係！一次不成，還有機會，我永遠支持你！

(8) 失敗了才知道缺點在哪，再試一次才知道到底改了沒有！

(9) 跌倒了，要爬起來、站起來，總不能躺在地上吧！

(10)失敗傷了你，要傷得多久？多痛？這全要看你自己怎樣去撫平傷口，「怨天尤人」不如「起而行之」哦！

4. 因無心或疏忽而犯錯時，可以鼓勵孩子：

(1) 以後小心點，先考慮才能少犯錯。

(2) 沒什麼關係，記住此次的經驗，往後小心就好。

(3) 做事前先考慮好，以免再犯同樣的錯誤。

(4) 記取錯誤的教訓，以後不再犯。

(5) 你當時可能是心不在焉，多一個經驗，下回你可以做得更好。

(6) 我知道你不是故意的，現在你的心情一定不好過，我相信下一次你一定會做得更好。

(7) 我們一起來看看，怎麼做會更好。

(8) 我也曾因疏忽而犯錯，但事後一定會仔細檢討缺失，相信你現在也有勇於認錯和改錯的決心。

(9) 沒關係，這次考不好，下次才能進步更多啊！

（十）評語示例

1. 太棒了。
2. 很不錯。
3. 要加油。
4. 多改進。
5. 書寫較潦草。
6. 對題意無法理解。
7. 國字錯字太多。
8. 注音不正確。
9. 遲交功課。
10. 作業未訂正。
11. 粗心大意。
12. 看錯題目。

13. 漏寫題目。

14. 對所學概念模糊。

15. 寫字動作太慢。

16. 做得好。

17. 好主意。

18. 好多了。

19. 好棒啊。

20. 真好啊。

21. 你做對了。

22. 了不起。

23. 太好了。

24. 好棒的創意。

25. 字寫得很工整。

26. 好可愛的圖畫。

27. 多奇妙的設計。

28. 一針見血。

29. 那就是了。

30. 你快要做到了。

31. 加油。

32. 做得好極了。

33. 你一定辦得到的。

34. 與同學合作做實驗。

35. 進行得很順利。

36. 極佳的表現。

37. 真是傑作。

38. 進步真快。

39. 你做到了。

40. 細心做實驗。

41. 繼續保持。

42. 你的作品真是漂亮極了。

43. 真是個佳作。

44. 繼續加油努力。

45. 你今天的頭腦真靈活啊。

46. 你上顏色的技巧真像個大師。

47. 你是未來的畢卡索喔。

48. 你已經有了一個好的開始。

49. 你今天做得很認真。

50. 繼續試試看。

51. 你學習得很快。

52. 你很能幹喔。

53. 真是好記性。

54. 真令人驚訝。

55. 很突出喔。

56. 很不錯呢。

57. 這真是個好辦法。

58. 相信你一定練習了很久。

59. 好聰明的想法。

60. 你真是個天才。

61. 好（豎起大拇指）。

62. 你今天做得比以前都好呢。

63. 越來越進步喔。

64. 這個作品做得真好。

65. 完全正確。

66. 全然沒有錯誤。

67. 多練習，你一定可以做得更好。

68. 觀察真仔細呀。

69. 這實驗做得很仔細。

70. 很溫馨的想法。

71. 認真思考。

72. 確實寫得很好。

73. 實驗步驟正確。

74. 你不斷在進步呢。

75. 筆順正確。

76. 認真查語詞。

77. 墨色均勻。

78. 有條有理。

79. 文意完整。

80. 真是個好造句。

81. 文法正確。

82. 立意新穎。

83. 切合主題。

84. 偏離主題。

85. 詞藻優美。

86. 分段正確。

87. 分段不妥當。

88. 用色均衡。

89. 標點正確。

90. 標點不恰當。

91. 你寫得快又好。

92. 圖畫布局不均衡。

93. 你真是個小小繪畫家。

94. 段落大意分明。

95. 嘉句。

96. 多多練習。

97. 多閱讀課外讀物會更好。

98. 多練習修辭。

99. 整篇重寫。

100. 日漸進步。

101. 整篇再修正。

102. 再努力一點就達成目標了。

103. 多麼好的創意。

104. 運算正確。

105. 看錯題目意思。

106. 有條不紊。

107. 多練習運算。

108. 仔細操作實驗。

109. 按時繳交作業。

110. 認真蒐集資料。

111. 成績優良。

112. 插圖頗具創思。

113. 圖畫配合主題。

114. 組織結構完整。

115. 段落分明。

116. 如果你的字跡再工整一點會更好。

117. 言之有物。

118. 學業優良。

119. 勤學不懈。

120. 好學不倦。

121. 多運用巧思。

122. 想法正確。

123. 文句優美。

124. 多才多藝。

125. 努力學習。

126. 工藝精巧。

127. 繪畫技術純熟。

128. 認真寫作。

129. 用色豐富。

130. 文章布局完整。

131. 圖畫布局均衡。

132. 排列順序正確。

133. 墨色太濃。

134. 順利完成作業。

135. 即時完成功課。

136. 拼音正確。

137. 須修改一下拼音。

138. 匠心獨運。

139. 文章富有韻味。

140. 這篇文章使人讀了還想再讀。

141. 篇幅太短。

142. 篇幅太長。

143. 上色超出界線。

144. 寫得快又有效率。

145. 聽寫正確。

146. 進步良多。

147. 一絲不苟。

148. 溫故知新。

149. 自動自發。

150. 合理的分析大意。

151. 詞語解釋完全正確。

152. 能默寫整課課文。

153. 發音正確。

154. 文思泉湧。

155. 組織段落分明。

156. 解法清晰易懂。

157. 詞彙豐富。

158. 用詞淺顯易懂。

159. 各段銜接順暢。

160. 善用嘉句。

161. 句型富變化。

162. 善用語氣詞。

163. 強調主題。

164. 用字有趣。

165. 用字遣詞準確。

166. 適切表達主題。

167. 深刻描繪主角個性。

168. 文章格式正確。

169. 自稱、署名和敬辭適切。

170. 設計符合實用性。

171. 文旨切合主題。

172. 構圖統一、協調。

173. 色彩濃淡適宜。

174. 文章富含意境。

175. 未能準時繳交作業。

176. 多練習查字典會更好。

177. 用字精確，不拖泥帶水。

178. 觀念正確。

179. 創意滿分。

180. 童話富故事性。

181. 文章簡潔有力。

182. 富含戲劇張力。

183. 具啟發性。

184. 發人深省。

185. 主題明確可理解。

186. 幻想豐富、合理且具原創性。

187. 鏗鏘有力。

188. 字字珠璣。

189. 文藻華麗。

190. 言簡易賅。

191. 見解獨到。

192. 引喻失意。

193. 一語中的。

194. 引經據典。

195. 情節連貫。

196. 字跡架構工整。

197. 字跡清秀，文如其人。

198. 口齒清晰。

199. 龍飛鳳舞。

200. 作品栩栩如生。

希望班上所具有的氣氛，以及如何達成？

1. 主動學習

> 環境——教室布置（解題天地、圖書區）

> 鼓勵發言

> 多讚美肯定學生

2. 良善互動

> 學生與學生：布告欄壽星區、愛心小老師

> 老師與學生：出氣箱→情緒問題（好或壞）

3. 尊重：訂班規、生活公約

4. 熱心服務：對班級事務有功者，給予口頭鼓勵或非語言動作鼓勵

5. 向心力：班名、班服、班歌、精神標語

"We are family"

本章討論問題

一、請問班級經營中，行為紀律的管理有哪些重點？

二、請說明教師如何教導學生學習專注？

三、請說明肢體語言在班級經營方面的運用？

四、請說明電腦教學的班級經營重點有哪些？

五、請說明實驗教學的班級經營重點有哪些？

六、作業的處理與批改有哪些要領？

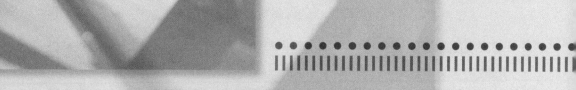

第六章

班級領導的理論與策略

　　本章重點在於論述班級領導技巧、強化班級的認同感、如何強化學生的自律性動機、促進班級的凝聚力、轉學生的面對與處理、班級目標的訂定等,有效運用各種策略,並結合理論與實際,作為教師班級領導的參考。

一、重要的理論與策略

(一) Bass的轉化領導

　　Bass的轉化領導強調賦予權力的推演,不只是教師將教室或班級全力分給學生,更讓權力在學生中無中生有。例如:教師藉由交付學生個人主辦有意義的活動(例如:慶生會、教室布置),或者獎賞學生受人矚目之優良表現,都能使學生產生某方面的權力—獲得支持、助長、資訊、資源等無形的各種資源(顏火龍,1998)。此外,轉化領導強調追求卓越,透

過表現超越期望的表達，讓學生覺得在班級生活是有意義的，有自我掌控的能力，更有超越自我的創作空間。

有鑑於Bass的轉化理論運用在班級經營中，教師應該不斷激發學生在生活上的各種潛能，並包容學生嘗試錯誤中的各種行為，作為激發學生潛能的運用。此外，教師必須針對學生的善行加以獎賞，讓學生瞭解良好行為的標準。

（二）Conger和Kanungo的魅力領導

Conger和Kanungo的魅力領導特性如後：

1. 觀點極端（retremity of the vision）。
2. 高個人風險（high personal risk）。
3. 非傳統策略的使用（use of unconventional strategy）。
4. 準確地評估情境（accurate assessment of the situation）。
5. 解除成員的困境（follower disenchantment）。
6. 傳達自信心（communication）。
7. 個人權力的運用（use of personal power）。

Conger和Kanungo的魅力領導在班級經營上的運用，可以運用非傳統策略的使用，例如：班級生活創造力的運用，教師可以透過各種成員困境的解除，提供學生更富有創造力的班級生活。

二、班級領導的技巧

教師在班級領導方面的策略，依據Kounin的論述指出，可以參考運用下列各種技巧，作為班級領導的依循：

（一）建立常規與規則（establishing rules and procedures）

班級教室與一般社會情境是一樣的，因此需要透過各種事先規劃的規則與常規，預防各種潛在問題與分裂的發生。教師應該將各種班級常規與規則，做事前有效的規劃與運用，將各種學生可能出現的行為，作有效的規範。

（二）運用學生活動（student movement）

學生在班級生活中如科學實驗室、美術教室、物理教育設施中，學生必須在教室內活動以完成重要的學習。教師應該引導學生在小組中進行有效組織，透過規則的建立使各種分裂最小化並確保安全。在規則的建立中明確說明同一時間學生的活動人數，何時應該回到自己的座位等。學生在教室中如何排隊，在何種時間可以走動等。

（三）運用學生談話（student talk）

教師班級經營中，學生在不適當的時間講話、提問，往往使課程的進度受到影響，教師的教學活動受到阻礙。教師在班級經營中，應該明確規範學生講話或提問的時機。教師必須引導學生瞭解何時不要講話（當教師講課或講解重要概念時）？何時可以小聲討論（在小組討論或課間作業時）？何時什麼事都可以作（下課時間或聚會時），教師透過學生談話的掌握，可以讓班級經營更有效率。

（四）掌握停工期（downtime）

班級經營中的常規和生活規則的執行，都需要停工期。通常停工期指的是教師預定的課程已經結束，新課程尚未正式開始始前。有效能的班級經營，應該運用各種停工期，讓學生理解接下來的活動該進行的部分。例如：「當你完成作業時，可以拿出課本默讀，一直到其他同學也完成作業時」、「如果你的功課已經完成了，可以看看你的鄰居是否需要你的幫忙。」如果教師可以在班級經營中，有效掌握停工期並運用各種策略，讓學生瞭解什麼時間該作什麼事的話，可以提升班級經營的效能。

（五）教導常規與規則（teaching rules and procedures）

教師在班級經營中，應該針對各種需要和班級特性，訂定簡要的班級常規。並將各種班級常規與規則教給學生，引導學生在班級生活中恪守班級常規的內容。班級各種常規和活動，不只有實用的重要性，同時也應有

教導的功能。

（六）保持一貫性（maintain consistency）

　　教師班級領導中，訂定的各種規則與常規應該要具有前後一致性。如果前後不一致的話，容易使班級常規陷入紊亂中而無法收到預期的效果。如果教師規定學生上課要舉手才可以發言的話，學生未經舉手教師就允許發言，如此班級常規無法收到預期的效果。學生對班級常規內容就容易產生質疑，在班級生活中無法規範自己的行為。

（七）運用流暢性與動力預防偏差行為（prevent rules and procedures deviant behavior with smoothness and momentum）

　　教師在班級領導策略的運用方面，可以透過各種流暢性與動力預防各種偏差行為的發生，例如：教師可以透過各種活動的帶領，讓班級每一個學生都有參與的機會，並且讓全班學生都處於動態中，學生就不至於因為班級教學活動的實施而形成各種干擾的行為。

（八）在不穩定期安排教室活動（orchestrating classroom activities during unstable periods）

　　教師教室領導過程中，可以在班級生活不穩定期安排各種教室活動，使班級經營順利的進行。例如：教師如需要參加各種學校會議，無法在教室管理學生的行為，可以安排學生收聽各種廣播節目或是預先準備好的錄音帶（電影等），作為管理班級的策略。

（九）運用開放教室理念（open class）

　　開放教室的理念策略包括：1.教師在教室門口和學生問候、招呼，擴展歡迎的氣氛，使各種潛在麻煩留在教室外；2.教師訓練學生協助教室運作，宣讀通知和完成其他的行政任務；3.教師書寫教案在黑板或圖表讓學生一進教室就開始課程學習；4.引導學生建立日常慣例和儀式讓學生瞭解重要的工作必須馬上展開。

（十）運用過渡時期（transitions）

過渡期的運用是教師掌握各種班級時間，將各種過渡時間作有效的規劃。例如：從班級全班授課到課間作業的過渡期間，一般而言可以分成：1.收好你的授課筆記且清理你的書桌；2.確定你有鉛筆和工作單的影印本，讓班長分發作業下去；3.開始你的工作；4.當你需要幫忙時請舉手，讓老師知道。

三、強化學生的自律性動機

動機是激發、引導及持續行為之一種內在狀態（朱敬先，民86）。心理學家對動機的研究探討重點在於：1.激發個體行為的初始原因為何？2.何種原因使個體導向特定目標？3.什麼原因支持個體達成該項目標？不管研究者對動機意義及理論的探討重點何在，動機理論的運用對教師教學活動的進行是相當重要的，尤其在班級生活中如何透過學習動機的激發，促使學習者願意花更多的時間在學習活動上，往往是教師最關心的話題。

（一）動機的意義與理論基礎

1. 動機的意義

動機的意義依據心理學名詞辭典（袁之琦、游恒山，民79）的解釋：「是推動人類行為的內在力量。它是引起和維持個體行為、並將此行為導向某一目標的願望或意念。」

（二）動機理論

心理學家對動機的探討截至目前為止，包括行為取向的動機理論、人本取向的動機理論、認知取向的動機理論及社會學習取向的動機理論，詳述如下：

1. 行為取向的動機理論（behavior approaches to motivation）

行為取向的動機理論源自於行為學派的學習論，認為個體的學習是外

界刺激與反應之間的聯結關係，此種關係的建立受到增強、懲罰、模仿抑制等的影響。因此，激勵學生就可以運用各種增強策略、懲罰策略以及行為塑造的策略。行為學派認為透過外爍增強，提供學生各種等級、酬賞、分數等可以激勵學生的學習動機進而增進學習效果。

2. 人本取向的動機理論（humanistic approaches to motivation）

人本取向的動機學習理論認為個體行為的養成並非如行為學派強調的被動性，而應該是個體主動積極、強調個體自由選擇、自我決定以及自我實現、自我成長而來。人本學派對學習行為的養成強調主動的觀點，強調激發內在心理趨力的重要性，學習應該是滿足個體內在心理需求與內在自我實現，並非如行為學派強調外在因素的影響。教學活動的進行應該著重個體的心理需求，針對各種內在心理特性擬定激勵策略，以更人性化的方式激勵學習者願意參與學習。

3. 認知取向的動機理論（cognitive approaches to motivation）

認知取向的動機理論認為學習的形成並非對外界事件或生理狀況進行反應，而是對這些事件進行心理認知解釋。認知取向的動機理論認為個體的學習是為了內在心理的滿足，而非對外界酬賞的滿足而引發學習。認知取向的動機理論強調對個體發動內發動機，以滿足學習上的心理需求。

4. 社會學習取向的動機理論（social learning approaches to motivation）

社會取向的動機理論是揉合行為學派與認知學派的觀點，認為動機的產生是個體對達成目標的期望以及該目標對個體所產生的價值而定。個體動機的產生大部分是透過社會學而來，並非僅因外在因素或內在心理滿足。學習者會為自己擬定可達成的目標，而後透過各種策略與努力達成既定目標。

（三）提升學習動機的自我調整策略

提升學習動機的自我調整策略，包括運用高成就動機者的行為特徵、設定適當的具體目標、擬定達成目標的策略等。詳述如後：

1. 運用高成就動機者的行為特徵

教師想要提升學生學動機，必須先瞭解高成就動機者的行為特徵有哪些？例如：具備耐心、細心的心理特質，以及良好的情緒管理等。

2. 設定適當的具體目標

教師應該針對學生的學習表現訂定適當的具體目標，在教學中給予學生各種成功的機會與自我實現的可能，透過各種表現讓學習者對學習活動充滿信心，進而激發對學習的動機。

3. 擬定自我調整策略

增進學習者成就動機的另一種策略就是運用自我調整策略（self-regulation），指導學習者依據自己的能力判斷，包括自我觀察、自我判斷、自我強化三個主要步驟。自我觀察的策略在於對自己學習過程進行監控，瞭解自己在學習方面的表現情形，瞭解自己的表現和終點目標有多少差距，將自己的學習作有系統的紀錄；自我判斷指的是依據自己的學習成就和能力訂定比較具體可行的策略，避免將目標定得過高，導致產生學習上的挫折焦慮；自我強化指的是依據自己訂定的目標評量學習成果，針對自己的學習表現給予適度的獎勵，如果表現未如預期的話，則施加適度的懲罰（例如：減少休閒時間）。

（四）提高學生學習動機的有效策略

學生的學習動機強弱，是影響教學成敗的關鍵因素。因此，教師在設計教學的同時，也應該針對學科性質與學科教材教法，設定各種激勵學習的有效策略。提高學生學習動機的目的在於讓學生願意花更多的時間在學習上，Brehm和Self（1989）指出，學生動機的激發取決於下列三點：第一，內在狀態如需求或慾望如何？第二，努力之後可能的結果？第三，學習者認定特定的行為導致哪些結果？因此，如果想要提高學生學習動機的話，就必須考慮學生有哪些舊經驗？在學習方面的能力如何？要達到目標可能要付出哪些代價（包括投入時間、忍受孤單、放棄遊戲等）？達成目標之後學生的成就感如何等。

有關提高學生學習動機的有效策略如後：

1. 提供行為後果的增強

教師教學活動進行時，必須讓學生先行瞭解行為後果可能帶來的增強有哪些，如此學生才有樂於學習的動機。唯有將各種行為表現可能帶來的後果明白揭示出來，學生才能在學習過程中激發學習上的動機。

2. 啓發興趣並激發好奇

教師教學活動的進行，應該結合學生的學習興趣。因此，想要激發學習動機必須教師瞭解學生的學習興趣，並且透過各種策略激發學生的好奇心，運用學生對外界事物的好奇，強化對學習的內在趨力。

3. 提示努力之後的情境

教師在教學活動進行時，應該將各種學習努力之後的情境，具體地讓學生瞭解，如此學生才能調整自己的學習步調，願意花更多時間在學習參與上。

4. 提供自我實現的機會

教師在教學中應該設法給每一位學生有成功的機會，對學生的要求可以依據個別差異，讓學生在學習中有自我實現的機會，透過自我實現可以讓學生樂意參與學習，並提高學習成就動機。

5. 增進學生的學習信心

教師可以在教學中瞭解學生的學習歸因現象，以每個學生對自己學習成敗原因的解釋，瞭解學生在學習形成困難時究竟是如何因應的。例如：學生如果將失敗歸因於缺乏努力時，不容易產生建設性的作用。如果學生對失敗的歸因是負面的，教師必須引導學生學習正向的歸因，藉此提高學習信心。

6. 營造良好的學習氣氛

學習氣氛對學習者而言，是相當重要的。如果學習氣氛不利於學生的學習活動進行，教師必須針對班級氣氛進行檢討，為學生營造良好的學習氣氛。教師在教學活動中可以考慮將學習活動內容以有意義且具多樣性形式，提供學生有成就感且具有挑戰性的活動。

四、促進班級凝聚力的活動

教師在班級經營中，如果想要促進班級的凝聚力，必須在班級生活中規劃各種集體性的活動，或是運用各種班級活動的實施，提升學生對班級凝聚力。有關班級凝聚力的活動規劃，可以參考下列活動的規劃作為參考：

（一）教師節的活動設計

1. 教師卡的規劃設計

教師可以運用各種班級共同課時，指導學生規劃設計各種教師卡，作為謝師感恩之用。教師卡的規劃設計可以採用個別設計、集體觀摩的方式，或是採用全班共同創造設計的模式，設計一張屬於個別的或全班的謝師卡。

2. 給老師的一句話活動

除了上述謝師卡的設計之外，也可以透過全班集體的方式設計一張謝師卡，並且發動全班學生，在謝師卡上面簽上給老師的一句感謝話，或是將給老師的一句話寫在壁報紙上面，再將設計的作品貼在全校最明顯的地方（例如：文化走廊、師生園地）。

3. 為老師獻花活動

為老師獻花活動的規劃設計，是運用集體的方式設計各種花並作為教師節為教師獻花活動之用。教師可以利用藝術與人文或相關課程，指導學生設計各種要獻給教師的花，透過活動的進行，可以凝聚全班的向心力。

（二）聖誕節的活動設計

1. 化妝舞會

化妝舞會的設計通常是比較費時的，教師可以考慮在班級時間的規劃上面是否足以因應。在化妝舞會的運用方面，通常是結合學校的重要慶典，或是幾個班級聯合起來。在聖誕節當天，學校可以考慮讓學生規劃化妝舞會活動，作為凝聚班級向心力之用。

2. 班級餐會

班級餐會的活動設計，是教師運用各種班級時間指導學生進行班級餐會活動。班級餐會的方式可以讓每個學生自己準備一份餐點，或是由班級學生自行規劃班級餐會的內容。

3. 交換聖誕禮物

交換聖誕禮物的活動是學校在聖誕節當天最常舉辦的活動，教師可以透過班級學生個別準備方式，在聖誕節當天每個人準備一份自認為珍貴的聖誕節禮物，作為和同學交換禮物之用。交換聖誕節禮物的活動，可以班級個別進行，也可以同學年的班級共同進行。

4. 布置班級聖誕樹

聖誕樹的布置是教師在班級生活中，配合聖誕節節慶指導學生在班級教室中，共同布置聖誕樹的活動。通常在聖誕樹的布置上面，教師會結合藝術與人文的課程，指導學生設計各種布置聖誕樹的作品，再將自己設計的作品掛在聖誕樹上作為展示之用。

5. 聖誕歌舞表演

除了聖誕樹的布置之外，教師可以在聖誕節當天在班級舉辦聖誕歌舞表演，將全班學生分成幾個小組，請小組長和組員事先規劃各種表演節目，透過表演節目的協商與設計，凝聚班級的向心力，同時促進小組成員的團結。

6. 聖誕義賣活動

聖誕義賣活動的設計應該以全校性實施比較恰當，或以全年級作為活動的設計也可以。教師可以在聖誕節來臨前夕，指導學生進行聖誕義賣活動，並且將各種聖誕義賣所得捐贈給慈善機構，或是捐贈給需要的個人。

（三）兒童節的活動設計

1. 拼圖比賽活動

教師可以運用拼圖比賽，或是將全班分成幾個小組進行拼圖比賽，讓學生透過集體合作方式，完成各種拼圖並將小組作品在班上公開展示，透過小組合作方式凝聚班級向心力。

2. 節目表演活動

運用兒童節的表演節目規劃，可以讓班級學生發揮團隊的精神，教師可以引導學生作各種節目表演的規劃，從節目內容的設計、規劃到執行，可以讓學生團體討論並擬定各種表演節目的內容，藉此凝聚班級向心力。

3. 舊愛新歡活動

舊愛新歡的活動是請學生將自己的寵物或蒐集品，以跳蚤市場的方式或是相互交換的方式，互相分享自己的蒐集品，將自己的舊愛成為同學的新歡。本活動的設計與實施，都由班級學生自行規劃，透過活動的實施可以凝聚班級的向心力。

4. 園遊會活動

園遊會的舉辦應該配合全校性的活動實施，讓全校學生都可以在兒童節時，擁有一個快樂的節日，園遊會的規劃可以年級為單位，讓全班學生都有參與的機會。

5. 得意作品展示會

教師可以在學期結束時，或是運用各種學校慶典節日，舉辦班級學生的作品展，學生可以將自己平時最得意的作品，用各種形式展出，讓全校學生可以共同欣賞。

五、轉學生的面對與處理

一般教師最感到頭痛的是在學期中，班上突然來了一位轉學生，由於教師在轉學生方面的輔導，缺乏專業知能方面的經驗，因此在面對轉學生時，都會感到心有餘而不足。有鑑於此，教師必須在班級經營中擬定轉學生的輔導計畫。

（一）教師如何處理學生轉學問題

教師在班級經營中，難免會遇到各種家庭因素而辦轉學的學生，學生在學期中轉學必然會遇到學校適應的各種問題，因此教師必須在學生轉學時，給予各種心理方面的建設與協助。

1. 提供未來學校的相關訊息和資料

教師在遇到班上學生轉學時，應該儘可能提供未來學校的相關訊息和資料，讓學生和家長早日適應當地的學校。

2. 提供學生在學習方面的相關資料

教師也可以在學生轉學時，將各種平日對學生的觀察記錄，寫成書面資料，並將各種書面資料，隨著學生的學籍資料、輔導資料、生活記錄表等放在資料帶中密封，提供新學校導師作為輔導學生的參考。

3. 儘可能與未來的學校聯繫

教師在學生轉學時，應該儘量與新學校的導師取得聯繫，以方便進行學生的學習銜接，包括學生的學習情形、家庭對學校教育的態度、學生輔導情形、學生學習生活情形等，透過雙方的聯繫與分享可以協助新導師早日瞭解學生並給予適當的幫助。

4. 持續追蹤學生的適應情形

學生轉學之後，教師應該隨時進行學習適應方面的追蹤，瞭解學生在學校及班級適應方面的情形，必要時給予學生適當的輔導和幫助。如此，學生對新環境才不致於因為過於陌生，而形成各種學習上的適應不良。

5. 提供各種適應新環境的策略

教師對轉學生的輔導除了一般性的輔導之外，也應該給予各種適應新環境的策略，包括如何認識新朋友、如何適應新生活、如何儘快進入學習狀況等，如果有書面的參考資料也可以提供家長作為協助孩子的參考。

6. 給新導師一封信

當學生轉學時，教師應該給新導師一封信，內容包括感謝接納自己的學生，並提供學生在學校生活的各種資料，並給予新教師學生輔導方面的建議，如果方便的話，可以將自己的聯絡方式與通訊地址附在信件中，讓新教師有問題時，可以隨時和自己聯絡。

（二）轉學生的輔導與作業程序

當教師在班級接到轉學生時，應該給予轉學生溫馨、溫暖的接納，減少轉學生對新班級的恐懼感，並降低對新班級、新環境的陌生感。教師在

轉學生的作業程序上，可以運用下列程序：

1. 溫馨友好的開始

轉學生的到來，教師可以在辦理完成各種資料手續之後，向轉學生握手表示歡迎之意，讓轉學生感到被接納。其次，教師應該立即給予轉學生安排適當的座位，讓轉學生可以立即融入班級的學習生活。

2. 安排自我介紹

教師將轉學生安置以後，隨即讓轉學生進行自我介紹（如年級低者由教師代為介紹）之後，請全班同學一一向前和轉學生握手，並作簡短的自我介紹。介紹的內容包括姓名、學號、最喜歡的活動、喜歡的運動等，應該儘量避免介紹轉學的原因，我對學校的第一印象等，以避免不必要的誤解或難堪的場面。

3. 認識新同學和朋友

在自我介紹之後，教師可以稍微將班級的各種基本資料，包括班級常規、班級特色、班級幹部等一一向轉學生介紹，讓轉學生瞭解班級的各種常規和組織幹部。接著，老師請轉學生站在臺上，讓其他同學依序排隊一一和他握手，並說句簡單的問候語，以增加學生之間的互動。

4. 安排生活輔導員

轉學生對新學校感到恐懼的原因，通常是對學校的各種生活習慣不瞭解，對學校的校規和班級常規陌生而感到不知所措。因此，教師應該在班上安排各種生活輔導員，協助轉學生早日認識學校的師長、學校的設施、學校的地理位置、學校的各種生活設備等。擔任輔導的同學盡可能找熱心、守本分，且住在離轉學生家附近的同學為主。輔導員的工作如下：(1)安排座位；(2)讓轉學生熟悉學校作息；(3)瞭解班規；(4)熟悉回家路線；(5)見習打掃區域；(6)認識師長等。

5. 檢核各種學習資料與表格

轉學生除了學校各種生活適應之外，也應該檢核在各種資料是否齊全，例如：課本和原來的學校是否一樣？需要購買新的教科書嗎？作業本呢？等等。有關各種學習資料的檢核可參考下表：

項　　目	短缺時找誰
□學籍表、新學號	教務處（註冊組）
□健康卡	教務處（註冊組）
□輔導資料	教務處（註冊組）
□制服	合作社
□名牌	合作社
□簿本	合作社
□課本、習作（注意版本是否相同）	教務處（設備組或各出版商）
□新地址、新電話（登錄於各卡上）	家長
□課桌椅	總務處（事務組）

6. 運用小老師制度

轉學生在安置完之後，教師應該為轉學生找學習與生活上的小老師，協助轉學生進行學習，並且及早適應學校的各種作息。擔任小老師的學生，教師應該提供小老師工作備忘錄，隨時提醒小老師應該提供轉學生哪些方面的協助。

（三）轉學生學校適應方面的研究

轉學生的輔導方面，教師可以參考各種轉學生的相關研究，瞭解轉學生可能產生哪些問題，再針對可能形成的問題，擬定有效的轉學輔導策略。有關轉學生的研究如下：

1. 國小轉學生中，女生在學習適應、常規適應、師生關係、對學校態度層面及總適應，顯著較男生為佳。
2. 三年級轉學生在學習適應、常規適應、師生關係、同儕關係與心理適應層面及總適應，明顯優於五年級轉學生。
3. 女性教師班級國小轉學生，在學習適應、師生關係及總適應上，表現顯著優於男性教師班級之轉學生。
4. 家庭社經地位不同之轉學生，學校生活適應部分有顯著差異。
5. 父母管教態度不同、依親狀況不同，對國小轉學生，在學習適

應、同儕關係與心理適應層面及總適應上有顯著差異。

6. 國小轉學生之學校生活適應與父母親「關懷」的管教態度，具有顯著正相關；與「權威」管教態度未達顯著相關。

7. 轉學生的生活適應與其教師屬於「民主型」的領導類型，具有顯著正相關；而「權威型」與「放任型」則與部分層面達到顯著負相關。

8. 國小轉學生之學校生活適應不因教師服務年資、教師輔導專業背景的不同而有顯著差異。

9. 國小轉學生的學業成就與學校生活適應各層面及總適應均呈顯著正相關，亦即學校生活適應越好的國小轉學生，其學業成就越高。

（四）轉學生適應方面的輔導原則

1. 明訂學生的行為標準

轉學生在行為標準的訂定是相當重要的，如果教師未依據學生的行為擬定標準的話，則學生在班級的各種適應上就容易出現問題。教師在轉學生的行為輔導與適應方面，應該針對學生的行為標準，設定各種標準作為參考。

2. 瞭解問題行為的癥結

教師對轉學生在學習適應上，應該隨時掌握可能形成的問題行為，作為擬定輔導策略的依據。尤其是不同學生有不同的問題，如果可以及早瞭解學生在行為表現方面的各種癥結，作為學生輔導技巧選用的參考，則轉學生容易在班級擁有比較好的照顧。

3. 以優異的行為取代不好的行為

教師在班級生活中，應該隨時運用各種行為楷模的示範策略，當學生表現出良好行為時，立即給予適當的增強。如果學生因某種不良行為而無人理會時，就會暫時停止行為表現。因此，教師在班級生活中，應該選用各種行為標準作為學生行為表現的參考。

4. 運用適當的輔導技巧

轉學生在輔導技巧方面的運用是相當重要的，教師在面對轉學生時應該擬定各種有效的輔導策略，針對轉學生的各種問題，給予適當的輔導。

5. 以學生可見的行為為輔導重點

轉學生在輔導方面，教師應該將重點放在學生可見的行為上面，如此才能瞭解學生問題行為的癥結，作為轉學生輔導的參考，教師依據轉學生各種可見的行為作為輔導的重點，如此才能針對問題給予適當的處置。

轉學生在輔導方面，需要教師更多的用心與細膩的觀察，才能給予轉學生更多班級生活適應上的幫助。教師透過各種轉學生的相關研究，擬定更有效的策略，並運用班級組織幹部和小老師制度，提供轉學生更多實質上的指導。

六、班級目標的訂定

班級目標的設定與執行，讓學生在班級生活中有固定的規律可循，教師只要掌握班級目標管理的重要內涵與策略，就可以有效掌握班級事項，營造一個學習型的班級組織。

（一）班級經營與目標管理的關係

班級經營是學校行政的延伸與落實，學校行政組織的設置僅是一種手段，其主要目的在於引導學校達成教育目標。因此，教師在班級經營中必須瞭解學校的教育目標，依據學校目標再擬定班級的經營管理目標，透過班級目標的擬定與實施，達到各種預期的效果。

（二）班級目標設定的原則

班級目標的設定，必須配合各種班級活動，作為師生共同追求與努力的目的，是從事班級經營非常重要的一件工作。班級目標的設定，必須教師與學生透過不斷地協商與調適，將班級目標擬定並付諸實現。一般而言，班級目標的設定應該遵循下列原則：

1. 具有班級生活的理想性

班級目標的設定必須符合社會生活，並結合學校教育目標。所以班級目標的設定必須符合社會的需求，並將社會帶往理想的方向。因此，班級目標應具有各種生活的理想性，並且可以達到社會適應的效果。

2. 滿足個體的各種需求

在班級生活中，不管教師或學生都有個人的各種基本需求，例如：衣、食、住、行、育、樂各方面的需求，教育的基本需求也在於滿足個體的各種需求。所以班級目標的擬定，必須以滿足個體的各種需求為原則。

3. 具備民主理想性

班級生活中的各種活動，必須教師以民主的方式和學生共同協商，透過雙向溝通的方式，擬定各種班級生活常規。因此，班級目標的擬定也應該具備民主理想性，讓班級師生可以透過民主參與的方式，擬定班級目標。

4. 目標必須共同一致

班級目標的擬定應該配合各種學科的需求，結合課程與教學的目標。使班級目標與教學目標相互呼應，透過班級目標的達成，同時也讓課程與教學目標達成。如果班級教學目標與班級目標相互違背，教師在班級生活中無法有效領導學生，達成學校教育目標。

5. 行為有效解釋與應用

班級目標為了確定達成的程度，宜採用分析的方式使班級目標切確具體。同時教育的要求不僅是知識的增加，更是行為的改變。因此，班級目標的擬定必須以行為規範為準則，使班級目標能確定達成。

（三）班級目標設定的注意事項

1. 目標應該由班級成員共同制訂

班級目標是班級全體應該努力的方針，因此班級目標的擬定就應該由全體成員，依據班級生活各種需求，以及個人在班級生活中的需要，以集思廣益方式擬定班級目標。如此，可使班級目標的內涵更為合理化，並有助於班級目標的達成。

2. 班級目標必須具有層次性

班級目標在擬定時，應該由級任教師訂定班級的近程、中程、長程目標，如此才能循序漸進，完成各種預定的目標。因此，班級目標的擬定必須包含總目標與分目標，才能達到分工詳細有明確的效果。

3. 目標必須一貫性和一致性

班級目標的擬定必須前後一致、上下連貫，不可以有相互矛盾或前後不一的情形，以免導致學生在遵守上的困難。例如：近程目標與中程目標和長程目標之間，應該做到前後呼應，彼此相輔相成的效果。在訂定班級目標時，應該擬定長程目標，再擬定中程目標，進而擬定近程目標。

4. 目標應該書面化

班級目標訂定完成之後，為了讓全班師生都能瞭解，必須將班級目標內涵書面化，一來可以強化記憶，也方便讓全班瞭解，不致於因教師請假或學校有重大事件，而導致班級目標被忽略的情形。如果教師可以將班級目標書面化的話，科任教師或代課教師可以隨時瞭解班級的各種目標，有效掌握班級的學習動態。

5. 目標應該是可行的

班級目標的擬定除應該具體化之外，也應該評估目標本身的可行性，不可以盲目定各種班級目標，導致目標過於遙遠，學生無法達成目標而束諸高閣。因此，在擬定班級目標時，要考慮學生在各方面的發展情形，集合班級的各種任務，訂定具體明確可行的目標。

本章討論問題

一、請論述班級領導的技巧有哪些重點？

二、請論述如何強化學生的自律性動機？

三、請說明如何促進班級凝聚力的活動？

四、請說明轉學生的面對與處理程序？

五、請說明如何擬定班級目標？

第七章

班級活動的設計與運用

　　本章重點在於針對班級活動的設計與運用等議題，作理論與實務方面的探討，希冀透過班級活動設計的各種實際案例與策略，提供教師安排班級活動的參考。

一、重要理論與策略

（一）班級活動設計的要領

　　教師在班級活動設計方面，可以運用班會時間或是班級共同時間，透過簡單的活動設計，引導學生進行自我的探索，結合生涯發展的理念，進行自我瞭解、自我肯定與發展方面的活動指導。教師在班級活動設計方面，必須考慮學生身心發展上的特性以及班級組織氣氛的營造等。一般而言，班級活動設計的要領包括下列幾點：

1. 配合學生的特質與身心發展

教師在進行班級活動的設計時，應該針對學生的各種特質與身心發展特性，作為班級活動設計的重要指標。如果教師設計班級活動時，缺乏對學生身心發展的瞭解，並配合學生身心發展上的需要，則班級活動的推展無法收到預期的效果，學生也容易對班級活動的內容缺乏興趣，無法收到班級活動實施的各種效果。

2. 結合班級組織結構發展特性

班級活動設計應該結合班級組織結構與發展的特性，如此班級活動的進行才能收到預期的效果，並且透過班級活動的實施，強化班級組織氣氛與結構，並且凝聚班級學生之間的向心力。此外，班級活動的設計也應該配合班級目標發展，透過活動的推展，可以強化同儕之間的關係，落實學校教育目標。

3. 注意方案設計的理念與實踐

班級活動設計應該要有明確的設計理念，將班級活動的各種理念與實踐，作緊密的結合，如此班級活動才能更落實於班級生活中。如果班級活動設計缺乏嚴謹的理論基礎或綿密的系統計畫，則班級活動容易流於形式，無法配合學校的重要政策，落實教育目標。

4. 注意活動實施的安全性考慮

除了上述的班級活動設計理念之外，教師設計班級活動也應該注意活動本身的安全性，儘量避免在班級活動過程中，造成人員安全上的問題。教師在設計各種班級活動前，應該針對活動的內容與實施方式，事先作安全上的考量，並結合學校的危機政策，隨時提醒活動實施的學生或教師，注意活動本身的安全性考慮。

5. 有效地運用各種社會性資源

班級活動的設計，在社會資源的運用方面是相當重要的，如果教師在班級活動設計過程中，無法取得各種社會資源的協助，容易形成勢單力薄的現象，無法在活動中透過資源的整合，提供學生最佳的學習機會。因此，教師在設計班級活動時，應該將家長或社區的資源作有效的整合。

（二）班級活動設計的重要性

　　班級活動設計對班級生活而言是相當重要的，教師如果善用班級活動
對班級氣氛的營造及各種班級經營是相當具有正面作用的。

　　1. 班級活動是課程的延伸與運用

　　班級活動的進行是一種非正式課程的實施，同時是一種課程的延伸與
運用。教師可以運用班級活動的實施，作為學校課程實施的延伸與運用，
尤其是與正式課程結合的部分。

　　2. 班級活動是課內的整合與統整

　　班級活動的實施，可以達到課內整合與統整的效果。班級教學活動進
行時，教師無法作不同學科方面的整合與統整，必須透過班級活動設計作
為課內整合與統整之用。

　　3. 班級活動是人際關係相處機會

　　班級活動的進行是強化學生人際關係及相處的機會，讓學生擁有更多
與人相處的機會，透過班級活動的規劃與討論，可以瞭解人與人之間相處
的道理，學習尊重他人不同的想法，透過班級活動可以更深入瞭解其他同
儕的觀點，促進班級同儕之間的凝聚力。

　　4. 班級活動強化學生作事的態度

　　班級活動的進行可以培養學生民主的素養，透過民主程序瞭解相互尊
重的重要性，培養少數服從多數、多數尊重少數的決決態度。如果學生在
班級活動進行中，缺乏民主素養的話，教師可以隨時給予提醒學生應有的
態度。

　　5. 班級活動培養學生的民主素養

　　班級活動的實施與進行，可以讓學生培養民主的素養，尤其在活動規
劃與擬定階段，必須透過不斷地協商與溝通協調，才能使方案的設計更加
精緻。讓學生從班級活動設計中，培養一般的民主素養。

　　6. 班級活動發掘學生的各項才能

　　班級活動的設計與規劃，可以讓教師瞭解班上學生在各方面的才能，
教師在平日應該瞭解學生在各方面的專長與興趣，以便在班級活動擬定時

可以提供各方面的專長，協助教師進行班級活動的規劃設計。班級活動可以培養並發掘學生在各方面的才能，讓學生在班級生活中可以有自我實現的機會。

7. 班級活動培養學生的班級歸屬

班級生活中的歸屬感是相當重要的一環，尤其在班級生活中的師生關係。教師應該透過班級活動的進行，培養學生對班級的歸屬感與認同感，有了歸屬感與認同感，學生就會願意為班級作各種的犧牲，也會在班級生活中願意和同儕相互尊重、相互合作。

8. 班級活動深化學生經驗及能力

班級如同一個小型社會，影響學生日後的生活經驗與能力。因此，班級活動的規劃、設計與實施，可以深化學生的生活經驗及各方面的能力，教師應該提供學生規劃班級活動的機會，透過各種活動的規劃設計與實施，可以讓學生擁有更多的生活經驗，強化學生的生活能力。

（三）班級活動的種類

1. 全校性的活動

全校性的活動通常是由學校各處室所規劃的活動，通常是以班級為單位或以年級為單位。

(1)學藝性活動：如科學展覽、壁報比賽、教室布置比賽、辯論比賽及書法、繪畫及作文比賽等。

(2)體育性活動：運動會、越野賽跑、球類比賽、游泳比賽、拔河比賽等。

(3)才藝性活動：合唱比賽、軍歌比賽、啦啦隊表演、各種遊藝表演活動、燈會……等。

2. 班際或校際性活動

教師在班級活動的安排方面，可以由班級聯合其他班級或其他學校某一班級共同舉辦的聯誼性或競賽性之活動。如班際球類友誼賽，班級聯合郊遊旅行活動，班際或校際聯誼活動。

3. 班級內自辦的活動

教師可以在班級內指導學生進行班級活動的規劃，以學期或學年為單位，規劃班級性的活動。例如：讀書小組、出版班級刊物、每月慶生會、班內分組球類對抗賽、分組辯論會、班內個人或小組藝能、表演、露營、旅遊活動、期末同樂會、孤兒認養、訪問及其他校外參觀活動。這些班級活動的設計與實施，可以收到正式課程之外的效果。

（四）班級輔導活動設計的目標

一般班級輔導活動的目標，可以讓學生在班級中擁有更多參與的機會。依據美國諮商學會（American Counseling Association, ACA）所出版的參考書籍所提示者為例，班級輔導活動包括生活輔導、學習輔導、生涯輔導。因此，在班級輔導活動設計方面的目標說明如下：

1. 生活輔導的目標

(1) 發展自我覺察與自我接納

班級生活輔導主要目的在於讓學生發展自我察覺與自我接納，透過班級輔導活動的實施，可以對自己有更深入的瞭解，透過自我瞭解肯定自我，更進而自我接納，接納他人。

(2) 發展個人的責任感

學生個人責任感的發展是相當重要的，教師應該透過班級活動的實施，讓學生可以發展個人的責任感，培養對事情的責任，以負責的態度面對生活中的各種事物。

(3) 發展有效的人際與溝通技巧

人際與溝通技巧的培養，可以讓學生在班級生活中擁有更成熟的能力。透過班級活動的實施，可以發展各種人際關係，培養各種溝通的技巧。

(4) 學習有效的決策技巧

班級活動的實施不僅可以培養學生各種基本能力，同時可以學習有效的決策技巧。透過班級活動的規劃，必須運用各種協商、溝通，以及作決定的技巧，讓學生學習作決策。

(5) 發展瞭解及尊重他人

班級生活中同儕的相互瞭解、相互尊重是相當重要的。班級活動的實施與規劃，必須透過學生彼此之間的瞭解、尊重才能完成各種活動的規劃與設計。因此，班級活動的實施，可以發展學生彼此之間的相互瞭解，進而尊重他人的相法。

2. 學習輔導的領域目標

(1) 學習有效的讀書技巧及考試策略

班級活動在學習方面的目標包括有效讀書技巧及考試策略方面的輔導，透過學習策略的學習可以讓學生對班級學習活動有更高的興趣，對學習充滿信心。

(2) 發展批判思考的技巧

學生批判思考技巧的培養，有賴於班級活動的實施。教師應該在班級活動設計過程中，提供學生有關批判思考能力的培養。

(3) 確認學業上的優點、缺點及個人的學習風格

瞭解學生學習的優缺點以及個人的學習風格，對學校的學習效果提升具有相當的效果。在班級活動中應該真對學生的學習，作深入的理解以便擬定提升學習效果的策略。

(4) 瞭解學生在團體（生活）過程中的角色

班級活動有助於學生瞭解在團體過程中的角色，對團體生活規範的遵守有正面的幫助。在班級活動設計中，可以讓學生瞭解自己在團體中的角色，以便在團體生活中形成正確的決定。

(5) 發展在教室中負責任的行為

學生在日常生活應該養成為自己負責任的習慣，對於生活中的各項事務，應該在決定之前，必須深思熟慮才形成決定，並且為自己的決定負責。

(6) 適應學校的環境

學校環境的適應有助於學生對班級生活的認同，同時對學校生活的投入。教師在班級活動規劃中，應該將學校環境適應列入重要的項目，指導學生在班級活動中，以漸進的方式適應學校的環境。

3. 生涯輔導的領域目標

(1)能知曉其個人特質、興趣、性向和技巧

教師在班級活動的生涯輔導方面，應該引導學生瞭解自己的特質、興趣、性向。透過自我瞭解可作為生涯發展與決策的參考。

(2) 發展其對工作世界的各行各業的瞭解

班級輔導活動的進行，應該讓學生瞭解世界上各行各業的工作內容，以及工作的各種型態，作為未來生涯規劃的參考，透過對工作的瞭解，可以讓學生在平日班級生活中培養各種生活技能。

(3)瞭解學校表現和未來選擇的關係

瞭解學校表現與未來選擇的關係，有助於學生平日進行各種決定。在班級輔導活動的進行時，教師應該讓學生瞭解學校表現與未來的選擇關係。

(4) 發展對工作正向的態度

班級輔導活動進行時，教師應該讓學生發展對未來工作正向態度，作為未來生涯決定的參考。

二、肢體語言的運用

肢體語言在教室中的運用，有助於縮短師生與同儕之間的關係。肢體語言的運用，可以作為另類言語表達，促進人際之間的關係。肢體語言在班級生活中的運用，說明如下：

（一）臉部表情

臉部表情是教師表達情緒最直接的肢體語言，教師可以透過各種臉部表情傳達自己的情緒狀態，讓學生瞭解教師處於何種狀態之下。

（二）手勢

在手勢的運用方面，教師可以透過手勢表達鼓勵學生及制止學生的班級行為。一般而言，手勢的運用是配合臉部表情的。例如：食指放於唇上表「安靜」，豎起拇指表「很好」、「贊同」等，這些課堂上手勢運用有

效且不會干擾教學的流程。

（三）眼神接觸

　　眼神接觸技術的運用，可以直接表達教師對學生的觀感，並且讓學生理解教師行為本身所代表的意義。利用眼神的接觸，可以打開溝通、延續溝通或終止溝通。所以，對教師而言，藉著眼神的接觸拉近師生的距離，是一項特別重要的非語言溝通技巧。教師在班級生活中，應該透過眼神接觸的技術，強化對學生的期望。在眼神接觸的運用方面，包括下列要領：

1. 當走上講臺開口說話前，先用眼光掃描全班，使學生知道老師正看著他，而提醒自己也必須看著老師。

2. 開始上課後，眼睛要散發自信、活力、愉快的神情。因為如此，學生會得到「一起打起精神吧！」的暗示，學生必會較有意願和一位有活力的老師進行學習。

3. 眼睛不可離開學生，而且配合身體的轉動，讓每個學生都能接收到老師關愛的眼神。教師也才能時時刻刻抓住學生的注意力，控制全場。

4. 在講授課程時，教師的眼睛必須配合教學內容而改變。當學生有好的表現時，不妨傳遞出讚賞、嘉勉、期望的眼神，這樣會使學生願意變得更好，也就是所謂的「比馬龍效應」。反之，當學生有不良行為時，也可用眼神制止他，傳達出老師已經在注意他的訊息。

（四）身體趨近

　　身體趨近的運用是透過縮短師生空間的距離，傳達師生之間的溝通與情感。教師可以運用修正與學生之間的距離來與學生進行溝通時，會改變學生的參與情形。在教室中，身體的空間傳達了師生溝通，教師也具有了應有的角色和地位。許多老師因身體與學生距離較遠，而無法與學生建立親密的人際關係，形成了一種阻力。

三、班級笑話的應用

依據相關的研究，最受歡迎教師的特質中，幽默風趣是重要的特質之一。因此，懂得幽默、擅於講笑話的教師，在學校中是最受歡迎的。

（一）笑話在班級經營上的功能

在班級經營技巧上的運用方面，講笑話技巧可以最為班級生活中的重要項目，並且結合教學活動的實施，強化學生的學習效果。一般而言，笑話在班級經營上的功能如下：

1. 集中學生的學習注意力

笑話在班級經營中的運用，有助於集中學生的學習注意力。心理學方面的研究指出，學習者在學習方面的注意力，通常為三至五分鐘，因此教師要不斷轉換教學才能集中學生的注意力。倘使教師在教學活動實施中，有效運用各種與教學有關的笑話，有助於集中學生的學習注意力，並強化學習效果。

2. 作為教學前的暖身運動

教師在班級教學中，進行單元教學或主題教學時，可以在剛上課時透過笑話的運用作為教學前的暖身運動。尤其在上課講解抽象或重要概念時，可以在學生尚未集中注意力前，蒐集與概念教學有關的笑話，可以引起學生對學習的動機與興趣，強化學生對學習的興趣。

3. 加深並強化學生的學習

教學活動進行時，教師如果缺乏運用有效學習策略的話，學習效果就會打折扣。當教學活動進行時，如果學生精神不佳，無法集中注意力於教學活動時，教師運用與教學有關的笑話，可以吸引學生的注意力並強化教學的效果。

4. 協助引導對課程的理解

教學活動進行時，教師遇到抽象概念的講解，往往需要花相當的心力在講解上面，如果可以運用與教學有關的笑話在教學中，不但可以提高學生的注意力，同時可以強化並引導學生對課程的理解。

5. 使教學活動更活潑有趣

笑話技巧的運用不但有助於教學效果的提升，同時可以使教學活動更活潑有趣。班級教學中一些枯燥的課程或抽象的概念，如果教師可以適時地運用各種笑話作為例子講解，有助於使教學活動更趨向活潑有趣。

6. 解除各種師生尷尬氣氛

班級生活中的師生關係，往往因為各種內外在因素而產生尷尬的情形或氣氛，教師可以適時地運用笑話的技巧，解除師生之間的尷尬氣氛，化解各種可能形成的危機。

7. 改善各種沈悶教學氣氛

班級教學活動進行時，如果學生對學習缺乏動機或是對學生缺乏興趣，教學效果無法達成預期目標時，教師可以運用各種笑話改善各種沈悶的教學氣氛，增進學生對教學的關注。

8. 協助建立良好師生關係

擅於運用笑話的教師，對班級教學活動的實施具有積極的意義，同時給予學生生動活潑，容易溝通的感覺。因此也容易建立良好的師生關係。透過班級笑話的運用，可以讓學生感受到教師的親切感，減低教師在學生心目中的威權形象，增加教師的親和力及師生之間和諧關係的建立。

（二）笑話運用的原則與技巧

班級笑話的運用必須結合各種重要的班級活動，讓學生在班級生活中可以強化對各種活動的參與感與樂趣。教師在運用笑話技巧於班級經營時，應該在平日生活中蒐集各種可以運用的笑話，作為班級經營的題材。

1. 蒐集笑話作為資料庫

笑話的蒐集必須在平日就進行，並且將各種笑話題材依據性質作分類，以便融入班級教學或活動中。教師在日常生活中，應該不斷蒐集與班級教學活動有關的笑話，或日常生活小品文。將各種生活中的趣聞、笑話、幽默小品等題材，加以分類整理，作為班級經營之用。

2. 善用肢體語言強化效果

擅於講笑話的教師不僅在資料的蒐集方面要用心，在講解笑話時，

肢體語言的運用也是相當重要的，如果在講笑話時，可以結合肢體語言的話，更可以強化笑話的效果。例如：運用聲音的高、低、起、伏等強化笑話內容，可以使講解過程充滿喜劇性。

3. 善用各種無法預知的效果

笑話的內容如果是可預期的，在效果方面可能不如預期。教師在講笑話時如果能掌握笑話本身的關鍵，提供讓學生想像不到的結局，才能強化笑話的效果。如果教師一開始講笑話就讓學生可以猜中結果，則比較無法發揮笑話的效果。

4. 運用各種笑話的關鍵

教師在平日透過各種媒體、資訊蒐集的笑話，可以進行分類並運用笑話的關鍵，以便強化笑話本身的效果。教師可以運用各種笑話的關鍵，結合班級教學活動的重要概念，一來可以強化笑話的效果，再則可以提升學習的效果。

5. 運用熟練原則，練習講笑話

教師在講笑話前必須不斷透過練習，才能強化笑話本身的效果，同時熟練講笑話的技巧講笑話。「臺上三分鐘，臺下十年功」正說明教師在講臺上的講解必須透過不斷地練習，才能收到預期的效果。

6. 保持正常的說話態度

講笑話的過程中，教學者的態度是相當重要的。如果教師在講笑話時，態度不自然，或是講話的速度過快、過慢等，都會影響笑話本身的效果。

（三）班級笑話運用的注意事項

班級笑話的運用雖有助於班級教學與活動的實施，然而教師在運用笑話於班級經營中，應該瞭解運用的時機與注意事項，才不至於造成反效果。

1. 避免人身攻擊

班級笑話的運用不可以有人身攻擊的現象，否則容易造成班級中個別的傷害。教師不可以在笑話中對學生或他人有取笑的現象，或是在笑話的

內容中對學生有直接或間接的傷害。

2. 瞭解學生性質

教師在講笑話前，應該先瞭解班上學生的各種特質，包括學生的身心發展特徵、學生平日喜歡的活動、學生有興趣的主題等，才能在講笑話時收到預期的效果。

3. 避免過於頻繁

班級笑話的運用不可過於頻繁，否則的話，容易失去笑話本身的效果。講笑話的次數在班級經營中不宜過多，適當運用笑話在班級經營中有助於各種效果的提升，如果教師在班級生活中過於強調笑話，容易失去教學本來的主題，導致負面的效果。

4. 內容避免粗俗

教師運用笑話時，在內容方面應該有所選擇，針對學生的身心發展狀況，考慮笑話本身的教育性。因此，笑話內容不宜過於粗俗，應該具有教育性或娛樂性。笑話的內容不可過於搞笑，也應該避免偏離教學主題。

5. 結合場合時機

笑話的運用應該注意場合和時機上的問題，如果笑話在運用時機不當的話，容易收到反效果，甚至影響教學實施的效果。例如：笑話的內容如果對女性不適當的話，教師應該儘量避免運用此種笑話於兩性相處的場合中。

四、班級活動設計

在班級活動的設計與運用方面可以配合各科教學活動的實施，也可以結合班級生活的各項活動。

（一）詩詞背誦活動

詩詞背誦活動的設計可以讓學生在班級生活中，強化語文方面的能力。教師在學生詩詞背誦的內容方面，應該針對學生的課程與教學內容，篩選適合學生學習的題材，而且容易琅琅上口的詩詞，要求學生背誦。

（二）讀經朗誦活動

讀經朗誦活動的進行，是教師在班級生活中選用各種經書作為朗誦的題材，教師有計畫的指導學生閱讀經書，運用經書朗誦活動的進行，作為班級生活的活動之一。

（三）輕聲細語活動

在班級生活中，學生往往因為過於吵雜影響到其他同儕的學習，因此教師可以在班級生活中，推展輕聲細語活動，要求學生在班級生活中儘量放低音量，以輕聲細語的方式將自己的意思傳達給學生。

（四）清潔寶寶運動

清潔寶寶活動的實施，主要是在班級教室過於髒亂時，教師應該要求學生對教室清潔的維持，盡一份自己的心力。清潔寶寶活動的實施，可以透過各種有效的獎勵策略，增進學生的清潔習慣。

（五）有話大家說活動

班級生活中，學生一定有很多話要說，有些學生不方便在公開場合講話或發表自己的意見，就可以透過有話大家說的方式，或是在班級中設置「我有話要說」信箱，進行雙向交流。

（六）多說好話運動

班級生活中難免因為來自各種不同社經背景的家庭，而展露出在家庭生活中的不良習性，例如：說粗話、出口成髒等。教師可以運用在班級生活中的多說好話運動，指導學生在講話中可以更優雅、更有氣質。

（七）個別晤談活動

個別晤談是班級輔導活動中重要的一項，透過個別晤談可以瞭解個別的學生心理，教師可以透過個別晤談瞭解班級學生的學習情緒、班級生

活情形，作為班級領導的參考。如果學生在班級生活中出現反社會行為的話，教師可以透過班級個別晤談給予適時的輔導和協助。

（八）好書分享活動

好書分享活動是班級活動中，透過對好書閱讀心得方面的分享，強化學生對閱讀的習慣，同時透過好書的分享，提倡班級閱讀活動。教師可以在班級生活中，規劃各種好書分享活動，作為鼓勵學生閱讀之用。

（九）學生旅行分享活動

班級生活中，教師可以要求學生在週休或放長假時，如果學生和家人外出旅行的話，可以將旅行所經之處的相關訊息，蒐集整理作為分享之用。教師可以在班級教室中，規劃旅行分享活動單元布置，請家長和學生協同布置並分享。

（十）生活經驗分享活動

生活經驗的分享可以促進師生之間的關係，強化同儕之間的互動與友好，凝聚班級的向心力。教師可以在班級生活中，規劃各種生活經驗的分享活動，以各種主題和單元分享的方式，引導學生作生活經驗的分享。

五、生命教育的實施

班級活動中生命教育的實施是相當重要的，該活動的設計是結合學生對生命的重視，強化對生命現象的各種積極態度，透過對生命教育的實施，讓學生在班級生活中可以加強對生命現象的重視，進而重視自己的生命、他人的生命，而珍惜自己的生命。

（一）生命教育活動設計

單元名稱	尊重生命、欣賞生命
適用年級	國小六年級
時　　間	一節40分

教學目標

1. 幫助學生認識生命，進而欣賞生命的豐富與可貴。

2. 協助學生如何珍惜生命與尊重生命。

3. 引導學生用愛心經營生命與思考生命的方向。

教學活動

一、準備活動

1. 先將全班分為六組。

2. 教師準備一盆真花與一盆人造花。

二、教學階段

（一）階段一：8分鐘（教師引導）

　　　1. 教師講述得到癌症的七歲小朋友周大觀的生命故事。

　　　2. 介紹周大觀七歲時就開始創作的詩。

　　　3. 引導學生思考這個故事帶給自己什麼生命的啟示。

（二）階段二：6分鐘（師生互動、同學發言）

　　　1. 請學生說出自己最喜歡的植物，並說明為何喜歡它。

　　　2. 辨識真花和人造花，並討論它們的特點。

　　　3. 思考會選擇哪一種花送給朋友。

（三）心情點播：8分鐘（小組討論、分享）

　　　1. 學生把自己對生命的感受，用一首音樂表達出來（如：命運交響曲）。

　　　2. 學生也可將歌詞寫下來，跟他人一起分享。

（四）訪問：11分鐘（經驗交流）

　　　1. 請學生訪問班上一位同學，請他告訴你一個有關「緣分」的親身經驗。

　　　2. 請學生上臺發表這個經驗。

三、反省與行動階段：7分鐘

　　　學生在上完這一節生命課程之後，老師發下學習單，指導學生完成：

（一）反省

　　　反省一：當你一天起床時，你的第一個想法是？

反省二：惜福是什麼？舉例說明。

（二）行動

行動一：臺灣是個美麗之島，在這土地上有許多美麗的生命，如墾丁的珊瑚、七股的黑面琵鷺、花蓮的鯨魚、淡水的紅樹林等，你看過嗎？如果沒有，可以去體驗一下。

行動二：請選擇一天親身去照顧嬰兒、陪伴老人，說出你的感受。

（三）生命教育活動設計

1. 單元目標

(1) 養成尊重生命、愛護動物植物的心。

(2) 瞭解每個生命的獨特性、自主性與價值性並涵育尊重生命的尊嚴。

(3) 瞭解生命的可貴，要珍惜自己及他人的生命。

(4) 瞭解生命的無常。

2. 準備工作

(1) 活動前一週要求小朋友回家種植綠豆（或紅豆、小麥）的植物並觀察、記錄其生長的情形及種植、觀察時的心情感受（以照顧者身分對它說話）。

(2) 事先分好組。

3. 活動過程（40分鐘）

(1) 引起動機（3分鐘）

老師告訴學生一則真實的故事：俊翰在出生滿週歲時，即因不會坐、不會爬而由臺大醫院診斷得了「進行性脊椎肌肉萎縮症」預測只有三到四年的生命，從此俊翰及其父母走上了不斷與死神拔河的人生旅程。由於俊翰身體狀況欠佳的關係，抵抗力很差，小小的感冒常會讓他導致肺炎而住進加護病房。

(2) 討論（8分鐘）

老師提問題讓小朋友思考：

①如果你是俊翰，被醫生判了「無期徒刑」你最想做的是什麼？

②如果你是俊翰，身體抵抗力很差、很容易生病，你會到學校
　上課嗎？

③如果你是俊翰的同學，你會有什麼想法？怎麼對待他？最想
　對他做的事是什麼？

④如果你是俊翰的媽媽或爸爸，你會怎麼安慰俊翰？

⑤如果有一天你要離開人世，你希望別人在你的墓誌銘上寫什
　麼？

請幾位小朋友出來分享想法。

討論結束後，老師將這個故事說完：強烈的求生意志及父母的
鼓勵，使俊翰更加堅毅、勇敢並珍惜自己每一分鐘的生命，非
常努力的學習盡力做好每一件事，以高分考上新竹中學，而且
他的成績一直是班上的第一名。

(3) 分組討論種植植物的心得（7分鐘）

①分享如何種植、照顧各種植物。

②分享在你照顧、栽種下，此植物有何改變或其生長情形如
　何。

③分享種植時的心情。（特別是種植失敗者的心情）

此活動可串連自然科中的植物種植，當然也可與動物教學連
結。

(4) 請各組派一位小朋友起來報告（6分鐘）

(5) 「新生的蛋」活動（12分鐘）

①先在白紙上畫一個蛋（這個蛋代表個人生活中有新的開始）
　把這個蛋設計成你喜歡的樣子，儘量讓這個蛋多彩多姿。

②完成後將蛋剪下來。翻過來在背面列出有哪些事是你希望自
　己死前可以完成的。

③全班完成後，讓同學分享內心深處的新生願望。

(6) 老師作結論（4分鐘）

每一種植物和生物都有生有滅，一個生命的結束其實是另一生
命的開始，就像蝴蝶交配後產卵，然後雙雙死亡，卵孵化成毛

蟲結繭，再長成蝴蝶。

生命是可貴至高無上的，我們知道要栽培、照顧生命是何等不容易，但是將它毀掉卻只在一念之間。所以要尊重、珍惜每個人的生命，學著珍愛自己，也關愛別人。

親愛的小朋友：

這是一棵由你親手種植的「生命之樹」，要好好照顧喔！此外，按照每天生長的情形，為它留下成長的足跡，並把你當它的小爸爸、小媽媽的心得記錄下來。

生長 日期	生長情形	小樹我要跟你說……
星期日		
星期一		
星期二		
星期三		
星期四		
星期五		
星期六		

在一星期的照顧後，我的心得是……

_____

_____

_____

_____

♣ 童年只有一次，不要剝奪孩子作夢的權利。

♣ 孩子是一獨立的個體，不要期許孩子為你完成未完成的夢想。

✤ 孩子最可貴的就是他的天真，不要給他太多餘的負擔；有些家長總以為不讓他的孩子輸在起跑點，就必須在他小的時候讓他學習很多的才藝，結果，反倒弄壞了孩子學習的胃口，這才真是讓孩子輸在起跑點了。

✤ 給孩子足夠的發展空間，讓他快樂自由長大，讓孩子在他們的認知階段學習他們應該學習的課題，並適時的引導他們多方面的興趣與認識，給他們一個健康、快樂的童年，我想，這才是給孩子最大的財富。

本章討論問題

一、請論述肢體語言如何運用在班級經營中？

二、請說明笑話如何運用在班級經營中？

三、請說明班級活動設計的要領與內容。

四、請說明在班級經營中，如何有效實施生命教育？

五、請設計一份班級活動實施計畫。

第八章

班級組織的運用與管理

　　班級組織子運用與管理，涉及教師班級經營成效的達成問題。教師如果可以有效運用各種班級組織的話，對學生學習參與有正面的意義，同時可以提高班級經營效率。

一、班級幹部的組織與選用

（一）幹部選用標準

　　在班級幹部的選用方面，教師應該以「人人有機會、個個能上榜」方式，讓全班都可以有擔任幹部的機會。比較理想的方式是依據學生在各方面的表現，作為遴選幹部的參考，讓學生可以從擔任幹部中，學習服務的精神。

（二）幹部的選拔方式

　　班級幹部的選拔方面，教師可以依據自願、推選、輪流、內閣制的方式處理，讓班級幹部的選拔更制度化。如果是國小高年級以上的學生，在幹部的任用方面、可以考慮以內閣制的方式，由教師依標準選任班長之後，再由班長以內閣制的方式負責班級的各種重要事項。

（三）全班都是長

　　班級幹部的選用，應該讓全班學生都有參與的機會，教師可以針對全班的公共事務，細分成各種職務，讓全班學生都有擔任幹部的機會，同時透過「全班都是長」的理念，凝聚學生對班級的向心力。

二、班級圖書館成立與管理

　　班級圖書的管理與成立，有助於提升學生對圖書閱讀的能力，透過閱讀習慣的養成，可以提高學生的語文能力。可以讓學生從班級圖書館的成立與運作，學習基本的圖書管理技巧和能力。

（一）班級圖書來源

　　教師在班級圖書的來源方面，可以商請學生家長將自己家裡的讀物，借給班級成立圖書館。如果家長願意的話，可以將家裡的書捐贈給班級作為成立班級圖書館之用。此外，教師可以聯合全年級的教師，將學校圖書館適合該年級閱讀的書刊，稍加整理之後置放在班級，如此可以提高學生的閱讀率，也可以減少學生到學校圖書館借書的不便。此外，教師也可以和社區機構以募書的方式成立班級圖書館，充實學校的圖書設備。

（二）圖書編目與登錄

　　班級圖書應該經過適當的分類、編目與登錄之後，提供學生借閱之用。在班級圖書整理過程中，教師可以在圖書背面黏貼閱讀紀錄表，鼓勵學生閱讀並在閱讀之後簽名之用。如果圖書是屬於捐贈的書籍，應該在每

一本書的封底黏貼一張捐書感謝函，感謝贈書者的美意。

範例：

親愛的同學：

你能閱讀這本書是因為○○○同學發揮愛心的捐贈，請你好好閱讀它，也請發揮公德心好好愛惜它，因為還有許多同學要閱讀它。

（三）圖書分類編號

1. 分類、編號

將書本加以分類、編號，例如：文學類為「1」，科學類為「2」，同一類書籍可以順序編號，再將此書號製成自粘標籤，塗上不同顏色後，黏貼於書背下方。

例如：文學類（紅色）101、102……

101

科學類（綠色）201、202……

202

最後，要在每本書的最後一頁貼一張歸還日期提醒單（日期由圖書長於借閱時填寫），幫助借閱者記住歸還日期，以免逾期受罰。

範例

借閱歸還日期	
94.5.20	

2. 登錄

設置一本「班級圖書清冊」，按圖書類別、收到先後順序，登錄在清冊裡列管。

範例

編號	書名	作者	出版社	金額	本書來源	備註
1001	中國童話故事	林進材編	五南出版	150元	○○○家長捐	

3. 製作書插

請學生自備一支20公分的塑膠尺，並用油性筆書寫上自己的座號，當作書插用。

4. 製作「圖書借還登記冊」

範例

圖書借還登記	借閱日期			
	書名			
	借閱者			
	歸還日期			
	組長簽名			
	備註			

5. 布置環境

教師可以在教室中規劃一個溫馨的「圖書角」，書櫃上可擺置小盆栽、小草花加以美化，地上可鋪上海棉地板，擺張小桌子，使之感覺更舒適。

（四）訂定班級圖書借閱辦法

教師可以指導學生擬定班級圖書借閱辦法，並將辦法公布在圖書角比較明顯之處，辦法參酌如下：

1. 本班學生借書前，必須先向圖書長登記。

2. 借還書時間：每節下課時間，其餘時間不得借還。

3. 每人每次限借一本，一週之內歸還，如有需要，可向圖書長申請
    延後三天歸還，但以一次為限。

4. 每次借書前，必須將前次所借的書籍歸還後，才可再借書。

5. 不可在書籍上任意塗鴉或畫記，如有污損或遺失，照價賠償。

6. 如果逾期超過三天，喪失借書權一星期。

（五）鼓勵班級閱讀計畫

教師在成立班級圖書館之後，緊接下來就是擬定鼓勵學生閱讀的辦法。在鼓勵班級閱讀計畫方面，可以包括成立班級讀書會、舉辦閱讀活動、製作班報、閱讀心得報告、書香排行榜、好書推薦等方式，鼓勵班級學生閱讀。

三、學校生活競賽

學校生活競賽是班級活動中重要的項目，教師應該在開學初期就向學生說明各項生活競賽的重要性，以及實施的意義和辦法。讓學生可以瞭解學校實施生活競賽的意義，並思考班級如何同心協力做好各項生活競賽的準備工作。

（一）全班討論

學校生活競賽的實施與具體的辦法，應該利用班會時間，師生共同討論，如何從生活競賽中爭取榮譽，透過討論的方式形成全班的共識。讓全班學生瞭解行為表現應該達到何種程度，才能爭取榮譽。

（二）決定方法

學校生活競賽的內換和標準，除了透過全班共同討論之外，也應思考如何作，才能達到學校的標準。

（三）獎勵與增強

如果班級在學校生活競賽方面得獎的話，教師應該給予全班獎勵以為增強。教師同時也應該讓學生瞭解，哪些表現可以贏取獎勵？哪些行為表現是不符合標準的。

（四）避免過於目的化

學校的生活競賽應該符合教育目標，或是依據學校經營的理念而形成的策略，透過生活競賽的實施，同時可以激發班級學生的向心力，凝聚學生對班級的情感。然而，在生活競賽方面不可以過於目標化，而忽略生活教育競賽本身的教育性。

（五）結合教育理念

班級討論生活競賽得獎的方法與標準，應該避免過於強調得獎而將教育理念忽略，在生活表現方面應該儘量以自然、人性化的方式，將得獎視為班級重要目標。

四、班級網頁的設計

（一）班級網頁的設置目的

1. 配合資訊化趨勢

有鑑於資訊科技的進步與軟硬體設施價格的低廉以及網路的普及，使得人人都有機會接觸電腦，透過彈指神功的能力，迅速獲得世界各地所發生的大大小小的事情。班級網頁的設置有助於傳遞一些學校教育相關資訊、公告事項等。此外，配合「班班有電腦、家家有網路」的教育理想，班級網頁設置可以使得班級所發生事情、所舉辦的活動，甚至任何班級事務都可透過網路傳達給家長與學生並作良性的互動，達到教學相長的成效，並可以達到無紙化的教學環境。

2. 增進師生溝通

班級網頁的設置，有助於學生和教師的溝通互動，尤其部分學生在學

校不敢和教師接觸，可以藉著班網上的留言版或是意見箱，都可以直接跟老師分享與溝通，而且老師也可以先在網路世界中回覆，以後有機會可以再找學生溝通，如此可以避免因為老師校務繁忙而無法給予學生回饋。

3. 提供作品分享

班級網頁的設置可以提供教師、家長、學生作品展覽的機會，使每個人都能瞭解別人的專長與優點，藉此相互學習互相切磋而達到「三贏」的局面。

4. 增進班級凝聚力

班級網頁設置之後，可以提供學生另類學習的機會。學生可以撥空上網看看屬於自己那個團體的網站，藉此對班務有所瞭解，也讓學生有屬於班上一分子的共識，使學生對班級更加認同，漸漸的凝聚成對班級的向心力。

5. 促進親師溝通

班級網頁可以增進親師之間的溝通，透過班網上的上課花絮照片資訊，家長可以看得到學生在學校的生活；經由老師寫的班級經營理念，家長可以知道老師的想法與作法；藉著留言版上的互動，親師之間的關係也會越來越融洽。老師可以直接在網路上先回答家長迫切性的問題，找時間再和家長溝通，讓家長的疑問有即時的回饋，達到更進一步的親師互動。

6. 深化學生學習

班級網頁可以開闢學生學習專欄，將教師在課堂上因為時間因素無法滿足學生需要的學習題材，透過網頁上的資源分享，程度好的學生，可以挑戰更進一步的問題或是連結到相關網站找尋相關資料以補課堂上的不足；而程度不好的學生，也可以再做複習，甚至看其他的基本知識，或是連結到其他網站找尋符合自己程度的資料。

（二）班級網頁設計的前置作業

班級網頁的設計需要運用到電腦概念與相關軟體，教師必須在設計班級網頁前，對前述概念有相當的瞭解，才能做好網頁設計的前置工作。有關網頁設計的相關軟體略述如下：

1. 熟悉網頁編輯軟體

首先要瞭解「HTML」的基本語法，並熟悉目前市面比較普及的編輯軟體，如：Microsoft的FrontPage 2002、Macromedia的Dreamweaver MX、NAMO Webeditor 5.5等編輯軟體，如此才能快速的作出最基本的網站。

2. 熟悉影像與聲音處理軟體

目前市面上此類的軟體太多，可以找比較熟悉的軟體作為入門的工具。影像軟體有Photoshop 8、PhotoImpact 8等不其數。聲音軟體有CoolEdit等工具。

3. 熟悉其他特殊的程式語言及應用軟體

熟悉這方面工具的軟體可以做出生動活潑的CAI網站，甚至與使用者有互動效果的網站，達到獨具聲光效果與寓教於樂功能，並成為吸引學生流連忘返的地方。主要的工具軟體有FLASH、JAVA、ASP、PHP等軟體。

（三）網頁的設置

1. 決定班級網頁名稱

班級網頁的名稱，教師可以結合班級特色、氣氛與學生的特性，和學生共同討論名稱，或是用票選方式決定網頁名稱。

2. 擬定班級網頁架構

班級網頁架構的擬定，可以參考國內其他小學的作法，透過相關資料的蒐集之後，再依據班級實際上的需要，擬定班級網頁架構。有關班級網頁項目可以參考下略統計表。

國內班級網頁內容項目統計表

網頁大項	百分比	名次
學校首頁	12%	
我們這一班	16%	
教師檔案	31%	8
學生檔案	86%	1
班級經營	28%	9

（續上表）

網頁大項	百分比	名次
課表與行事曆	52%	3
教學園地	19%	
學習步道	17%	
充電站	19%	
生活花絮	83%	2
學生作品	24%	
英雄榜	40%	7
公布欄	49%	4
留言版	42%	6
親師合作	27%	10
休閒區	13%	
作業繳交區	1%	
好站報報	46%	5
計時器	7%	
最新更新時間	3%	

3. 班級網頁內容

一般學校的班級會依據學校教育目標、班級經營特色、學生學習需要等決定網頁內容，作為班級網頁製作參考架構。

(1) 學校首頁：介紹學校特色、簡報、教育宗旨等，學校想要讓訪客瞭解的各項資料。

(2) 我們這一班：班級特色、班級願景、班級公約、班級幹部、班刊、班歌、班級吉祥物等。

(3) 教師檔案：導師個人檔案（含教學計畫、教學理念）、認識各科師長。

(4) 學生檔案：班級成員照片、簡介本月壽星、每月一星（他人眼中的你）、信箱總表。

(5) 班級經營：班級經營計畫書、獎懲制度、累積點數區、教室布置、學習角、本月座位表。

(6) 課表vs.行事曆：學校行事例、總體課程表、本班日課表。

(7) 教學園地：主題活動網、教學資源（教案）、學習單、線上測驗區、試題評量。

(8) 學習步道：靜思語、成語充電站、唐詩教學、臺語唸謠、大家說英語、數學週記、創意天地、地方介紹。

(9) 充電站：好書報報、時事新聞、生活百科、藝文櫥窗。

(10)生活花絮：活動剪影、戶外教學、生活週記。

(11)學生作品：作文、美勞、創思、專題報導、書法、壁報、網頁、其他。

(12)英雄榜：成績優良、表現優異、各項競賽等。

(13)公布欄：最新消息、班費明細、老師的叮嚀、家庭聯絡簿。

(14)留言版：討論區、心情留言版、給老師的悄悄話、意見箱。

(15)親師合作：班親會組織架構表、親師溝通（書信文件）、班親會。

(16)休閒區：心理測驗、星座物語、笑話連篇、線上遊戲、出遊何處去、遊戲軟體下載、音樂網、寵物屋子。

(17)作業繳交區：由教師提供當天功課內容，並讓學生繳交相關的作業。

(18)好站連結：提供內容豐富的相關網站。

(19)瀏覽人數：計算班級網頁瀏覽人數統計功能。

(20)最新更新時間

4. 編寫網頁

　　教師在編寫網頁時，應該瞭解使用的對象，如果是低年級的話，應該加上注音，中、高年級則依據學生的成長加上各種功能。在內容方面可以考慮：(1)顏色搭配的使用；(2)最好有童趣圖案；(3)文字清楚、敘述正確；(4)有明顯的主題；(5)字型使用電腦預設的。此外，在網頁主要功能方面應該包括：

(1) 主選單：主要將網站上的資料分門別類的放置，讓使用者能依照類別觀看網站的內容。

(2) 次要選單：猶如主選單的功能，只是將資料分類的更細，才不會讓網站看起來雜亂無章。

(3) 首頁標誌：主要是班級網頁的站名或是加上該班的班徽。

(4) 最新消息：將有關本班的最新訊息、活動、課程傳達給學生或家長。

(5) 系統維護資訊：主要告訴使用者本網站的版權、更新日期及最佳的欣賞設定。

（四）網頁使用注意事項

1. 注意隱私權

避免將學生的詳細個人資料刊登於網站上，以免有心人士的利用，而使學生遭受不必要的騷擾與勒索。如果要刊登資料的話，最好設計保密的措施，使要查閱資料的人鍵入密碼以作辨識。

2. 尊重智慧財產權

若在網站中使用到他人的作品需事先告知本人，需將經過本人的同意後才可將資料（圖片、聲音、文件、影片⋯⋯等）使用於網頁中，並將取得的資料來源貼於網站上。

3. 尊重言論自由

在網站上所發表的言論，不可對他人做人身攻擊為原則，或不可發表不實的言論。

五、班級輔導活動計畫

◎活動內容說明

●主題一：我是誰

活動一：小照片會說話

(一) 適用年級：低、中年級

(二) 活動時間：新生或剛分班的開學之際

(三) 活動要旨：瞭解自己、瞭解別人

(四) 具體策略

　　1.設計活動學習單一張，請小朋友回家完成。

　　2.學習單內容包括：全家福合照一張、家人介紹、我的興趣、其他……
　　　（依年級及班級特色而定）。

　　3.讓每位同學先在小組中分享、討論自己的學習單內容。

　　4.請小朋友上臺發表，並請臺下小朋友一一記住同學的名字。

　　5.將發表完的學習單張貼於教室布告欄中，以利小朋友認識彼此。

活動二：每週一星

(一) 適用年級：中、高年級。

(二) 活動時間：利用每週班會時間或每週利用一次的晨間活動時間，召開「每
　　週一星發表會」。

(三) 活動要旨：更深入的認識同學並肯定每位同學的獨特性。

(四) 具體策略

　　1.每週一星的選定：採抽籤的方式輪流，於每週的「每週一星發表會」結
　　　束前，抽籤選出下週的明星。

　　2.設計每週一星活動式海報，每週更換當事人的名字。

　　3.請同學觀察每週一星好的表現及其個人獨特的地方。

　　4.「每週一星發表會」上請當事人先充分的介紹自己，然後請同學們發表
　　　對他的讚揚及鼓勵的話。

　　5.由文書股的同學將發表會上的內容記錄下來，製作成每週一星認證卡，
　　　送給當週的每週一星。

●主題二：認識彼此

活動三：小記者大出擊

(一) 適用年級：二至六年級。

(二) 活動時間：開學一個月之後。

(三) 活動要旨：加強人際互動、增進同學之間的深層認識。

(四) 具體策略

1. 設計小記者訪問卡。

2. 訪問卡的內容包括：受訪者姓名、生日、血型、星座、興趣、最喜歡的電視節目、最喜歡的課目、最喜歡的動物、最喜歡的食物……。

3. 每個人發一張訪問卡，分別去訪問同學，每位同學只能受訪一次。

4. 訪問時間結束後，請各位小記者來發表其訪問所得的資料，並請其他同學一起來猜猜受訪者的身分。

活動四：餅乾盒遊戲

(一) 適用年級：一年級新生或三年級剛分班的班級。

(二) 活動時間：開學二週之後。

(三) 活動要旨：藉由遊戲的方式，來幫助小朋友記住彼此的姓名。

(四) 具體策略

1. 遊戲方式：可分為6-7人一組小團體先進行遊戲，最後再整合成全班一起玩的方式。遊戲進行時，請每組圍成一小圓圈。

2. 遊戲開始時，請小朋友用手打拍子配合口訣。

3. 遊戲口訣

Leader：是誰偷了餅乾，從那餅乾盒？

全　體：不是我！

Leader：就是你！

全　體：不可能！那是誰？

Leader：小牛偷了餅乾，從那餅乾盒。

※小牛：不是我！

全　體：就是你！

小　牛：不可能！

全　體：那是誰！

小　牛：大馬偷了餅乾，從那餅乾盒。◎

大　馬：不是我！………

……（遊戲反覆進行）從記號※到◎進行反覆。

4. 遊戲中如果講不出名字或互喊對方的名字就算輸了。

5. 可請每組輸就多次的同學表演一首歌曲或其他表演。

●主題三：角色扮演

活動五：服務小天使

(一) 適用年級：中、高年級。

(二) 活動時間：利用每週班會時間或每週利用一次的晨間活動。

(三) 活動要旨：請小朋友扮演付出者的角色，養成付出的習慣，並從此活動中習得感恩周遭別人對我們的付出。

(四) 具體策略

1. 每週由老師抽出一位服務小天使，但先不對所有同學公布，只告知當事者。

2. 服務小天使在一週內默默地為大家服務，並自己記錄做了哪些服務的事蹟。

3. 請服務小天使於一週服務後寫出心得，由老師唸出其服務心得。

4. 請其他小朋友體會一下，這星期誰是默默為我們服務？猜猜本週的服務小天使是誰？

5. 請小朋友說說對他的感恩話語，感謝小天使的付出。

活動六：小天使與小主人

(一) 適用年級：四至六年級。

(二) 活動時間：利用學期中的一個月時間分四週進行。

(三) 活動要旨：藉由扮演小天使的角色，能夠學得付出自己的關懷來關心他人。

(四) 具體策略

1. 每位同學抽出一位小主人的名字，成為小主人的小天使，但不可以讓小主人知道自己的身分。

2. 於活動期間，默默付出對小主人的關懷之意，如寫關懷小卡片，幫他一起抬東西、下課和他玩遊戲……。

3. 設計小天使與小主人交流園地的大海報，可讓小朋友在海報上寫出對小主人的關懷問候話語，同時也可以寫給小天使，感謝他的付出。

4. 第四週，舉辦大揭曉活動。由一位小朋友先上臺，發表他的小天使對他的關懷有哪些，對小天使的感謝話語，最後猜猜小天使的名字，請小天

使上臺和小主人擁抱或握手，說說感言，當後接著猜猜自己的小天使是誰？如此一直循環下去來揭曉。

5. 活動結束後，可以請小朋友寫一寫整個月來的活動心得。

●主題四：凝聚班級向心力

活動七：超級任務

(一) 適用年級：中、高年級。

(二) 活動時間：班級需要培養凝聚力的時機。

(三) 活動要旨：培養凝聚力及合作精神。

(四) 具體策略

1. 設計一個讓全班合作共同完成的任務。

2. 任務建議

(1)堆沙築城。（到沙坑去，全班合作堆出一條萬里長城）

(2)我們這一班。（共同創作巨幅圖畫，畫出我們這一班）

3. 任務設計時，要注意是讓全班每位都能參與的活動。

4. 活動要限定時間完成，讓同學們都感受任務的急迫性。

5. 活動開始前，要先告知完成後的獎勵，只增強其完成動機。

6. 活動完成後，老師要給予讚賞，並告訴同學老師最欣賞的是過程中，全班一起合作的哪些精神……

活動八：許願樹

(一) 適用年級：二至六年級。

(二) 活動時間：在學校舉辦運動會或其他班際比賽之前二週。

(三) 活動要旨：凝聚全班的向心力，激勵其奮鬥的力量。

(四) 具體策略

1. 製作一棵許願樹的樹幹。

2. 用小卡片製作成葉子及果實的圖卡，發卡給每位小朋友。

3. 小卡片上寫出對班上表現的願望或對某位選手的鼓勵。如：希望運動會接力賽跑得第一。

4. 每位同學分別唸出自己的願望，其他同學一起複誦之，祈禱後貼於許願樹之上。

●主題五：凝聚班級情感

活動九：愛的祝福

(一) 適用年級：中、高年級。

(二) 活動時間：每次月考前或年終歲末之時。

(三) 活動要旨：表達對同學的關心，讓同學感情更加親密。

(四) 具體策略

　　1. 每次發給每一個人10張要給同學的小卡片。

　　2. 請同學根據這次的主題寫上祝福的話語，內容至少要20個字以上。

　　3. 寫完之後，誠心誠意的交給同學，並口說祝福語。

活動十：優點大轟炸

(一) 適用年級：中、高年級。

(二) 活動時間：學期結束之前。

(三) 活動要旨：藉由同學之間的互訴優點，增進全班同學情感。

(四) 具體策略

　　1. 每個人發10張有背膠的小卡片。

　　2. 卡片上寫上同學的具體優點，寫出本學期中具體之優良行為，而非你很好、你很優秀的形容詞。

　　3. 請全班同學輪流上臺接受優點大轟炸。一位同學上臺後，其他同學輪流唸出他的優點，唸完後將卡片貼在其身上。

　　4. 最後每位同學身上都會貼滿了優點。

　　5. 老師也可以參與活動，事先寫好每位同學的優點。

六、社會資源的運用

　　班級經營中運用社會資源於課程與教學中，對學校教育的促進具有正面的意義。教師在學校教育中，應該針對社會資源進行統整，將社會資源結合學校教育目標，有效運用社會資源可促進教師教學活動的實施。

（一）社會資源運用的原則

　　社會資源運用在學校教育方面，包括社區中的人力資源、財物資源

及各種天然資源等。教師要能充分運用社區資源，才能真正活絡教學，落實教學與課程革新的目標。在社會資源的運用方面，應該注意下列幾項原則：

1. 評估效益以切合需要

教師在運用社區資源之前，應該謹慎評估社區資源對學校教育的效益，如果負面效益高於正面效益的話，就應該要特別注意，例如：家長進入學校教學，如果影響甚至干擾班級教學活動的話，就應該給予相當程度的拒絕。因此，在運用各種社區資源前就應該謹慎，以免造成負面的影響。

2. 重視創新以切合教育

社區資源的運用也應該強調創新的積極意義，在運用社區資源的同時能否提供最大或雙面的效益，讓雙方都可以從社區整體營造過程中，獲得最大的效益。如果社區資源的運用，僅以傳統的觀念進行非關專業方面的片面合作，學校就應該考慮。

3. 主動聯繫以建立共識

教師在運用社區資源時，應該化被動為主動，經常性地和家長與社區聯繫，從不斷溝通、協商過程中，建立合作的機制和建立共識。此外，從主動聯繫中可以瞭解社區對學校的期許，以及家長對學校教育的關心程度。

（二）社區資源運用的途徑

1. 行政措施方面

學校在運用社區資源時，在行政措施方面可以依據社區資源的特性，成立各種推動小組，在小組中研擬運用社區資源的方式，並且調查社區資源的類型，針對調查結果形成檔案資料。此外，行政運作方面可以將社區資源整理分類建檔，鼓勵學校人員主動參加各種社區活動，以便建立溝通管道。

2. 人力資源方面

在人力資源方面，教師可以運用班親會組織力量，推動親師合作以

建立親職教育，並且透過親師溝通宣導各種教育革新的理念，鼓勵家長參與學校課程設計。此外，可以推動義工制度，組織各種任務特性的義工團體，協助學校推展各種活動，例如：導護工作的協助、晨光時間的實施、校園糾察隊的組成等。再者，鼓勵教師參與社區的各種活動，融入社區的特色並且建立鄉土教學資源，使課程設計融入鄉土特色。

3. 財物資源方面

在社區資源的財物資源方面，學校可以考慮成立各種文教基金會，由社區熱心人士提供各種財力資源，作為協助有急難需要的學生。此外，可以透過社區組織相關的後援會，透過活動的實施推展各主藝文活動、關懷活動；最後，可以運用各種社區場所，辦理各項團體活動。

4. 自然資源方面

在自然資源的運用方面，學校可以考慮運用社區人文特色，實施課程探索活動，將學校的課程與教學延伸至社區的每一個角落，透過社區與學校資源的整合，為學生營造一個具有社區願景的學習大環境。

如何處理學生愛告狀的情況？

✤ 反問小朋友希望老師如何處理，把問題丟回給學生。

✤ 若是在課堂中，不想影響教學進度，且事情沒有立即性，可跟小朋友說，老師下課再處理。

✤ 告訴小朋友，生病或受傷等緊急事件才要立刻報告，其他小問題，利用規定的時間，提出來共同討論。

本章討論問題

一、請說明班級幹部的組織與選用。

二、請說明如何成立班級圖書館成立與管理？

三、請說明如何指導學生參與學校生活競賽。

四、請設計一份班級網頁。

五、請擬定一份班級輔導活動計畫。

六、請說明在班級經營中，如何有效運用社會資源？

第九章

班級輔導的策略與運用

　　在學校輔導工作的推展中，依據輔導類型可分成生活輔導、學習輔導、生涯輔導。在班級輔導方面，通常是教師發現學生有偏差行為或反社會行為出現時，就提供適時地輔導。

一、重要理念與策略

　　在班級輔導活動的實施中，教師如何規劃與維持適當教與學的環境與氣氛，透過各種有效的策略，輔導學生在班級生活中正常的成長與發展，是相當重要的一環。一般而言，班級輔導的原則包括下列主要的本質（謝臥龍，1997）：

（一）預防重於治療觀點

　　當學生在班級生活中出現偏差行為時，教師要有能力給予專業方面的引導，透過班級輔導活動的實施，矯正學生偏差行為並鼓勵學生建立積極

的學習態度與目標。

（二）班級常規的設定以關懷為原則

班級常規的設定應該以關懷學生為主，而並非著眼於機械性的規範訓練，或是一堆嚴苛的教條，藉以提升學生在教室生活中的自我實現規範。如果教師的班級常規制訂，完全站在管教的角度上，缺乏對學生自我管理或關懷的角度，難免讓學生產生排斥的心理，或是對班級常規內容與規範產生負面的心理作用。

（三）適時地運用輔導與溝通技巧

在班級輔導過程中，溝通技巧的運用是相當重要的。研究指出，未來優良教師的特質必須具備良好的溝通技巧，以及班級輔導技巧。班級常規運作過程中，如果教師肯花時間不斷和學生溝通的話，學生比較容易接受班級各項規範，教師可以透過和學生溝通過程的眼神接觸、各種輔導技巧，瞭解學生的感受與需求。

（四）班級輔導應結合團體輔導

班級輔導活動的實施，通常需要和班級團體輔導結合，才能收到預定的效果。一般而言，教師會在班級生活中擬定各種班級目標，作為班級活動實施的依據和參考。

（五）班級輔導應該具有一致性與合理性

班級輔導活動的進行，應該著重於學生的啟發與鼓勵，並且要能具有一致性與合理性，才不至於在班級常規輔導中，形成前後矛盾或是雙重標準的現象，導致學生不知所措。

（六）增強良好的行為典範

教師在班級課堂中，針對學生良好的行為表現給予正面積極的鼓勵，有助於學生自信心的建立與自我概念的強化，教師應該多運用公開場合表

揚學生在班級生活中良好行為的典範。如

（七）嫻熟的班級輔導技術

教師在班級生活中，應該具備班級輔導的專業技術。才能針對學生的偏差行為，給予適時地幫助，尤其面對學生有反社會行為時，提供輔導專業方面的協助。例如：謹慎使用懲罰來訓誡學生，使其負面影響降至最低的程度；提供並說明可取代或消除不當行為的方法等。

（八）運用民主原則於班級輔導中

教師運用民主原則於班級輔導中，目的在於促使學生自我約束自己的行為與學習態度，使學生養成尊重他人與民主的風範，培養守法的精神與相互尊重的習性。

二、學生的情緒教育

學生情緒方面的發展與輔導，由於學生的感受敏銳，對外在事物及對自己的反應容易趨於激烈變化，情緒起伏波動非常大，對同儕與異性容易因微小事物而有愛惡分明的表現（黃德祥，1995）。

（一）情感反映策略

情感反映策略的運用，是教師透過對學生敏銳的觀察與關懷的態度，運用和青少年成長過程中所屬的語言與次文化，作為青少年情緒表達的主要方式。情感反映策略的重點在於讓學生有機會將自己的想法和情緒作適當的宣洩。

（二）行為輔導策略

行為輔導策略的原理是奠基於行為學派的理論觀點上，強調個體的行為可以透過各種外在的策略，給予適當的調整與修正。一般而言，學生情緒方面的輔導包括系統減敏感法、認知方法、洪水法、操作法及示範法，略述如下：

1. 系統減敏感法

系統減敏感法是以鬆弛作違反制約的媒介，先將令當事人產生焦慮的刺激，由弱到強作層次的安排，列成一表，然後訓練當事人做肌肉鬆弛運動，在當事人學會如何鬆弛而且感覺舒適後，令當事人想像在表上引起其焦慮最弱的刺激，如此將刺激重複與鬆弛狀態配對出現，直到這些刺激與焦慮反應之間的連結消除（鄭熙彥等，1985）。

2. 認知方法

認知方法是行為學派針對個人情緒反應所提出的輔導策略，在認知方法方面包括訓練當事人察覺自我的思想、感受、生理反應、人際行為；改變當事人消極的、不當的內外對話（internal dialogue），代之以積極的「內在語言」；並且加強對自我的信心，學習新的適應行為。

3. 洪水法

洪水法（flooding）的運用，是一種內在抑制法，教師將引起焦慮的刺激在短時間內不斷大量呈現或不斷想像，直到個體產生疲乏而對此不再產生反應為止。在運用洪水法時，教師要求學生想像引起焦慮的刺激，但本身不伴隨恐怖之後果，完全讓學生暴露於持續呈現高焦慮性刺激之下。

4. 操作法

操作法的運用源自於行為理論，教師在班級輔導過程中，運用增強、消弱、行為塑造或交互使用各種操作制約的方法，使學生的不當情緒反應消弱或減弱。

5. 示範法

示範法是運用真實的他人（包括師長或同儕）或錄音、錄影，為青少年示範正確的情緒表達方式，進而去除不情緒的方法。一般而言，示範法強調運用循序漸進與積極增強的步驟，使青少年察覺到如何以建設性的方式表達各種情緒（黃德祥，1997）。

（三）社會技巧訓練

學生社會技巧的訓練影響學生情緒表達。有關學生社會技巧的訓練，可以參考Goldstein等人在1989年提出的社會技巧訓練內容（如下表），作

為參考。

青少年社會技巧訓練內容（Goldstein等人，1989）

週次	訓練主題	訓練內容與過程
1	表達怨言	1. 界定問題性質及應該負的責任。 2. 決定問題應該如何解決。 3. 告訴對方問題所在以及如何解決。 4. 請求有所反應。 5. 表達自己對對方瞭解的情感。 6. 採取對應的步驟獲得共識。
2	對他人情感的反應（同理心）	1. 觀察他人的話語和行動。 2. 決定他人可能的感受，以及感受的強度如何。 3. 決定讓他人知道自己瞭解他人的情感是否有益。
3	為有壓力的會談作準備	1. 想像自己處於一個成功的情境中。 2. 思考你將如何感受，以及為何有此種感受。 3. 想像他人處於有壓力的情境中，想像對方的感受以及為何有此種感受。 4. 自我想像如何讓對方瞭解自己的想法。 5. 想像對方將如何講話。 6. 重複上述各種步驟，並盡可能想像其他各種可能的方法。 7. 選擇最佳的方法。
4	對憤怒的反應	1. 開放式傾聽別人想說的話。 2. 顯示自己瞭解對方的感受。 3. 請求對方瞭解自己所不瞭解之處。 4. 表明自己瞭解對方的憤怒。 5. 表達自己對情境的想法與感受。
5	避免吵架	1. 停止吵架，並想想自己為何想打架。 2. 決定自己所想要的後果。 3. 思考除了吵架之外，處理此種事情的方法。 4. 決定處理此種情境的最佳方法，並努力去做到。
6	幫助他人	1. 決定他人是否需要並想要自己加以幫助。 2. 想想自己可能幫助他人的方法。 3. 假如他人需要，並想要你去幫助他，就主動開口。 4. 幫助他人。

（續上表）

週次	訓練主題	訓練內容與過程
7	處理被責罵	1. 思考別人責罵的內容。 2. 想想他人為何會責罵自己。 3. 想想回應他人責罵的方式。 4. 選擇最佳的方式並付諸實施。
8	處理團體壓力	1. 思考他人要求自己做的事及其理由。 2. 決定自己想要作的事。 3. 決定告訴對方自己想要作的方式。 4. 告訴團體自己想要作的事。
9	表達情意	1. 決定你是否對對方有好感。 2. 決定他人是否想知道你的情感。 3. 選擇適當時間與地點表達自己的情感。 4. 決定如何以最好的方式表達自己的情感。 5. 以溫馨和關懷的態度表達情感。
10	對失敗的反應	1. 決定自己是否失敗。 2. 思考個人及環境造成自己失敗的可能原因。 3. 決定假如自己再次嘗試，有哪些不同的處事方法。 4. 決定自己是否再嘗試。 5. 假如適當的話，試著再做並使用自己修正過的方法去作。

　　教師在班級輔導實施中，有關學生情緒方面的輔導在社會技巧的訓練方面，可以考慮運用上述的訓練課程提供學生適當的情緒輔導方案，作為提升情緒發展的策略之用。此外，情緒教育輔導可以結合生命教育的實施，強化學生對自己情緒發展、生命存在現象的瞭解。

三、過動兒的處理

　　過動兒的處理是屬於相當專業的範疇，教師如果對特殊學生的處理不熟悉的話，應該透過學校專業人員的協助，或是有效地轉介給專業人員協同處理。

（一）過動兒的定義

　　一般對過動兒的定義，學理與文獻方面的資料相當分歧。通常過動兒

的正式名稱為「注意力欠缺過動障礙」（attention deficit/ hyperactivity disorder, ADHD）。主要的問題表現在三個層面：注意力不易集中、活動量過多、行為衝動。其臨床表現包括有：

1. 注意力不集中

此類學生在班級學習中，往往無法集中注意力。在教師教學活動進行時，無法全神貫注地學習，對於需要高度注意力的活動也無法全程參與。對於需要持久集中精神的事如做作業，會逃避或拒絕去做；工作或活動所需的東西，不知放在哪裡，嚴重的甚至連每天常規的事也都會忘記。

2. 活動量過多

此類型的學生，常常看到的是沒有辦法好好地坐在椅子上，不是動手動腳，扭動身體，就是坐立不安，上課時離開座位；跑來跑去，跳上跳下；靜不下來，不能從事靜態活動，有的話很多。

3. 行為衝動

此一類型的學生往往屬於外向型的，常還未聽完問題就回答，常打斷別人的談話或活動，不能乖乖得排隊等候。突然出手碰人，未經他人同意，擅自拿取他人物品，不管是否危險，他想做就做。

（二）行為問題處理

1. 專業的訓練

教師在班級生活中，如果有學生出現過動的傾向，教師應該採取「零拒絕」的教育態度，提供學生更多元的學習機會。

2. 建立信任關係

教師面對有過動傾向的學生，應該秉持著信任的師生關係加以因應。相信學生並非故意搗蛋的意念，在班級生活中隨時給予學生更多的關懷，讓學生瞭解教師是關心他的，隨時可以幫助學生的。尤其對學生的行為，儘量避免認為學生是「故意的」來解釋。

3. 提供練習的機會

教師對於有過動傾向的學生，班級學習中應該降低對學生的要求，應該儘量簡單、清楚，在每一個概念的講解之後，可以提供學生練習的機

會，說明結束之後，可以要求學生重述一遍，以確定學生瞭解教師的意思。

4. 空間安排以減少刺激為主

教師在過動兒空間的安排方面，應該儘量配合學生在心理方面的特性，班級空間處理上儘量以達到減少刺激和干擾為原則。一般的過動兒在空間的安排上，比普通學生更需要寬敞的空間，教師可以在教室的空間處理上，提供此類型學生寬敞的空間。

5. 因材施教

在班級生活中，教師必須面對來自不同家庭背景的學生，不同的生活經驗與文化刺激造就不同性格的學生。有過動傾向的學生，需要教師付出更多的關懷，落實因材施教的理念，在學習上指導學生和自己比較，而且在學生一有進步，就立即給予鼓勵。

6. 教導具體化策略

班級中如果出現過動兒，教師在教導策略上應該考慮多加運用文字圖形策略提醒學生應該注意的事項，強化學生的學習參與，如果學生的學習有進步，教師就立即運用行為改變技術給予增強，強化學生進步的行為。

7. 研擬個別教學計畫

學生如果出現過動的傾向，不管其行為的爭議性如何，教師仍該針對該學生的實際需要，研擬各種個跌教學計畫方案，輔導學生順利地在班級生活中進行學習。

8. 培養良好人際關係

過動兒在班級生活中，通常在人際關係方面是比較差的，和班上學生的互動關係需要教師不斷介入處理。因此，在班級生活中教師應該盡可能指導過動兒人際相處要領，進而培養良好的人際關係。

9. 良好親師溝通

過動兒的輔導與教學，需要教師與家長不斷地溝通以便形成共識，教師在面對過動兒輔導時，可以透過和家長、醫療團隊形成專業合作關係，充分交換學生得相關訊息，讓家長與其他人對過動兒有正面的瞭解。

10.運用觀察記錄

過動兒的觀察記錄對專業輔導是相當重要的，教師應該在班級生活中配合專業人員的需要，將學生日常生活中重要訊息加以記錄，提供醫療人員、專業人員及家長瞭解，作為進一步幫助學生的參考。尤其在藥物作用及相關治療細節方面訊息的提供是相當重要的。

11.適當的轉介

過動兒在輔導過程中，適當的轉介是相當重要的。教師在面對過動兒的同時，除了心懷「零拒絕」的態度之外，也應該在需要專業協助時給予適當的轉介。尤其在資源的運用方面，善用學校教育資源，與輔導、特教老師共同討論分工，必要時可轉介資源班。

（三）教學原則

過動兒在教學實施過程中，教師應該擬定教學輔導策略，提供學生在學習方面的適當策略。

1. 簡化原則

由於過動兒在學習過程中，和一般學生不同，需要教師更大的耐心。教師的教學應該以簡化為原則，在教學活動實施中，一次以一個命令或動作為原則，讓學生可以慢慢地完成教師教學上的要求，達到學習目標。

2. 增進課業參與感

過動兒在學習過程中，需要教師提供一些選擇的空間，透過各種策略的運用，增進過動兒在學習方面的參與。唯有在學習過程中提供更多的機會，才能引導過動兒進行有效的學習。

3. 加強活動機會

由於過動兒在活動量的需求方面，需要比一般學生更多的活動量。因此，教師應該在班級教學活動中，提供過動兒更多的活動機會，以協助他們消耗一些過剩的精力。

4. 制訂適當的教室規則

過動兒在班級生活中，需要教師確實地執行班級常規及獎賞標準，才能有效地規範其班級常規。

5. 實施緩衝期

教師維持或執行班級常規時，應該提供過動兒一段的緩衝期。讓過動兒可以有一段時間適應，如果一開始就執行的話，過動兒會適應不良，導致班級常規難以維持。

6. 有效的獎勵制度

教師在班級生活中，面對過動兒的行為表現，如果表現良好的話，立即獎勵他適當的行為，忽視他不適當的行為。當有傷害的行為時，立即阻止或暫時與團體隔離，並逐漸地延緩獎勵的時間並淡化獎勵以減低他對獎勵的依賴感。

7. 分散學習原則

如果班上有過動兒的話，教師在教學中應該採取分散學習原則。每段學習時間不超過二十分鐘，並穿插不同科目學習，先學習喜歡的科目，再學習較不喜歡的科目，使其較不易生厭倦之心。

8. 分段學習

除了在學習上採取分散學習原則之外，教師也應該考慮用分段學習的方式協助過動兒進行有效的學習。在教學中將工作或功課分成幾個段落，逐一做每一個示範動作教導他，再要求他自己完成整個工作或功課。

（四）輔導策略

過動兒在輔導與協助方面，需要教師更多的關懷與耐心，同時也需要在班級生活中更多的支持與鼓勵。過動兒的輔導原則與策略，和一般行為偏差學生的輔導原則不一樣，需要更多專業技巧的運用與實施：

1. 瞭解與接納

教師主動地瞭解過動兒的問題和困難，是輔導的第一步。由於目前中小學教師對過動兒的瞭解有限，缺乏專業之能方面的訓練。因此，面對過動兒時，因誤解而產生過多的不諒解。

2. 善用頻繁的鼓勵與運用即時的回饋

任何學生在班級生活中，都需要積極的鼓勵與即時的回饋。教師在教學中，當學生的行為達到要求的標準，或是比平日進步時，別忘了適時地

給予鼓勵增強。對於過動兒，他們需要更多更頻繁的回饋和鼓勵。當孩子做到的話，別忘了給予他即時的讚美和獎賞。

3. 兼顧正面鼓勵與負面處罰

對於過動兒的不當行為，教師應該採取適度的懲罰，針對該行為提供立即性的負增強，讓學生瞭解該行為是不被允許的。如果教師一味地給予學生鼓勵，過動兒僅瞭解哪些行為是好的，卻無法瞭解哪些行為是不被允許的。教師在處理過動兒的行為表現時，可以考慮運用「飽足原理」及「冷靜處理」，鼓勵優異的行為要先於懲罰負面的行為。

4. 善用忽略法則與增強原理

在班級生活中，對於過動兒的不當行為，比較理想的策略是採取削弱的原則，減少對學生行為的反應，以避免行程負面的增強作用。教師對於過動兒表現良好時，應該把握機會給予鼓勵增強，讓學生瞭解行為後所帶來的代價。

5. 一致性的態度

對待過動兒在態度上應該保持一致性，不可以因為各種因素而採取不一致的態度，否則的話，過動兒在行為遵循方面無法有一致的標準。教師在班級生活中，對學生的照顧與要求應該要一致，不可以因為學生本身的特性，就改變對學生的要求，同時也應該和家長溝通對孩子的態度，並且配合學校的教育措施。

6. 提供感覺統合訓練

由於過動兒在體力與精力方面過人，因此在班級學習中需要更多的發洩精力機會，教師要針對學生的需要提供設計各種感覺統合能力的訓練，讓學生藉由運動、或他喜歡從事的有趣活動，疏導旺盛的精力。或賦予他特殊的任務，如愛心服務等。此外，在活動設計方面可以運用定期的訓練，如滑板、推球、轉圈、運球等活動，讓學生達到精力發洩的作用。

7. 體諒與包容

過動兒在班級中常常出現衝動性的行為而讓教師感到頭痛，如果教師與家長對過動行為缺乏認知的話，就會誤解學生行為本身背後的動機，將學生行為歸因為不用心、不服從管教、上課不專心、不願意努力等。

8. 提供互動的機會

過動兒在班級生活中,很容易因為行為被誤解而人際疏離。教師在班級生活中,應該利用適當的時間向班上學生說明過動行為表現的特性,並運用各種活動設計,增進過動兒與一般學生的互動機會,從互動過程中引導學生學習,尤其是人際關係的建立,以及彼此關懷的情懷。

四、不守秩序的處理

要處理不遵守秩序學生的行為,必須先瞭解學生不守秩序的相關理論及形成的原因,作為處理的參考。

(一)形成原因

依據相關的研究指出,班級生活中不遵守秩序學生的行為,通常包括下列重要的因素:

1. 生理的因素

學生不遵守秩序在生理因素方面,例如:學生本身內分泌方面出現問題,或是即將進入青春期的學生,生理發展不協調,導致上課中無法遵守教室中的秩序。

2. 感覺統合失調

感覺統合失調的學生,在生理發展方面可能造成學生衝動、好動、坐立不安、上課無法專心的情形出現,影響教師的教學以及學生的學習進行。

3. 需求無法滿足

學生如果在成長過程中,需求無法得到適當的滿足,很容易形成學生負面的行為,藉以顯現其需要被注意、被瞭解的需求。換言之,學生在教室中不遵守秩序導因於需求無法滿足。

4. 空間規劃問題

一般傳統的教室在空間方面過於擁擠,導致因空間不足而引起壓迫感,學生在教室生活中,因為空間不足,容易和同儕產生衝突和摩擦的行為,進而影響班級學習秩序。

5. 運動量不足問題

學生在教室生活中，容易因為運動量不足的關係，多餘的精力無法發洩，轉而透過其他方式發洩自己的精力。此外，因為運動量不足的關係，讓學生無法抒解其情緒而容易情緒不穩。

6. 師生溝通不良

教師在班級生活中，如果慣用命令的語氣要求學生遵守，由於教師不當的溝通方式，如動不動以命令方式、批評的言語，容易造成學生叛逆行為出現，進而不遵守教室秩序。

7. 觀念差異問題

由於傳播媒體與資訊快速成長，提供學生各種錯誤的訊息。容易形成學生偏差的價值觀念，因而影響其行為。

8. 家庭環境因素

家庭環境的生活形態與父母的教養態度，影響學生在學校生活的表現。如果學生來自於比較自由的家庭，則對學校要求規律與常規的班級氣氛，比較無法適應良好。

（二）因應策略

教師面對不守秩序的學生，在班級生活中可考慮運用各種策略加以因應，並且要求學生在生活中遵守秩序。在不遵守秩序的策略方面，學者提供的建議策略說明如後：

1. 施加懲罰或口頭告誡

教師在學生不遵守秩序時，可以立即施加懲罰或口頭告誡，讓學生理解自己的行為已經嚴重影響班級生活的進行，必須立即停止該行為。

2. 剝奪某種學習權力

學生如果出現不遵守秩序的行為時，教師必須依據班規給予適當的處理。例如：剝奪學生某種學習的權力，或是終止下課時間、減少上圖書館閱讀的時數等，作為懲罰不遵守秩序的行為。

3. 實施班規要求

如果學生在班級生活中不遵守秩序的話，教師必須依據事先擬定的班

級常規要求，要求學生立即遵守秩序。

4. 討論策略

教師在班級生活中，應該引導學生討論班級生活中的各種行為表現，針對不遵守秩序的行為，給予適當的規範。教師可以運用班級活動時間，示範良好的班級行為與不佳的班級行為，讓學生有示範與楷模學習的機會。

5. 正增強策略

當班級學生出現不守常規行為時，教師可以運用各種增強或負增強的策略加以處理。例如：學生出現遵守班級常規時，教師可以給予立即性的獎勵，當學生不遵守班級常規時，教師可以運用各種負增強的策略，削弱學生的行為。

6. 改變狀況策略

此策略的運用是教師面對學生不遵守常規時，思考影響學生學習的各種外在因素，並且設法改變現在的情況，讓學生在班級生活中有機會調整自己的行為，進而遵守班級常規。

7. 運用削弱策略

削弱策略的運用通常是在學生出現不良適應行為時，透過策略的運用將偏差行為給予適當的矯正。教師在運用各種削弱策略時，應該瞭解策略本身可能帶來的負面作用。

8. 表達期望策略

教師在班級生活中，應該隨時讓學生瞭解教師對學生的期望，必且將期望化為可以遵守的行為標的，如此才能讓學生的行為有所遵循。

（三）輔導原則

教師在學生不遵守班級常規時，應該給予適當的輔導策略，讓學生的行為可以適時地調整，並且達到班級規範上的要求。一般而言，學生常規方面的輔導原則如下：

1. 親切感與安全感

班級生活中讓學生擁有親切感與安全感方面的歸屬是相當重要的，教

師應該讓學生在班級中可以擁有安全感，就不會對班級常規過於抗拒，進而遵守班級常規。

2. 建立自信心

在班級生活中，引導學生建立自信心是相當重要的。教師可以在教學中，提供學生自我表現的機會，多鼓勵學生以提供學生成就感，建立學生對班級的信心之後，才會有興趣參與班級的活動。

3. 訂定合理班級規範

班級規範的訂定必須要結合班級目標，在規範內容的訂定方面必須要合理，並且不會讓學生無所適從。在班級常規的訂定方面，高年級的班級可以透過師生共同參與討論，以形成班級常規。

4. 創新教學與變化

教學創新與教學活潑化，在班級教學中是相當重要的。教師如能在教學方面力求創新與變化的話，學生對學習內容就會引起高度的興趣，進而遵守班級常規。

5. 立即回饋原則

學生在班級生活中，如果表現良好的行為的話，教師應該立即給予適當的獎勵與回饋，讓學生的良好行為可以得到立即性的增強，進而固定良好的行為；如果學生表現不佳的話，教師也應該給予立即性的告誡，讓學生可以隨時調整自己的行為。

6. 獎懲應該一致或公平

教室訂定的獎懲辦法與內容應該儘量維持一致性和公平性，不可以因為學生的性別、學業表現或刻板印象，而有不同的標準。

7. 顧及學生的尊嚴

教師在處理班級學生各方面的問題行為時，應該儘量顧及學生的尊嚴和自尊心。學生犯錯違過時，教師應該處於輔導引導的角色，提供學生改過的機會，儘量避免在公開場所，給予學生難堪，以影響學生的尊嚴。

五、逃學學生的處理

依據相關指出，逃學學生多半是在學校的生活經驗或生活適應不佳、

學習上遇到挫折、人際相處困難等因素形成的。中輟學生和逃學、犯罪行為是相聯的。

（一）相關理論

學生逃學在心理狀況方面，皆是屬於由外在因素造成的。如對某位教師不滿，對某些學科的厭惡，對學校措施的排斥，或對父兄管教方式的反抗等，在分類上是屬於行為問題，是一種反社會或外向行為問題。通常逃學行為會和不良行為相伴隨，例如：吸菸、喝酒、賭博、偷竊等（林朝夫，1995）。

（二）影響因素

學生逃學的原因可以從相關的外在環境探討，一般而言逃學與家庭、學校、社會、個體等因素有關，分別詳述如下（林進材，民87）：

1. 家庭因素

逃學的家庭因素通常和父母的社經地位、婚姻狀況、管教方式、教育理念有關。在社經地位方面，社經地位低的家庭，在物質和教育尚無法提供充足的協助，而家中文化刺激比較少，學生容易產生自卑或仇視的心理。社經地位高的家庭，若因家中富裕，父母不加以有效限制，容易使學生不珍惜，在物質上面揮霍無度、遊蕩成性、漫不經心、缺乏責任感；在婚姻狀況方面，父母如果婚姻是不健全的，分居的、離婚的，家庭結構方面比較鬆散，對子女的照顧比較不周全、約束力低，如果學生面對挫折、壓力時，能得到的幫助有限，以致於形成逃學的行為出現；在管教方式方面，如果父母對子女的管教方式不當，容易讓孩子形成錯誤的價值觀，如果父母對子女的成長莫不關心的話，家庭缺乏溫暖，孩子對家庭缺乏認同感，孩子容易以逃學作為逃避或報復的手段。

2. 學校因素

因為學校因素形成的逃學，通常和學校的課程設計、學習生活是息息相關的。如果學生在學校生活是愉快的、充實的、成功的，對自己的學習生活就會充滿信心，且樂於上學。如果學生在學校生活是不快樂的、充滿

挫折的，學生就會將上學視為畏途。

在師生關係方面，因為學生在班級生活中和教師的關係處不好，或教師性格態度偏差，導致管教不當，讓學生對學習活動產生畏懼、排斥，使學生為了逃避、抗拒學習，進而為了報復老師而逃學。

在同儕關係方面，由於學生在班級生活中同儕關係不佳，缺乏同儕之間的認同及友誼，產生學習上的孤獨，缺乏認同和歸屬感。在課業成就上的表現跟不上同儕，容易在團體中產生自卑感，或者在學校受到同儕的恐嚇、欺侮、勒索等心生畏懼，進而形成逃學行為。

3. 社會因素

逃學的社會因素通常和社會風氣息息相關，社會風氣不良影響學生的價值觀念。近代社會充滿金錢、物質至上的錯誤觀念，凡事以金錢衡量，生活上偏重物質享受，精神生活空虛，相較之下，學校生活顯得相當枯燥、繁重、乏味，因此學生經不起社會上的一些誘惑，如果加上同儕方面不當的鼓勵，容易使學生選擇離開學校，在外面遊蕩。

4. 個體因素

逃學的體體因素和個人的生理、心理都有密切的關係。如果學生在生理方面跟不上同儕，在班級生活中容易產生莫名的自卑感，對班級生活缺興趣，因自卑感和缺乏信心而對學習產生厭煩。此外，部分學生因為心理方面的問題，不願意接受有規律的學校生活約束，在班級生活中無法和大家和平相處，凡事暴力相向的話，容易被班級同儕給予孤立，影響班級學習成效。

（三）輔導原則

逃學行為的出現多半是個體行為，學生一旦出現逃學的行為，接下來往往形成其他各種不良的適應現象。如說謊、粗暴、偷竊等反社會行為。教師在班級輔導活動的實施中，針對逃學行為的學生可以運用下列輔導策略：

1. 個別諮商與輔導

教師在面對逃學學生時，應該透過個別約談與諮商輔導的方式，瞭

解學生逃學的主要原因，再加以設法對症下藥，協助學生適應學校的各種
學習生活。通常逃學學生在學校適應方面，需要教師給予適時的輔導與協
助。

2. 教導壓力與情緒因應策略

學生逃學行為的出現，通常和自身情緒的管理和壓力的抒解有密切的
關係，教師在班級生活中，應該教導學生如何面對情緒困擾與壓力抒解的
方式。此外，讓學生瞭解逃學所造成的後果，個人是要為自己的行為付出
代價的。

3. 提供學生班級成功的經驗

學校生活中應該提供學生各種學習上所需要的措施，讓學生對學校
生活產生興趣，對學校生活的各種活動願意參與。因此，教師應該在班級
生活中給予學生適當的智能發展機會，減少以同樣標準要求不同學生的方
式，提供學生適性化、多樣化的學習機會，在班級教學中不斷給予正向的
回饋與積極的鼓勵。

4. 進行學習輔導與生活輔導

一般逃學的學生多半是對學校學習生活缺乏動機，或是在學習過程中
產生困難無法解決的現象，或是在班級生活中無法取得良好的適應，進而
以逃學方式逃避學校生活，尤其是低成就學生。

5. 實施親職教育

逃學學生的家庭生活通常是需要在教育的，教師在面對逃學學生時應
該給予適當的家庭教育，針對家長實施親職教育，讓家長瞭解學生在學校
的實際生活情形，並商請家長密切與學校配合。

六、說謊行為的輔導

一般而言，學生說謊行為的形成往往和家長或教師的態度有關。尤其
在學生出現問題行為時，教師與家長對學生的態度是相當重要的。

（一）相關理論

1. 說謊行為的意義

說謊行為是班級生活中，最常出現的問題行為之一。例如：沒有帶功課、忘記帶課本等等，為了避免給自己帶來不必要的困擾而為之。

2. 說謊行為的類型

學生說謊行為的解釋與分析，從發展心理學的觀點而言，是一種社會適應不良學生經常出現的行為。一般而言，學生說謊行為的類型可分成下列十類：

(1)誇張型

單純型的說謊行為並未和其他偏差行為一起出現，是學生單純為了某生活事件而出現的行為，是一種「雷聲大、雨聲小」的誇張行為。

(2)捏造型

捏造型的說謊行為是將毫無依據的生活事件，透過學生個人的詮釋和理解，以和事實相反的論調所呈現出來的一種行為。

(3)玩笑型

學生為了隱瞞某一個對自己比較不利的事實，以開玩笑的方式來掩飾自己的不安所展現出來的行為。

(4)單純型

學生在班級生活中，為了隱瞞某一生活事件或將自己的錯誤隱藏起來，故意將與事件相反的言語作為展現的策略。

(5)轉嫁型

轉嫁型的謊言是所有說謊行為中，最嚴重的一種。學生將自己的過失，透過言語的方式轉嫁給其他無關的學生。

(6)模仿型

此類型的說謊行為往往來自於成人社會不良示範，例如：家庭生活中父母親不良示範，無法提供孩子行為的準則與良好的示範，導致孩子有樣學樣從重要他人中學到謊話行為。

(7)補償型

學生在班級生活中，為了贏得他人的讚賞和尊重，認為說謊可以得到自己想要的，因此不敢實話實說。

(8)敵對型

此類型的說謊行為是源自於和同儕之間關係不佳，採用敵對和不合作的態度，說謊行為即為其採取的因應策略之一。

(9)社交型

在班級生活中，學生為了逃避某些不喜歡的工作，或是逃避自己應該負的責任，因此透過謊話行為企圖掩飾自己的責任。

(10)防衛型

通常防衛型的謊話是學生為了逃避懲罰而出現的偏差行為，例如：在班級中教師檢查作業，沒有按時寫作業的學生為了逃避懲罰，故意編造作業放在家中，未帶到學校來等等。

（二）行為內涵

1. 行為的特質

學生說謊的行為容易受到內外在環境極重要他人的影響，所以在說謊行為產生的過程中，容易出現下列主要的行為特質：在面部表情方面，不自然、不對稱、情緒異常、眼神閃爍等；在聲音語調方面，支支吾吾、輕聲細語、忽快忽慢等；在談話內容方面，藉口多、重複、錯字多、逃避主題等；在肢體動作方面，手忙腳亂、搔首弄姿、擦汗、吞口水等不自然的行為出現。

2. 產生的原因

說謊行為產生的因素分析，可以從心理因素、家庭因素、社會學習等方面深入探討，在心理因素方面包括逃避懲罰、自我誇大、否認失敗、出於好其等因素；在家庭因素方面包括溝通不良、管教不當、家境不好；在社會學習方面，包括制約學習、模仿學習、忠於幫團、善意的謊言等。

（三）輔導策略

說謊行為是班級生活中最容易出現的反社會行為，教師在面對學生雙謊行為時，應該針對學生行為表面背後的動機，擬定相關的因應策略，協助學生改善說謊行為。在說謊行為的輔導策略方面，教師可以考慮運用下列原則：

1. 鼓勵父母以身作則

學生說謊行為通常來自於家長教養態度，例如：低社經地位的家庭、家長在日常生活中無法以身作則，提供學生不良示範等。因此，教師應該鼓勵家長在教養子女過程中，採取以身作則的方式，提供孩子一個良好的典範作用。

2. 避免負面消極的懲罰

學生說謊行為部分來自於師長或父母不當的要求，因為學生無法達成不當的要求，害怕被懲罰轉而以說謊取代自己的不安，更進而逃避可能的懲罰。

3. 重視互動溝通的技巧

學生出現說謊行為的主要原因為在家庭生活中，父母或師長溝通技巧不佳而形成的，因此在班級生活中，教師應該提供學生學習重要溝通互動技巧的機會，讓生可以在班級輔導活動中，學習互動溝通的技巧。

4. 滿足學生合理的要求

學生在日常生活中為了滿足自己在心理上與生理上的需求而出現說謊的行為，特別是家庭社經背景低的學生，往往用謊言來掩飾自己的弱點或誇耀自己，透過謊言方式滿足自己在各方面的需求。

說謊行為的出現，必然有其原因與發生的情境。教師在班級生活中，針對學生說謊行為，應該深入瞭解學生的行為原因與困難之處，才能針對問題提供學生適當的協助。

5. 採取立即處理原則

說謊行為的出現，教師應該在第一時間即給予適當的積極的處理。在班級生活中，當偏差行為出現時，教師應採取立即處理的態度，不可以姑

息學生的行為，但在處理過程中應該給予學生改進的機會。

6. 適當的信任與鼓勵

教師對於學生的各種行為，應該給予適當的信任與鼓勵，應該儘量以信任的態度面對學生，倘使學生有說謊行為的話，可以考慮以「將錯就錯」的方式處理。此外，唯有提供學生信任與鼓勵的學習環境，學生才能減少說謊的機會。

7. 揚善於公堂，規過於私室

學生在班級生活中，如果出現優異的行為時，教師應該給予適當的鼓勵。在處理學生問題行為時，採取「揚善於公堂規過於私室」的方式，提供學生更多的向善機會，避免損及學生的自尊心。

七、暴力行為的輔導

教師在班級生活中，往往面對學生暴力問題，進而影響教師教學活動的進行。瞭解學生暴力行為的導因，以及可能形成的因素，才能針對學生的行為給予適當的輔導策略，進而改進學生的偏差行為。

（一）暴力行為成因分析

一般分析學生的暴力行為因果模式，往往透過家庭、學校、社會、個人等因素，提供學校擬定輔導措施的參考。

1. 家庭因素

家庭因素對學生各種行為表現的影響是相當深遠的，一般而言，父母離異、單親家庭、家庭分裂、家庭不睦、貧窮等因素，對學生的影響是相當大的。在不安全的環境中成長的青少年，對家庭失去信心，容易產生剝離感，得不到家庭的溫暖與家庭產生割離造成身心的不平衡，進而向外發展、認同同儕次文化，導致各種反社會行為，而暴力行為即源於此。

2. 學校因素

學校因素對學生的影響，往往來自於對學生的要求過高，因為各種高標準的要求，導致迷失教育本質，反映現實社會的病態。學校教育無法顧及每一個學生的需要，讓學生在學校生活中產生無可言喻的挫折感。

3. 社會因素

當今紊亂脫序的社會秩序，帶給青少年更多徬徨失措與無依，各種社會誘因的誘導，形成錯誤的價值觀與扭曲的生活觀。社會各階層的人，無法提供青少年正確的行為示範，成人社會中流行以暴力處理問題的模式，儼然成為青少年行為的不良示範。

4. 個人因素

青少年身心時期是身心快速發展的危機時期，身體的成熟與心理的發展不易保持平衡。加上來自於家庭、學校、社會三方面因素的交互作用，因而情緒不穩定、心理不健全成為暴力行為的潛在因素與與引爆點。其次，青少年階段缺乏一套正確的價值觀導引，使本身的道德約束力與行為規範鬆弛，自我價值觀與道德良知薄弱，無法對於青少年的言行作適度的自我約束與規範。

（二）因應措施

1. 家庭重塑的必要性

良好的個體來自溫暖、和諧的家庭氣氛。現代化的家庭提供子女更多的愛與溫暖，傾聽子女的心聲、尊重子女的成長，給予子女更多表達意見的機會，讓子女從家庭中得到歸屬感與認同感，營造良好的親子關係。良好的親子關係建立在父母與子女多元化的互動、溝通與相互接納信任上。

2. 學校教育方面的調整

學校教育向來在學生暴力行為的輔導方面，需要投入更多的人力與資源。此外，學生在學校生活中，對學習活動的投入缺乏興趣，對教師的教學活動缺乏信心，對自己在班級生活中的行為缺乏自信，進而認同同儕次文化。

3. 社會方面的措施

青少年暴力行為在社會因素方面源自於社會風氣、成人不良示範、媒體渲染、價值偏差等各種潛在與外在因素。因此，欲防範青少年暴力行為，整體社會應該正本清源，提供良好的行為典範，引導青少年正向的價值觀，導引青少年行為發展。

（三）輔導策略

1. 語言暴力輔導策略

(1) 運用賞罰原則

語言暴力的學生教師應該運用各種賞罰原則，妥善處理，以公開獎勵、私下懲罰的方式，避免當眾羞辱學生，影響學生的自尊心與自信心。

(2) 建立良好師生關係

教師在班級生活中應該建立良好的師生互動關係，以尊重、理性的態度與學生保持雙向互動，隨時提供學生各種傾訴的機會與管道。

(3) 培養良好人際關係

在班級生中，教師可以設計各種活動培養學生良好的人際關係，運用各種團體活動的機會，讓學生從參與活動中學習良好的人際互動。

(4) 獲得同儕尊重的策略

教師更該指導學生在班級生活中，如何獲得同儕尊重的方法。並擬定各種人際互動的活動，提供學生良好示範進而學習人際互動的策略。

(5) 教導正確情緒表達方式

教師應該透過班級輔導活動的實施，教導學生正確情緒表達的方式。尤其是負面情緒的表達，需要更多練習與模擬的機會。

(6) 關心學生的交友情形

教師應該在平日關心學生的各種動態，尤其是交友情形的瞭解。透過學生交友情形的瞭解，可以掌握學生的休閒生活。

2. 物件攻擊暴力輔導策略

(1) 加強認同感的培養

學生在學校如果出現物件攻擊的暴力行為，通常是導因於缺乏對學校的認同感。因此，教師應該在班級生活中培養學生各種認同感，進而培養愛校的觀念。

(2) 理性尊重的態度

教師在面對學生物件攻擊時，應該以理性積極的態度處理學生的問題，儘量避免以懲罰的方式面對學生。

(3) 培養學生美感教育

教師在班級生活中，應該擬定各種培養學生美感的課程與教學，引導學生從日常生活中培養美感，培養學生學習欣賞與讚美事務的好習慣。

(4) 教導學生運用適當的方法獲取喜愛的東西

學生對於自己喜歡的事物，應該透過合理的方法取得，不可以非理性的方式獲取喜愛的東西。教師也應該教導學生「一分耕耘、一分收穫」的道理，以自己的努力贏取喜愛的東西。

(5) 緊急性處理

如果學生的行為具有緊急或危機性的話，教師應該立即制止破壞行為，並嘗試瞭解問題發生的原因，在瞭解原因之後，應該讓學生負起行為之後的責任，接受懲罰或賠償的責任。此外，教師應該針對學生行為給予適當的輔導。

3. 人身攻擊暴力輔導策略

(1) 建立完善輔導記錄

學生出現人身攻擊行為時，通常和人格異常有密切的關係。教師在班級生活中應該針對此類型學生，建立完善的輔導記錄，提供作為轉介或是醫療參考。

(2) 培養健全的人格特質

教師在班級生生活中，應該培養學生健全人格，例如：落實生活倫理教育及公民道德教育，培養知禮善群的美德。此外，可以鼓勵學生參加學校各類型的活動，強化學生的生活態度。

(3) 培養良好的人際互動

出現人身攻擊行為的學生，通常在人際互動方面都需要教師特別的指導。教師應該鼓勵學生協良好人際互動的技巧，透過人際互動的學習，學習互相尊重、相互協助的習慣。

(4) 運用獎懲提供自省空間

學生如果出現攻擊行為的話，教師應該有效運用各種獎懲策略，獎善懲惡給學生有自省的空間，運用各種策略指導學生針對自己的行為，不斷地檢討改進。

(5) 緊急性處理

學生的攻擊行為如果有立即性的危險，教師應該採取適當的處理，引導學生進行情緒方面的疏導，透過各種個別輔導策略矯正不良的認知、態度及行為，並針對學生進行個別諮商。

八、偷竊行為的輔導

教師在班級生活中面對學生偷竊行為時，應該給予專業方面的輔導，提供學生在學校生活中的各種及時輔導。

（一）相關理論

一般而言，學生偷竊行為的形成和生理需求、心理需求的滿足有關。在處理偷竊行為或擬定輔導策略時，應該針對學生在成長過程中生理、心理的發展特徵，擬定適當的輔導策略。

1. 物質支配慾望

個體發展過程中，對於人我之間的區分是相當模糊的，必須假以時日才能完成的。個體由於物質支配慾望驅使之下，往往發生不告而取的偷竊行為。尤其是在物質缺乏或父母對物質支配教育不足的家庭中，最容易出現偷竊行為。

2. 心理需求因素

學生出現偷竊行為的另一個重要因素為心理需求問題，例如：同儕不良示範，或是外在情境的影響。此外，學生對同儕互動的報復不平衡心態，花費無度不知節制等等，都是偷竊行為形成的重要因素。

3. 生理需求因素

在生理需求方面，學生偷竊行為出現往往是生理缺乏滿足感，例如：飢餓、毒癮、債務纏身等因素，或家人重病急需錢財因應。教師在面對學生偷竊行為時，應該先瞭解學生生理方面的問題，針對學生生理方面的輔導擬定因應策略。

4. 病態的人格

形成偷竊行為的另一重要因素為病態的人格發展，例如：在成長發育

過程中，個體因為重大的生活經驗或不幸的童年經驗，導致人格發展的偏差。由於人格發展的偏差，形成各種病態人格，偷竊行為即為其中典型的例子。

5. 家庭不良示範

學生偏差行為的形成，通常和家庭生活有密切的關係。偷竊行為的形成除了與父母親的教養態度有關之外，家庭成員的不良示範或缺乏道德觀念，學生因為從小耳濡目染、模仿或表示反抗而形成偷竊行為。

（二）偷竊行為的類型

一般的研究文獻，針對偷竊行為的形成因素與本身的特性，概分成下列幾類：

1. 思慮型

思慮型的偷竊行為在犯行前，都會透過周密的計畫或布置，因此偷竊行為不容易被發現，偷竊行為可能維持一段長時間。

2. 非思慮型

此類型的偷竊行為，往往是屬於臨時起意型的偷竊。因此對偷竊行為事先並無周密的布置或計畫，此類型的偷竊行為容易被發現。

3. 偶發型

偶發型的偷竊行為，往往是因為內外在環境造成的。內在環境如個體本身心、生理方面的因素，外在環境包括各種存在的誘因等。

4. 常習型

此類型的偷竊行為頻率是相當高的，偷竊的對象、地點、情境並無特定的現象可循。面對常習型的偷竊行為，教師可以考慮以阻絕的方式給予阻斷。

5. 選擇型

此類型的偷竊行為，會專門選擇特定的物品占為己有，或者針對特定的情境進行偷竊行為。

6. 隨意型

隨意型的偷竊行為，通常比較沒有固定的形式或模式可循，個案的偷

竊行為出現並無特定的情境，不管任何東西都要偷，以滿足心理方面的需求。

7. 單獨型

單獨型的偷竊行為，通常是由個案自己進行偷竊，在犯罪前並無完善的規劃與情境布置，該行為出現僅由獨自一人從事偷竊行為。

8. 集團型

集團型的偷竊行為，往往透過結夥共同從事偷竊行為，並且在事發之後共同分贓。

（三）形成原因

偷竊行為的形成是個體內外在環境交互作用的結果，偷竊行為可以分成個人因素、家庭因素、學校因素與環境因素。茲詳述如下：

1. 個人因素方面

學生偷竊行為的形成在個人因素方面，導因於社會行為無法發展得相當成熟，導致產生社會適應方面的問題，偷竊行為在個人方面包括占有慾的作祟、需求無法滿足、病態的人格等。在占有慾方面，學生因為缺乏物權的概念，在占有慾的驅使下產生偷竊行為，如受到過度保護或較貧乏家庭的學生會因為缺乏自制能力而行竊；其次，學生會因物質的或心理的未獲得滿足而偷竊。

2. 家庭因素方面

依據犯罪學的研究指出，家庭因素往往是學生偷竊行為出現高頻率的原因。偷竊的學生，大部分來自於缺乏家庭愛與溫暖的小孩。或是父母管教不當、過分嚴厲、家庭破碎、父母離異、家庭重組等，讓孩子感到不快樂，對家庭生活缺乏認同感與歸屬感。有偷竊行為孩子的家庭通常具有下列特徵：

(1)父母親常常不知道孩子到底在做什麼。

(2)父母親常常無法長時間監督孩子的行為。

(3)父母親在社會行為上無法作為孩子的榜樣。

(4)父母親無法清楚地說明家庭的規範。

(5)父母對孩子的違規行為無法給予合理、理智的懲罰。

(6)父母對孩子的合法行為無法立即給予獎勵強化。

(7)對家庭中的糾紛與衝突無法未能及時予以化解，終使其逐漸惡化。

(8)家庭中充滿著冷漠與互不關心的氣氛，成員間顯得較不友善。

(9)偷竊者父母親較正常孩子的父母少懲罰孩子的不良行為。

因此，偷竊行為學生家庭均因為父母無法花更多時間在孩子的教養上，放任孩子模仿不良榜樣或因為缺乏道德觀念而出現輕微的偏差行為。

3. 學校因素方面

偷竊行為形成的學校因素，通常是同儕團體之間的不良示範，學生在學校裡交友不慎，或是受到暴力威脅下養成偷竊的行為。此外，學生如果在班級生活中過得不快樂，學習生活壓力過大，學校又疏忽生活教育與品格教育，學生則容易養成不良習性。

4. 環境因素方面

偷竊的環境因素，通常指的是社會風氣的汙染、成人社會的誘導、金錢方面的誘惑等外在的因素。此外，不正常的心理與價值觀念的形成，導致青少年價值觀的偏差，加上大眾媒體、雜誌、期刊等的過度報導，直接或間接提供不良社會示範；最後，不良環境與同伴的影響，導致學生偷竊行為的出現。

（四）輔導原則

學生出現偷竊行為時，需要學校給予更多的關懷與輔導。一般在偷竊行為的輔導方面，可以從學校、家庭和學生方面多管齊下，才能培養學生正確的觀念。

1. 培養正確的行為觀念

學生正確行為觀念的建立是相當重要的，教師應該在班級生活中透過各種輔導活動，或是相關的課程，培養學生正確的行為觀念，讓學生瞭解各種行為本身所代表的意義，提供學生在行為表現上的參考。

2. 關懷學生需求的滿足

偷竊行為出現和學生各種需求的滿足有關，因此教師應該在平日多關懷學生需求的滿足，同時培養對物質及誘惑的抗拒力，引導學生在面對各種誘惑時，可以正確的態度加以因應。當各種需求出現時，個體如何正確地因應。

3. 成人的正確態度

當學生出現偷竊行為時，成人的態度是相當重要的。例如：Hirschi指出想要引導孩子正確的行為準則，父母親就必須關懷孩子，監督與瞭解孩子的行為，當偏差行為已經發生之後，應該承認事實的存在，並且矯正孩子的偏差或犯罪行為。

4. 加強法律觀念

學校教育課程中，應該強化學生基本的法律概念，讓學生遵守法律的觀念從日常生活中做起，隨機培養學生建立物權與道德的正確觀念。

5. 培養自我控制能力

偷竊行為的出現，往往來自於學生自我控制能力差。教師可以在班級輔導活動中，培養學生自我控制能力，在面對各種外在刺激或誘惑時，可以自我約束、自我要求，避免必外界各種誘惑誤導。

6. 實施個別輔導策略

偷竊行為在班級中的處理，不宜將該行為擴大。教師應該考慮針對個案給予適當的個別輔導策略，避免損及學生的尊嚴或自尊心。

九、兩性關係的輔導

兩性相處問題在班級經營中是相當重要的課題，尤其是國小高年級階段的男女學生，逐漸進入青春期對異性感到好奇階段。教師在班級活動輔導時，應該針對學生身心發展階段的各種特徵，擬定設計兩性相處的教學活動，提供學生正確兩性相處的態度。

（一）相關理論

1. 精神分析論

佛洛伊德的精神分析論指出人格發展的各個階段，皆受到「性」因素所支配，認為個體的活動即是所謂的性活動。人格發展需經過五個主要的發展階段（林進材，1992）：

(1)口腔期：出生第一年

本時期的快感是由吸取營養所發出的，從初生到一周歲的嬰兒有著口腔的經驗，從吸吮中滿足實物與快樂的需要，並從吸吮中獲得性愛的經驗。此時期是性心理的的開始，人格發展的重要階段。嬰兒從吸吮中獲得性愛的經驗，但仍未發展出自我與超我，僅有需慾、要求與求之即滿足的本我。

(2)肛門期：一至三歲

此階段的發展任務是學習獨立、個人獲得權力、自主與學得如何認識負面情感。隨著身體各方面的成長，幼兒對周遭的人事物具有認知及反應能力，而且可控制自己肌肉活動及知曉本身及外在世界的區別。肛門期必須歷經斷奶和大小便訓練，斷奶將剝奪口腔期的快感，因而兒童以咬表現攻擊行為。

(3)性器期：三歲至五歲

此時期的兒童仍停留在自我中心階段，兒童注意力由肛門轉移至生殖器官，且注意他人的性器官。快感地帶由肛門轉移至生殖器地帶。男女兒童均發現生殖器可以帶來更大的快感，兒童有性別之分，性器期的發展任務是走路、說話、思考與控制肌肉等發展迅速的成長，並且開始人際交往的技巧。

(4)潛伏期：五至十歲

此時期的兒童已經開始學習各項將來在社會適應上的技能，並且減低對父母的依賴性。新的興趣替代了性衝動，開始社會化，並對外在世界感到興趣。性方面的驅力由父母親等親人轉移到學校活動、嗜好、運動以及同性朋友中得到昇華。

(5)兩性期：十二歲至成年

因為生理的快速生長，性器官的成熟，生理及心理方面漸趨圓融。此時期對異性感到興趣，並沈迷於某些經驗中，也開始承擔成人的責任。由於生理的快速成長，性慾壓力逐漸增加，給情緒帶來了緊張、不安或罪惡感，因而，青少年常與同儕比較、競爭、好炫耀自己，以掩飾自己內在的不安與緊張，以減少自卑感，而當他們脫離青春期進入成熟的成人階段，他們發展了親密關係，掙脫父母的影響，並發展對他人感興趣的能力。

2. 性對抗論

此理論的重點在於異性愛的發展過程中，會出現反抗異性的傾向，稱之為「性的對抗」（sex antagonism）。性的對抗通常出現在六至十二歲之間，此時期的學生會選同性作為朋友。男生會不喜歡和女生一起玩耍，女生也會指責男生過於粗魯、太野蠻，此種反抗的情結會一直從國小三年級延續到高年級。

（二）兩性關係分析

1. 社會變遷與兩性關係

在瞬息萬變的社會中，青少年由於身心未臻成熟，情緒不穩定，可塑行強，很容易受到外在的刺激而產生異常行為，其中最重要的莫過於兩性關係。尤其隨著我國社會不斷蛻變及歐風東漸，今天的青少年正瀕臨對性的分歧觀念，不少與「性」有關的話題，也透過大眾傳播媒體深入社會各階層。青少年在此種價值體系偏失而社會多樣的耳濡目染受其影響，尤其是大眾傳播媒體的汙染，色情娛樂場所林立，色情書刊充斥市場，導致青少年兩性價值觀迷失。

2. 學校教育與兩性關係

傳統學校教育在兩性教育的實施上僅以醫學與生物學的觀點為主，例如：男女性的生殖系統、生理方面的變化、懷孕與分娩過程等等，而忽略了情感方面的問題及正確態度的建立，以及情意方面的薰陶。

3. 家庭生活與兩性關係

家庭式學生一生中接觸最多：影響最深的地方。父母所抱持的兩性關

係的態度，無論是緘默或開放，均在無形與潛移默化中影響青少年對異性的觀點。近幾年來，社會風氣的轉變與家庭生活功能的解體，家庭功能存在逐漸鬆弛與家庭結構逐漸解體、親職關係淡化的潛在危機。

（三）兩性關係處理原則

1. 提供兩性合作學習的機會

教師在班級生活中，應該提供男女學生共同相處學習的機會，例如：運用合作學學習法，將男女生進行分組，讓不同性別的學生可以在同組共同進行學習，透過學習活動可以增加與異性相處的機會，更深入瞭解異性之間的差異，並學習和異性相處的技巧與包容力。

2. 避免性別刻板印象的形成

教師在班級生活中，應該辦免刻板印象的形成，在工作的指派方面、學生職責的分配方面，應該提供男女學生同樣多元的機會，不可以因為性別有有所偏差，或因不同性別給予不同的待遇，形成學生對異性的反感，導致兩性之間衝突的產生。

3. 應該避免性別隔離現象發生

國小學生在低、中年級時，對異性觀感不像高年級階段的學生，同儕之間比較有性別的差異。教師在安排班級學習活動與輔導活動的進行時，應該針對異性給予技巧性的分組，減少性別隔離的現象產生。

4. 提供兩性平權課程與教學

兩性平權的課程與教學實施，對學生性別觀念的提升具有正面的意義，教師應該在進行班級課程安排時，將兩性平權課程納入重點科目之一。以融入方式將兩性平權課程，融入課科教學中，提供學生正確的觀念。

5. 引導進行性別迷失反省檢討

學生在成長過程中，難免因為各種內外在環境的影響，形成對性別的迷失。教師應該透過各種班級輔導活動的實施，提供學生對性別迷失的反省檢討，透過反省活動可以深入瞭解性別認同的問題，以及尊重不同異性的態度。

6. 運用兩性輔導活動策略

教師在班級生活中，應該針對學生設計各種可行的兩性輔導活動，讓學生有機會透過班級活動和異性相處，並且瞭解如何尊重異性的方法。

7. 重視潛在課程並收潛移默化效果

班級兩性相處除了可以運用各種課程與教學之外，教師可以在平日生活中設計各種兩性教育課程，讓班級男女生可以在平日生活，從學習參與中相處並且深入瞭解異性的各種生理與心理，從平日課程中收到潛移默化的效果。

8. 實施性別團體輔導活動

性別團體輔導活動的實施，是教師在班級活動中運用團體輔導的各種策略，讓學生可以增加和異性相處的機會，並瞭解和異性相處的藝術。

十、單親家庭學生的輔導

根據內政部的統計，近年來臺灣地區的單親家庭數目正逐年上升中，因此學校教育未來必須面對嚴重單親家庭輔導的問題。學校輔導工作的推展，也應針對單親的學生擬定適當的策略。

（一）單親家庭的類型

單親家庭的形成不單只是人為的問題，其包括自然因素與各種內外因素。有關單親家庭的類型說明，簡要分類如下：

1. 婚變的單親

此類型的單親來自於孩子的父母，因各種因素離婚而形成的單親。通常因婚變形成的單親，孩子必須面臨跟隨父親或母親生活的窘境。婚變的家庭通常會和外遇、家庭暴力、酗酒、藥物濫用、賭博等有關。

2. 意外事件的單親

此類型的單親導因為各種意外事件的發生，包括各種天然的、人為的意外事件，例如：臺灣地區的九二一地震中罹難的家庭，容易因為天然災害而形成單親。此類型的學生，容易因為家遭巨變而呈現缺乏信心、畏縮膽怯的心理特質。

3. 父母身亡的單親

因為父或母死亡而形成的單親家庭，學生除了性別方面的問題之外，容易出現不信任感、缺乏自信等行為。單親家庭首要面對的是經濟方面的問題，家庭負擔以及在成長過程中早熟等等。

4. 父母不詳的單親

此類型的單親包括未婚生子、父或母不詳、認養等問題，來自此類型的單親，通常在學校會出現不合作、人際關係不佳等問題，需要教師花比較多的心力在學生輔導上面。

5. 養父母的單親

養父母的單親通常比父母不詳的家庭狀況好一些，此類型的孩子比一般正常家庭的孩子，需要教師用心關懷。養父母的單親比較容易出現兩極化的問題，一為家人過於寵愛，另一為家庭暴力問題與人際疏離。

（三）單親帶來的影響

1. 自信心問題

來自單親家庭的學生，通常因為家庭因素而對自己失去信心，對周遭的人失去信任感，因此教師應該在班級生活中協助單親的學生建立自信心，讓單親家庭的學生，可以透過各種表現的機會，重新建立自信心。

2. 情緒管理問題

單親家庭的學生在情緒管理方面，往往因為家人情緒問題導致情緒失控。班級輔導活動的實施，針對單親的學生應該指導情緒管理與控制技巧，讓學生瞭解正確的情緒管理。

3. 生活習性問題

單親家庭首要面對的是經濟方面的問題，對單親父親（或母親）而言，經濟是首要面對的壓力，因此在家庭生活中，無法有效教育孩子日常生活習慣。單親的學生在生活習性方面需要教師給予各方面的指導，以配合學校的生活作息。

4. 自我概念問題

單親學生在自我概念方面，往往因為家庭因素而顯得相當薄弱。教

師在班級生活中，可以透過各種活動的實施，引導學生建立正確的自我概念。

5. 人際相處問題

人際相處是單親學生另外要面對的議題，由於父母的婚姻關係或家庭生活影響，學生在人際相處方面缺乏正確的引導，人際關係不佳導致班級適應困難。教師可以透過各種人際互動的機會，指導單親學生培養良好的人際關係。

6. 情感需求問題

單親學生因為缺乏健全家庭生活的陶冶，因而在情感需求方面顯得比一般正常的學生更需要積極的關懷與關愛。面對單親的學生除了可以透過班級小團體輔導或是學校輔導室舉辦的團體輔導，給予學生更積極的關懷關愛，教師也可以運用各種班級時間，以個別輔導方式指導學生適應學校的學習生活。

（四）單親的輔導原則

1. 不介入原則

在班級輔導中的首要原則為「輔導而非介入」，教師在處理與輔導單親學生時，不可介入學生的家庭生活，避免影響學生的家庭。

2. 瞭解單親的影響

在輔導單親的學生時，教師要深入瞭解單親對學生的影響，以及對個體身心發展可能帶來的後遺症，而後針對各種單親形成的生、心理特質，擬定適當的輔導策略，落實在班級輔導活動中。

3. 建立信任的師生關係

在輔導關係建立中，信任關係的建立是相當重要的，尤其是單親學生的輔導，良好師生關係的建立，有助於教師透過關懷、協助學生建立自信心。

4. 運用週記、作文瞭解學生的生活

單親的學生在各方面總是容易自我封閉，不願意和其他人分享自己的生活。教師可以運用週記、日記、作文等方面，瞭解學生的家庭生活，對

家人關係的想法，如此才能深入瞭解學生的家庭生活狀況，進而擬定有效的輔導措施，協助學生建立良好的家庭生活態度。

5. 引導抒解情緒

單親家庭的學生在情緒處理方面，不像一般正常的家庭可以擁有正常的抒解管道，因此教師在班級輔導中，更該引導單親學生抒解情緒，尤其是負向情緒的抒解，透過情緒的抒解，可以提供單親學生正確的生活和學習態度。

6. 以關懷取代指責

單親家庭的學生在學校生活中比較缺乏自信心，需教師給予更多的關懷與輔導，因此教師在面對單親的學生，應該儘量與關懷取代指責，尤其學生犯錯時，應該給予積極的關懷，避免過於指責，導致學生偏差行為的出現。

7. 信守公道比公平重要的理念

班級輔導過程中，每一個學生對關懷的需要量是不同的，教師如果給予「需要」的小孩多些關懷，「公道」是比「公平」更重要的！尤其在面對單親家庭學生時，更應該要信守公道比公平重要的理念，不可以因為來自單親的學生，就特別給予優惠，形成班級不對等的現象。

8. 善用鼓勵與讚美

對於單親的學生，教師應該在面對學生時，應該多給予鼓勵和讚美，減少給學生過多的責難，尤其是學生在班級中不守規矩，教師應該以「鼓勵取代責罰」。

9. 持續關懷單親的輔導策略

教師在進行班級輔導時，應該針對學生的實際需要給予關懷和指導。並且對學生的指導關懷應該是持續的，不可因為換班級、換導師而有所中斷。此外，教師對學生的輔導應該隨時記錄，以便提供下一位教師進行輔導時的參考。

10.讓學生知道求助的管道

教師在班級生活中，應該提供學生在遇到問題時，可以隨時給予協助。隨時讓學生知道有求助的方法，並且讓自己成為學生求助的管道並隨

時提供各種諮詢與輔導。

十一、新移民家庭學生的輔導

（一）導論

最近幾年來，臺灣新移民現象所帶來的議題，不僅僅是人口增加的問題，同時衍生生活適應、社會適應、學習適應、孩子教養問題等。尤其是號稱為「新臺灣之子」的外籍新娘家庭的學齡兒童，所帶來的學習問題，更是教師在班級輔導活動實施中，相當重要的議題。

（二）問題性質

新移民生的子女，有不少學童在功課、行為上父親疏於教導，新移民的母親也沒有能力管教，導致課業上、言行上都出現問題，新移民生育的子女教育問題如不加以重視，等五、六年後進入國中，問題會更加嚴重。教師在班級生活中面對新移民家庭的學生，應該給予適當的輔導策略與協助，才能引導學生正常的學習。在協助新移民家庭的學生時，教師應該瞭解分析臺灣的新移民現象，普遍受討論的議題包括：

1. 社會適應、文化調適問題

臺灣的弱勢男子和東南亞的弱勢女子所共同組成的跨國婚姻家庭，不僅要面對婚姻調適、生養子女等問題，加上跨文化適應下形成的風俗民情、生活價值觀差異、語言溝通隔閡等衝擊，且雙方結婚動機不同，臺灣男子有些是為解決延續後代的壓力，東南亞女子部分是以經濟為重要考量因素之一，面對社會大眾對「買賣婚姻」烙印，跨國婚姻相對較易產生婚姻不協調、夫妻關係衝突及養育小孩等問題。

2. 家庭婚姻問題

非以感情為基礎的婚姻，短時期可能基於經濟的因素未被當事者所重視，但長時間對婚姻及家庭產生的效應，實待觀察、輔導。此外，家庭生活可能因為經濟方面的問題，導致家庭的不和諧。

3. 親子教育問題

無論是父職或母職部分，限於夫妻雙方社經地位或身心障礙困難，加上東南亞新娘普遍教育水準或語言能力不足，在下一代教育上的需求，同樣需要關注。

（三）輔導策略與原則

1. 強化生活教育的輔導

來自新移民家庭的學生，通常在語言溝通、生活習性、日常行為方面都和一般學生有某種程度上的差異。因此，教師在班級生活中應該針對新移民家庭的學生，提供各種強化生活教育上的策略，指導學生一般的生活教育，以補足新移民對子女教養上的不足。

2. 加強學習適應的輔導

相關的研究指出，來自新移民家庭的學生，在學習適應上比較弱，需要班級導師在班級生活中多給予額外的關懷，面對這些新臺灣之子的學生，在學習適應、生活適應、心理適應方面應該給予強化，讓這些學生可以在學校生活中，和一般的學生快樂地學習，減少因為學習挫折帶來的不適應現象。

3. 運用小老師指導制度

教師面對新臺灣之子的學生，可以運用各種生活上、學習上的小老師制度，請班級學生基於同儕之間的關懷，隨時提供這些學生各方面的幫助與指導。如此，在此類學生有需要協助時，可以隨時提供適時的指導和幫助。可以降低此類學生對學校生活的恐懼感，進而適應學校的各種制度。

4. 建立信心的輔導理念

新臺灣之子在生活適應上，往往因為家庭內外在的因素，對自己缺乏自信心，由於自信心不足而導致各種不正常的心理，進而出現各種反社會行為，人際關係不佳，和同儕無法相處等等問題。

5. 運用小團體輔導活動

來自新移民家庭的學生，不管在行為表現、學習參與、班級生活、社會化等各方面，都需要教師特別給予輔導與協助，在班級生活中，教師無

法顧及每一位學生的需要,也不能獨厚此類型的學生。因而,運用小團體輔導的方式,提供同類型學生各種同質性的輔導策略是相當重要的。學校輔導單位也應該針對學校特別需要的學生,以同質性為實施輔導的對象,運用各種班級小團體輔導的方式,達到適性輔導的效果。

十二、藥物濫用行為輔導

青少年藥物濫用的情形隨著社會的快速變遷,有日趨嚴重的情形。教師在班級經營中必須針對藥物濫用的問題,指導學生儘量遠離藥物與毒品,以免形成終身的遺憾。

(一) 形成因素分析

1. 內在因素

(1) 不自覺的冒險

青少年時期喜歡新奇與冒險行為,對於冒險行為往往不計成本與後果,尤其對於成功機會少而成功之後報酬高的活動有相當大的興趣。

(2) 好奇需求

青少年由於外界的刺激與各種誘因,滿足其好奇心成為此時期重要的發展任務,因此藥物的使用與濫用和此時期好奇需求的滿足是相關的。

(3) 角色楷模

青少年的藥物濫用行為部分來自於同儕團體的角色楷模學習,透過同儕的角色楷模學習,增強青少年的次文化與行為,提高藥物濫用的使用機會。

(4) 利用藥物提高自尊

青少年時期對於同儕認同與團體次文化的認同,成為此時期行為的重要指標。青少年從團體規範與同儕團體中得到此時期的認同感與歸屬感。藥物濫用通常是青少年用來提高自尊的主要項目之一。

(5)性別差異

依據相關的統計數字呈現,青少年藥物濫用的情形有性別上的差異,男性在藥物濫用情形上,遠高於女性。換言之,藥物濫用方面,男性在使

用程度上強於女性、範圍比女性廣、類別比女性多。

2. 外在因素

(1) 無效的藥物教育

截至目前為止，學校對藥物教育的實施與推廣，缺乏對於藥物常識與藥物使用的知識教學。導致學生無法從正規的學校教育中得到有關於藥物使用方面的常識，在使用藥物過程中，「教育上的無知」導致藥物的濫用與誤用。

(2) 廣告增加

青少年在藥物濫用方面包括菸、酒及其他違禁藥品等。成人社會中將藥物使用商業化，或藥物不當廣告增強青少年藥物使用行為。過度的商業化與傳播媒體的渲染，提高了商業效果、利潤，同時也強化青少年的藥物濫用學習途徑。

(3) 家長教育

藥物濫用的家長教育層面，指的是家長的言教、身教與不良示範。青少年問題行為通常來自於家長在教育上的無知，教育上的缺乏與不足導致家長不知如何在家庭教育與親職教育過程中，教導子女解決子女的行為問題。

(4) 不當立法

青少年藥物濫用的懲罰，目前並無積極性的措施，對於販毒、吸毒行為有其法律與刑法上的措施，然而其主要考量為偏重於禁制方面，對於引誘青少年藥物使用及其他不當行為並未有效地管制與法律上的考量。因此，未來在防範青少年藥物濫用的相關法律擬定上，應該更積極正面地立法。

(5) 醫師與家長知識欠缺

醫師與家長對青少年藥物濫用方面知識的欠缺，導致各項教育措施的失敗，對於青少年在藥物的使用上往往將其行為界定在生理方面的需要，而忽略藥物使用在心理上的意義。青少年在藥物濫用除了生理上的化學反應與戒斷性之外，在心理上是一種幻想的滿足與高峰經驗的境地，是一種心靈上的震撼，達到自我實現的極高境界。

3. 內在催化因素

(1)內分泌改變

青少年時期內分泌的改變造成心理與生理發展的失調，來自於外在環境與內在自我成長調適問題，使得青少年顯得相當無助與惶恐，眼高手低的不當自我要求及外界的過度期望導致成長上的困境。青少年為了突破與排除高度的壓力與焦慮，藥物濫用成為青少年滿足慾望與幻想的途徑。

(2)缺乏經驗與知識

一般學校教育在處理青少年藥物濫用方面，知識與經驗是相當缺乏的。青少年在使用藥物時，無法形成正確的判斷與決定，在隨波逐流與社會的誘惑之下，無知地使用各種藥物，造成生理與心理方面的問題。

(3)多重藥物使用

藥物濫用通常是多重藥物使用的結果，例如：菸、酒等常識交互使用的。青少年在多重藥物使用之下，造成在藥物濫用方面的交互作用。

4. 外在催化因素

(1)社會壓力與同儕誘發

來自於社會方面對青少年讀不當期望、要求與壓力，使得青少年在社會層層的規範與枷鎖中無法自我發展，尋求自我實現。各種反社會行為來自於對現有規範的約束與不滿，藥物濫用行為與社會壓力及同儕誘發有直接的關係。

(2)藥物易得

成人社會為了本身的利益，不擇手段。將青少年成長過程中的特質與各種反社會行為「商品化」，滿足其在商業上的不當慾望。透過各種市場導向與途徑，誘使青少年吸毒嗑藥，甚至經生理心理的控制達到賺錢的行為。

（二）藥物濫用的對策

1. 適當的教育措施

學校教育在青少年藥物濫用方面，應該加強對藥物使用的知識。在教育過程中強化瞭解藥物的化學性質及成分，有助於青少年對藥物的瞭解，

不至於因輕易嘗試而遺憾終生。

2. 同儕次文化的運用

青少年的行為、思考模式、次文化都是來自於同儕團體的學習影響。因而，在防範藥物濫用行為時，必須從同儕團體著手，透過青少年同儕團體的掌握與輔導，指導青少年正確的價值觀與人生觀，導引其身心方面的正常成長，尤其是情緒方面的發洩等等。

3. 社會加強立法

對於藥物濫用的立法方面，社會應該加快步伐。除了對於販毒、吸毒行為有其刑法上的措施之外，對於藥物使用也應該有法學上的考量。如此，才能對遏阻青少年藥物濫用，有真正的意義。

4. 傳播媒體

對於各種社會現象，媒體除了報導「事實面」也應強化「應然面」的正面報導。例如：對於藥物濫用的案例報導除了報導過程，也應該加強結果的報導，讓社會群眾知道藥物濫用的結果與影響。

5. 建立共識

青少年的藥物濫用行為是各方面交互作用而來的，遏阻藥物濫用行為不單是學校、社會、家庭的責任，或是某一機構的責任，而應該是各方面建立共識，才能結合各層面的力量，共同努力減少青少年的藥物濫用。

6. 多元化的措施

對於青少年成長過程中的各項需求與特徵，應該給予正視。針對青少年的生理、心理需求給予適度的滿足與增強，尤其是正面的引導是相當重要的。

如何激發孩子的創造力
➢ 和孩子玩「後來呢？」的遊戲。
➢ 常用一些未完成的句子來訓練孩子的推理能力。
➢ 儘量利用日常生活的物品。
➢ 讓孩子盡情表達。

本章討論問題

一、請說明如何實施學生的情緒教育？

二、請說明過動兒的處理原則。

三、請說明不守秩序學生的處理與輔導策略有哪些？

四、請說明逃學學生的處理與輔導策略有哪些？

五、請說明說謊行為的處理與輔導策略有哪些？

六、請說明暴力行為的處理與輔導策略有哪些？

七、請說明偷竊行為的處理與輔導策略有哪些？

八、請說明班級兩性關係的處理與輔導策略有哪些？

九、請說明單親學生的處理與輔導策略有哪些？

十、請說明外籍新娘家庭學生的處理與輔導策略有哪些？

十一、請說明藥物濫用行為的處理與輔導策略有哪些？

■第十章■■

班級時間的管理與運用

本章針對班級時間管理的相關議題，提供實務性的建議，讓教師在班級經營中可以參考。

一、管理時間的重要法則

一般人對時間的管理是相當積極的，尤其是工商企業界對時間的敏感度比學校教育人員還要高。缺乏對時間管理的概念，教師在班級生活中就無法提供學生更豐富的學習活動。

（一）制訂事情的處理順序

教師在時間管理方面，應該先制訂各種事情管理的優先順序，作為時間管理運用的參考。例如：將班級各種事物依據事情的先後順序、輕重緩急等特性，擬定遵守的規則，在班級中遇到各種事情時，就可以作為處理的參考。

（二）善用60、40法則

教師在時間的管理方面，可以考慮運用60、40法則，此法則強調時間管理應該將60%運用至重要事情的處理上面，全心全力的投注處理重要事物，將20%放在處理一般事物上面，另外20%時間運用在彈性上面，提供人、事更多的彈性運用。如此，在時間的管理上面就不至於過於僵化。

（三）運用零碎時間

在時間的運用管理方面，教師應該有效地運用各種零碎時間，並且有計畫性地運用各種零碎時間，處理班級經營中的各項事物。學校生活中除了固定的作息之外，尚擁有相當多的零碎時間，教師應該將各種零碎時間進行整合，將各種班級的例行公事處理完成。

（四）養成擬訂計畫的習慣

教師在班級生活中，應該養成凡事計畫的習慣，有了完整的計畫就可以有效率地處理各種班級事務。如果事先完成計畫的擬定，還可以在計畫執行時不斷調整修正計畫的內容，作為日後相同或類似事件處理的參考，將計畫修改制完善的程度。例如：在週休二日前，教師先和學生共同擬定下週的學習計畫，讓學生瞭解下一週的學習重點，學生可以事先準備，在有計畫和準備的情形之下，做任何事情就不會急就章，潦草敷衍行事。

（五）錯開與別人共用時間

在時間管理方面，教師可以錯開和別人共用的時間，如此可以讓班級時間管理更完整，並且將時間運用到最高效率。例如：圖書館閱讀時間應該和其他班級區隔，並且和其他班級教師討論錯開。教師必要時，也可以將班級的下課時間稍加調整，例如：早一分鐘下課，提早一分鐘進教室，就可以和全校班錯開下課時間。

（六）減少拖延的習慣

一般班級事務無法如期完成，通常和教師習慣拖延有關。因此，教師

應該和學生養成「今日事，今日畢」的習慣，在當天就應該將班級的各種
事務完成，以避免不必要的拖延。

（七）善用輔助工具

教師的時間規劃可以運用各主輔助工具，加以協助處理。例如：在班
級掛一個月行事曆，隨時將班級的各種重要事項，列在班級行事曆上面，
讓學生可以隨時注意班級行事曆的內容。

（八）養成自我監督的習慣

教師在完成班級重要行事曆以後，應該同時建立自我監督制度。透過
各種自我監督的機制，隨時提醒自己應該準時完成的重要行事曆。如果無
法準時完成的行事曆，就應該列入檢討事項。

二、教師的行事曆

國小教師從早上7:30到下午4:30漫長的一天中，都有其固定的行事
曆，在學校時間裡，教師必須熟記行事曆，作為班級經營中的依循。有關
教師的行事曆，舉國小教師為例，如下表：

國小級任老師的日行事曆

時段 劃分	時　間	級任老師的日行事曆
第一節上課前的時段	7：20~7：40	·學生上學、導護（維持上學排隊）。 ·晨間活動指導（自習、閱報、體能活動……），亦會請高年級生伴讀、維持秩序、晨光時間、愛心媽媽時間。
	7：40~8：00	整潔活動（老師要在現場並且注意安全）
	8：00~8：40	·一、三、五召開教師早會，學生自習（或愛心媽媽時間）。二、四升旗。 ·兒童朝會（學生主持），帶動唱、話劇等活動。
第一、二節	8：40~9：20 9：30~10：10	上課（照課表上課）

（續上表）

時段劃分	時　間	級任老師的日行事曆
課間活動	10：10~10：30	・課間活動（健康操） 　週一、週二　一、二年級 地點：禮堂 　週三、週四　三、四年級 地點：中庭 　週五　　　　五、六年級 地點：操場
第三、四節	10：30~11：10 11：20~12：00	上課（照課表上課）
午餐及午睡時間	12：00~12：40	・午餐（校內用餐，學生不得外出）、整理餐後殘渣；低年級於走廊集體放學（或參加課後輔導班至16：00） ・週三中午12：30用餐後集體放學。
	12：40~13：20	午間靜息（不午休學生替代活動、改作業、輔導成績低弱學生等）
第五、六節	13：30~14：10 14：20~15：00	上課（照課表上課）
下課時間	15：00~15：20	整潔活動（老師要在現場並注意安全）
第七、八節	15：20~16：00	・上課（照課表上課） ・作業指導（規定回家作業，填寫家庭聯絡簿、作業訂正）
放學	15：50	中、高年級集體放學、導護站崗

三、晨間活動設計

　　教師在晨間活動的安排，需要花一些心思在活動的設計上。通常晨間活動設計，教師可以考慮依據班級特性、學生的組成、課程教學上的需要、一年四季氣候的變化情形、學校本位課程的實施等，為學生安排一系列的活動內容。以下僅提供數樣晨間活動設計，供教師參考。

（一）體能鍛鍊時間

教師可以在晨間活動時間，為學生安排各種體能訓練活動，例如：慢跑運動、簡單體操運作、基本體能活動、快走運動等，讓學生可以從活動中訓練體能，此項活動適合在冬季天氣寒冷時，讓學生透過活動訓練自己的體能。

（二）古詩背誦時間

古詩背誦是屬於比較靜態的活動，教師可以依據學生的年齡、年級的差異，蒐集各種適合學生欣賞的古詩，例如：唐詩宋詞、兒歌、三字經等適合學生學習程度的古詩，由教師講解之後，請學生背誦。

（三）音樂欣賞時間

音樂欣賞時間是教師結合音樂課程，蒐集各種適合學生程度欣賞的音樂，包括地方民謠、兒歌、世界民謠、各國交響樂曲等，先由教師講解樂曲的內容和特色，再由學生靜靜地欣賞，以達到心靈洗滌之效。

（四）時事評論時間

時事評量是教師運用媒體新聞與學生生活經驗相關的案例，讓學生瞭解當天的國內外大事，以及和學生有切身關係的新聞。

（五）英語充電時間

英語學習主要目的是希望學生的未來可以和世界接軌，並強化學生和外界的語言溝通能力。晨間活動時間可以一星期安排一次的英語教學時間，或是訂為全校英語晨光時間，運用早晨時間教學生基本的英語會話、簡單的英語名詞等，強化學生的英語能力。

（六）母語學習時間

母語學習是近年來學校教育的重點，目前已經列入正式課程之中。如

果學校或地區需要的話，可以在晨光時間將母語的學習列入重點學習。

四、處理家庭聯絡簿

家庭聯絡簿是學校和家長聯絡的重要管道，一般學校都會提供比較制式的家庭聯絡簿。教師可以使用學校的家庭聯絡簿，也可以自行依據班級特性，設計屬於自己班級的聯絡簿。

（一）家庭聯絡簿的樣式

有關家庭聯絡簿的樣式，請參考下表。一般的家庭聯絡簿在封面底頁，會要求家長填寫基本資料，包括家長的姓名、職業、聯絡電話、地址、行動電話等各種聯絡的基本資料。此外，有些學校會請家長將和子女有關且學校可能用到的資料，填寫在家庭聯絡簿上，例如：學生的就醫紀錄、重要的疾病等資料。在家庭聯絡簿的底頁會提供學校的聯絡電話、級任教師的聯絡電話等，部分學校會將各種制度、簡單的規定，加印在聯絡簿中。

家長簽章	靜思語	親師溝通	學生狀況通報	今天功課和 明天應帶物品						項目　日期
				6.	5.	4.	3.	2.	1.	
			上課認真							年
			表現進步							
			服裝不整							月
			功課沒寫							
老師簽章			成績退步							日
			精神很差							
			上課不專心							星
			忘帶學用品							期
			睡前潔牙							

日期	聯絡事項	愛的箴言	自我反省	小幫手	親師生交流道	教師簽章
月　日　星期　天氣：	★今天我潔牙（　　）次。 ★今天（　　）課最開心，收穫最多。		我今天在（　　）方面表現很好，值得被嘉許。	我是爸爸、媽媽的好幫手，我今天做了（　　）的工作。		家長簽章
					（表現章）	

（二）聯絡簿的處理原則

1. 教師應簽名在家長前

教師在處理家庭聯絡簿時，應該在學生抄寫完成之後就檢查簽名，以避免學生抄寫不完整，或是寫錯字造成家長的反感。

2. 確定學生抄寫完整

聯絡簿抄寫應該在上午時間，教師儘量避免在放學前抄寫，因為時間的因素造成學生抄寫不完整的現象，徒增家長的困擾也造成老師的麻煩。

3. 多寫鼓勵的話

家庭聯絡簿的撰寫，應該避免寫一些學生犯錯的話，而改以寫鼓勵的話，或是教師希望學生達成的話，如此對學生和家長都具有鼓勵作用。

4. 提供生活小秘方

家庭聯絡簿在格式設計中，都會預留一些家長和教師溝通的空白處，教師可以運用聯絡簿的空白處，黏貼一些基本生活小秘方，例如：親職教育的實施要項、如何和孩子相處的訣竅、如何指導孩子做功課等等，提供家長重要的訊息，可以引導家長和學校同步成長。

5. 有效運用溝通管道

教師如果有重要的事情（但可以讓學生瞭解的）和家長溝通的話，可以運用家庭聯絡簿，提供教師對家長的重要建議。如果學生有好的表現，也可以寫在家庭聯絡簿，和家長共同分享孩子成長的喜悅。

五、導師時間的安排

導師時間是晨光時間重要的項目，教師可以在導師時間處理各種班級事務。在導師時間的運用方面，教師可以參考下列要件：

（一）師生溫馨對話時刻

教師可以運用導師時間和學生展開「師生溫馨對話時刻」，和學生分享自己的童年生活、值得回憶的事件（例如：教師當年結婚的錄影帶）、一件令人難過的事件等，透過溫馨對話讓師生之間的距離縮短。

（二）檢討班級重要事務

教師可以運用導師時間，定期地檢討班級實施的各項常規，或是作為一週以來各方面表現的檢討與新進度的規劃。請學生針對各種與班級相關的主題資料，提出大家應該檢討與反省之處。

（三）配合學校宣導活動

導師時間可以配合學校各項教育宣導活動，例如：如校園安全、拒絕毒品、兩性教育、春暉活動、防災防震……等，可以運用導師時間讓學生瞭解，如果學校設備允許的話，可以全校商請學者專家或各類成名人物至學校演講，各班級以現場轉播方式同步進行。

（四）各項級務處理時間

教師也可以運用導師時間處理當天未處理完成的事務，例如：學生的收費、座位的處理、清潔工作的補強等等，都可以利用導師時間。

六、課堂時間的安排

　　學校師生活中，每天所運用的課程與教學時間都是固定的，教師在課堂時間的安排方面，應該針對學科教學性質，規劃與運用班級學習時間。許多研究證明學生在課堂上投入課業的時間越長，學業成就就越佳，時間越短則反，所以增加學生在課堂的「投入時間」，其實就是在增長學生專心於課堂活動的時間，如果學生上課時的注意力增加，自然更能吸收老師所安排的各種教學內容，相信這樣的結果自然是所有教師所衷心期望的。

　　有關課堂時間的安排原則以及具體作法如下：

（一）教學進行時

1. 充分的教學準備

　　教師教學前應該針對學科教學，進行充分的準備，包括教學計畫、教學媒體、教學資料、教學環境等各方面的準備，都應該充分的準備。教學前的準備，可以請學生和家長一起準備，在教學前蒐集各種與教學有關的資料，可以提升學生對學習的興趣。

2. 建立完整的教學慣例

　　教師在教學進行前，就應該和學生講解重要的班級規則，在教學進行時的時間安排如何？哪些事情是被允許的？哪些是不被允許的？等都需要讓學生瞭解，如果在教學前可以建立良好的教學慣例，教師的教學活動進行就會順暢，不至於因為學生的反社會行為而阻礙教學活動的進行。

3. 提示學生教學綱要

　　教學進行前教師應該將課程教學的綱要發給學生，讓學生瞭解教學活動進行的主要目標，預期學習哪些重要的概念，教學活動的進行如何，教學活動的評量方式和標準如何等。教師在提示教學綱要之後，可以利用時間抽問學生，以瞭解學生是否掌握重要的教學綱要。

4. 不斷進行師生雙向互動

　　教學活動進行時的師生雙向互動是相當重要的，如果教學活動的進行僅停留在教師的講解，而缺乏學生對教學活動的回饋，則教學效果很難達

到預期的目標。整堂課都應不斷有師生的互動,整堂都是老師在臺上口頭的課文講述或是抄寫,會使得整個課程顯得枯燥乏味,因此可以設計一些活動讓老師與學生,或學生之間能產生多一點的互動。

5. 低調處理學生脫序行為

如果學生在教學活動進行時,出現反社會行為或脫序行為,教師不可以因而中斷教學的進行,應該以教師慣用的手勢、訊號提醒學生教師已經在注意學生了,請學生稍加收斂。教師如果在教學中經常中斷教學,處理學生的脫序行為的話,不但容易影響教學目標的達成,也會影響教學品質。

6. 提示學生應該有的表現

教師應該在教學中,隨時讓學生瞭解教師的期望,並隨時提醒學生哪些行為是正確的,哪些行為會影響教學活動的進行。讓學生知道教師曉得他們在做什麼:要讓學生察覺老師其實知道他們的一舉一動,如此一來,學生就比較不會出現不良的行為。

7. 鼓勵並指出正確的行為

教師對於學生表現良好的行為,應該給予適當的獎勵,並且讓全班學生瞭解哪些行為是值得鼓勵的,哪些行為是不正確的。讓學生從教學獎懲中,理解行為表現的正確標準。

8. 充分運用課餘時間

教師在教學活動進行時,應該有效地運用課餘時間,指導學生進行學習,對於學習進度落後的學生,可以利用課餘時間或零碎時間給予充分的指導。對於學習進度超前的學生,可以考慮給予加深加廣。

七、值日生工作分配

班級值日生工作的分配,應該以學生輪流的方式處理,讓每一位學生都有學習為大家服務的機會。班級值日生的工作分配,教師可以依據班級的特性以及每天需要處理的事件,作為值日生的主要任務。有關值日生的工作分配,說明如下:

（一）以全班輪流方式處理

班級值日生的工作分配應該以全班輪流的方式處理，教師將全班性的工作一一條列出來，寫成值日生備忘錄，交給每天的值日生作為交接的參考，值日生依據工作備忘錄所記載的重要工作項目，一一在時間內完成，交接給下一位值日生時，新接值日生工作的學生應該先檢核當天值日生是否完成該作的工作項目。

（二）值日生服務性工作內容

值日生的工作項目包括全班性的服務工作，例如：擦黑板、整理講桌、倒開水、澆教室前的花草、借用各種教學器材、整理打掃用具、下課時間整理教室、倒班級垃圾、午餐時間的清潔工作維持、午休時間協助維持秩序、協助教師各項教學活動進行等。

八、用餐指導

學生中午用餐禮儀、基本態度的指導是班級生活教育的重要事項，教師必須運用用餐時間，給予學生機會教育，以便養成用餐的禮儀。有關用餐的指導略述如下：

（一）安全教育

學生用餐時間是容易發生意外事件的時段，教師必須在平時就嚴格要求學生遵守用餐安全事項，不可以在用餐時間嬉戲、開玩笑，以免導致意外事件發生。例如：在抬放午餐熱湯、蒸飯箱時，都需要注意安全。

（二）衛生教育

學生用餐前的衛生習慣養成是相當重要的，例如：前些時候流行的腸病毒等。教師應該要求學生在用餐前，飯前洗手、飯後漱口，同時注意各種用餐的衛生習慣等等。

（三）感恩活動

　　學生在用餐之前，教師可以設計唱一首謝飯歌曲，請學生在用餐前齊聲唱一首歌，感謝所有的人並藉此培養感恩的心。

（四）培養分工合作

　　用餐時間可以培養學生分工合作的精神，教師可以依據學生的體能和身體的敏捷性，將午餐工作安排平均分配給班上學生。請學生在處理各項午餐工作時，工作前要洗手，工作中勿講話，打菜、舀湯的同學要戴口罩。因各校辦理午餐的形式不一，工作項目可斟酌調整。

（五）用餐禮儀

　　學生在用餐禮儀方面，需要教師運用機會教育指導學生正確的禮儀。而午餐時間的機會教育是相當重要的。教師可以在此餐時間，請學生隨時注意用餐禮儀，例如：細嚼慢嚥，口裡含有食物時不說話等習慣的養成。

九、午睡時間的指導

　　午睡時間對中小學學生而言，是相當重要的日常作息。教師在班級經營中，應該運用各種午睡指導技巧，讓學生可以在學校學習時間，取得充分的休息。

（一）午睡形式的改變

　　一般中小學學生的午睡是趴在自己的座位上午睡，此舉違反人體工學導致學生很難入睡。因此，教師應該在午餐結束之後，學生清掃工作進行時，請學生將教室地板清掃乾淨，讓學生可以在教室地板午睡。冬天可以請學生攜帶厚棉被或睡袋，夏天可以請學生攜帶涼被到學校，如此可以擁有一個甜蜜的午睡時間。

（二）另類午睡的實施

除了上述的午睡形式之外，教師可以將教室的窗簾拉上，讓遮光效果更好，並在教室播放輕柔或有助於睡眠的輕音樂，請班級學生輪流唸一段「心情故事」或是感性的文章，讓學生在輕柔的樂聲中入睡，午睡時間結束時，教師也可以請值日生以「定時方式」播放比較動感的音樂，讓學生從音樂聲中悠悠醒來。

（三）午睡的注意事項

學生午睡之前，教師應該避免讓學生進行劇烈的活動，以避免學生過於興奮無法入睡。此外，教師可以請學生自備小枕頭，不勉強一定午睡，但必須做靜態活動（如看故事書、報紙），尊重別人，不干擾他人午休。

十、回家作業的指派

學生的回家作業應該避免傳統抄抄寫寫的方式，而應該針對學校的課程教學，設計一份適當的回家作業。教師在指派回家作業時，應該依據學生的年齡、學習特性，設計適當的作業。

（一）作業份量問題

一般教師在考慮回家作業時，以完成作業時間加以區分，低年級30分鐘、中年級40-50分鐘、高年級60分鐘為宜。除非教學上特別需要，否則的話，教師不可以給學生過多的作業量，造成學生和家長的困擾。

（二）作業內容問題

除了作業量的考慮之外，教師應該在作業的內容方面儘量結合各級各科教學與學習活動，提供學生學科學習的複習機會。通常回家作業指派以學生需要反覆練習或是需要事前預習主題為主。

（三）另類作業設計

回家作業的指派除了傳統的抄寫方式的作業之外，教師也應考慮做家事、課外閱讀、生活檢討反省、參觀、運動、日行一善、美勞活動、親子同樂等各種另類的家庭作業，讓學生除了學習學校的課題之外，也能進行生活經驗的學習。

十一、回家路隊指導

放學是學校一天生活的結束，教師除了在放學回家路隊的處理之外，也應該切忌不可以隨便留學生在學校，以免發生各種意外事件。在班級回家路隊的指導方面，教師可以參考下列幾點重要事項：

（一）請學生填寫回家路線調查表

教師可以設計各種回家路線調查表，讓學生和家長詳細的填寫，作為學校放學的依據和參考。回家路線調查表可以包括：學生回家的路線、需要的時間、主要的交通工具、接學生的家人或車輛牌照號碼，以及各種緊急聯絡電話等資料，讓教師彙整作為參考。

（二）請學生填寫放學回家的交通事宜

教師應該請學生提供放學回家的交通事宜，包括回家時間、行走路線、一起回家的同伴等相關資料。

（三）每日到學校之後，請路隊長作簡報

教師應該在班級依據學生居住社區的特性，選派回家路隊長，並交付路隊長應該負責的任務，請路隊長管理學生回家路隊，隔天上學時向教師進行回家路隊簡報。

你可以這麼作

➢ 站在學生的角度看事情

就像一顆柏樹，照得到陽光的地方是翠綠的，但照不到陽光的地方是枯黃的，事情都有不同的面向，學習用不同角度看事情。

➢ 傾聽學生的聲音

多聽聽學生的意見，當一個適合的傾聽者。

➢ 在生氣前先深呼吸

在發怒前先緩和自己的情緒，減少許多不必要的遺憾發生。

本章討論問題

一、請說明教師管理時間的重要法則有哪些？

二、請擬定一份中小學教師的行事曆。

三、請設計一份班級晨間活動計畫。

四、請說明處理家庭聯絡簿的要領有哪些？

五、請說明導師時間的安排要項有哪些？

六、請說明如何進行課堂時間的安排。

七、請說明值日生工作分配的要領有哪些？

八、請說明用餐指導的要點有哪些？

九、請說明午睡時間的指導要領。

十、請說明回家作業的指派要領。

十一、請說明回家路隊的指導要領。

第十一章

親師溝通的策略與作法

～教育行銷的重要～

「教師應該縮小身影、放下身段，以方便進入家長的瞳孔。」

　　本章針對班級親師溝通的相關理念與策略，擬定可行的策略作為教師進行親師溝通的參考。

一、重要理論與策略

　　良好親師關係的建立有助於有效連結教師、學校、家長的資源，教師和家長密切配合，對學校教育的進行以及班級教學活動的實施，具有相當正面積極的意義。建立良好親師關係的重要性如下列四項（鄧運林，1994：201-203）：

（一）提高學生學習效果

家長參與學生學習過程，將可以使學生感受到父母對自己的關懷與重視，激勵學校生活中的學習動機與興趣，學生會因為父母的重視和參與，適時地給予指導，化解各種學習上的障礙；有了家長的參與，教師可以減少許多備課的時間，進而從事教學品質的提升，在教學上可以給學生更多的指導和關愛，因而豐富學習的內涵。

（二）促進教師專業成長

建立良好的親師關係，可以提供教師與家長更多溝通的機會，教師透過與不同家長的互動，不但可以達到擴展視野的效果，將自身的思想延伸到教育範疇之外，同時可以透過親師合作汲取不同的資訊，有助於促進本身更方面學習的意願，從而充實自己廣博的知能，教師本身也會因為必須發揮專業領導者的角色需求，願意投注更多的心力於教學知能之上。

（三）增進家長教養知能

家長參與學校教育對家長教養知能有正面的作用，歐陽圖（民78）研究指出，一般家長並不覺得自己有能力能幫助孩子的學校學習，大多數的家長需要教師寄更多有關課程資料給他們。

（四）營造學校良好關係

學校關係的營造有助於教育目標的達成，家長透過學校教育活動的參與，可以瞭解學校辦學方針各項教育活動本身所蘊含的意義。學校接納家長，一方面可以瞭解家長的期望，另一方面可以隨時澄清家長對學校的誤解。

二、良好的親師關係

（一）家長的類型與處理要領

教師面對各式各樣的家長，必須依據家長的各種類型提供教育上的支

持與理解，才能和家長營造一種雙贏的局面。一般的研究將家長分成漠不關心型、斤斤計較型的家長。教師在面對此種類型的家長必須瞭解家長的特性，才能在親師溝通中贏得家長的信任。

1. 漠不關心型的家長

針對此類型的家長，教師應該瞭解家長的處境，在教學之餘，多與家長進行良性的溝通，讓家長解自己的孩子在學校的生活情形，請家長多關心自己的子女、陪伴子女，讓子女可以正常健康的成長，不可以一味地給予物質方面的滿足。此外，發現對家長子女友有不當的教養態度，如虐待孩子的話，必須通知學校陳報處理。

2. 斤斤計較型的家長

一般斤斤計較型的家長，對學校教育措施與班級教學的進行，經常持與教師不同的意見與觀點。部分家長會因為過於質疑教師的教學能力與方法，導致和教師引起衝突。

（二）家長人力資源的運用

教師在班級經營中，應該考慮家長人力資源的運用，瞭解家長的社經背景、工作經驗以及社會資源，將家長的人力資源進行調查（請參考家長人力調查表範例），將家長可以提供學校協助的各種資源進行整合，在班級經營中隨時將家長的人力資源納入，協助教師進行班級經營，提升教育品質與效果。

家長人力調查表範例

＿＿年＿＿班＿＿號
學生姓名：＿＿＿＿＿
家長姓名：〈父〉＿＿＿＿＿
〈母〉＿＿＿＿＿

親愛的家長您好：
　　為了讓孩子有更多元化的學習，您是否願意和孩子們一起分享您的才華與愛心，在此我們設計了一份問卷，竭誠歡迎您的加入，並感謝您的熱心幫忙與協助。

　　　　　　　　　　　　　　　　　　導師○○○敬上

您可以協助哪些班級活動？《可複選》
　　□晨光活動　　□補救教學〈上課時間〉　　　　□教室布置
　　□海報製作　　□教具製作　　　　　　　　　　□影印
　　□資料打字　　□戶外教學的安全維護〈上課時間〉　□其他

二、您可以協助哪些學校的例行工作？《可複選》
　　□導護工作〈早上：7:20~7:40　中午：12:00~12:15
　　　　　　　　　下午：16:00~16:15〉
　　□圖書室的書籍整理　　　　　□教具室的整理工作
　　□週會時的專題演講　講題：_____
　　□分組活動　　組別：_____
　　□其他

家長服務意願調查表

　　素仰　貴家長平日對子女教育的關愛，為了積極擴大孩子的教育層面，本著「讓每個孩子都好，我的孩子才會好」的精神，誠摯地歡迎父母親也能走進學校，參與幫助孩子成長、茁壯的工作，您不一定要有特殊才藝，只要有「心」，因為您的參加，我們的教學環境將更豐盈，茲將本校親師會服務項目詳列如下，請您勾選〈可複選〉

家長可提供學校之協助與支援	家長可提供教師之協助與支援
□1.校園安全巡邏	□1.親師協會之籌辦與運作
□2.導護—維護學生上下學的安全	□2.布置教室與規劃教學情境
□3.校舍修護維護	□3.親師生戶外教學
□4.校園美化綠化	□4.教室清潔維護
□5.戶外教學	□5.設計學習單元
□6.教具圖書管理	□6.教具製作
□7.布置教學環境	□7.評量〔過關〕
□8.親師活動之協辦	□8.出版班刊或班訊
□9.專業諮商〔法律、醫療等〕	□9.協同輔導
□10.其他	□10.擔任〔班爸爸〕或〔班媽媽〕
	□11.其他

　年　班　　家長姓名：　　　　　學生姓名：
聯絡電話：〔O〕　　　　　　　〔H〕

（三）家長配合事項

　　教師在班級經營中與家長溝通，應該具體明確，讓家長瞭解需要家長

配合的地方，必須時，將家長配合事項以書面資料呈現出來，提供讓家長參考，或是將家長配合事項，以檢核表的方式提供家長參考。有關家長配合事項舉例如下：

1. 請提醒孩子每天生活作息能正常，上學不遲到、不早退，早上儘量吃完早餐後才上學。

2. 每天睡前請提醒孩子自己整理書包、學用品，以培養對自己負責的態度。

3. 請家長每天簽閱聯絡簿，隨時關心子女的學習表現，並能讓孩子感受到父母的關愛。

4. 孩子若因故請假不能到校，請務必儘早聯絡通知。

5. 請讓孩子幫忙做家事，學習分擔家務，體會父母辛勞。

6. 有關孩子學習及老師教學上各項問題，請直接與級任老師聯繫，可多利用聯絡簿或到校面談。

7. 每位孩子有其個別差異及無限發展潛能，請家長勿拿孩子的成績與其他同學做比較、競爭，孩子學習出狀況時，老師會給予適當地引導及適時地指正，並知會家長多關心留意。

8. 班上實施榮譽獎制度，根據孩子的表現給予獎懲，請家長配合輔導，多予讚美鼓勵，激勵孩子爭取榮譽，有榮譽心的孩子懂得上進，也能有良好的人際關係。

9. 中年級的課業並不難，小朋友只要把課本、習作的題目弄清楚，老師強調的重點多練習熟記，課堂上專注些，課後靈活運用複習，就差不多了。更重要的是請家長要有耐心配合指導，並養成其良好的讀書習慣，才能使學習基礎穩固，孩子終身受用。

10.希望家長除了重視孩子智育上的發展，也應鼓勵孩子發揮多方才能，讓孩子均衡發展，做一個身心健康、充實快樂的學生。

11.家長為學校教學後盾，鼓勵家長分享孩子的學習活動，並組班親會，協調班級經營，及提供家長專長和教育資源，擴大孩子學習領域。

三、給家長的一封信

教師在班級經營中，可以運用「給家長的一封信」和家長溝通學校及班級生活狀況，讓忙碌的家長對學校生活有概括的認識，教師如果有重要且隱密的事情要家長瞭解的話，也可以透過給家長的信，提醒家長重要的訊息。教師在撰寫給家長的信件中，應該以鼓勵取代打小報告的方式，輕輕提醒家長應該配合之處，盡量避免過於指責家長或一味地指陳學生在學校的反社會行為。教師寫給家長的信件在內容方面應該包括教師自我介紹、學校重要政策、教師班級經營理念、家長應該配合事項、學生的身心發展特徵、學期或學年的教學重點、各學科的知識與內容、學校與班級的生活作息、教師與家長的聯絡方式等。給家長的一封信撰寫內文請參考範例如下：

親愛的家長：

展信愉快！

首先做個簡單的自我介紹，本人姓王，名叫大中，是彰化縣二林鎮人，很榮幸擔任本年度三年甲班貴子弟的級任導師。教育是學校的重大工作，但必須與家庭教育充分結合，才能將您們的子弟教得好、讓他們學得愉快！

家長的充分配合，學校教育才能獲得順利的推行，只要您肯相信我，給我支持與鼓勵，我有信心教導貴子弟在校期間能學得好規矩、習得好品行，同時給予活用知識的傳授，這更是我責無旁貸的事。

班上部分家長反應：對數學新課程有許多觀念還是不太清楚，對孩子學習數學的解題能力及計算速度遲緩，感到憂慮。

為了釐清大家對數學新課程的教育理念及發展兒童「解題能力」暨加強其「計算熟練度」，在這提供一份有關數學新課程的主張及培養「效率」的最佳時機、內容進度表，請家長配合進度，在家中可以自行輔導孩子。

數學新課程主張：數學概念與格式表徵並重。

（先建立概念，再發展格式）

學習先有效果（會成功解題），才講求效率（精、熟、快）。教學係藉

群體討論文化（社會面），合兒童認知發展（認知面）。建構兒童兒童
數學知識（數學面）。

——低年級：心理性

——中年級：社會性

——高年級：科學性

配合數學新課程進度，培養「效率」的最佳時機及內容：

年級	可熟練之計算教材
二下	20以內的加、減（橫式）或基本加減（橫式）
三下	乘法＋＋（橫式）
四下	整數的加、減（直式）
五上	小數的加、減（直式），同分母分數的加、減
五下	整數的乘、除（直式）
六上	異分母分數的加、減，小數的乘（直式）
六下	小數的除（直式），分數的乘、除

　　家長亦可在家利用「親子作業」（自行出題，少量多次），協助兒童在
有概念下，逐漸熟悉格式、增進速度。

　　一切教育信念的執行，有賴家長們的共同推行，以下是必須請家長們與
老師合作的事項：

一、每日檢查貴子弟的作業，並在聯絡簿上簽名。

二、睡前請檢查隔日學校攜帶物品（例如：課本、文具、作業簿……
　　等）。

三、請依規定穿著校服（一·四）、體育服裝（二·五）及便服（三·
　　六）。

四、請督促每日準時就寢。

五、準時到校不遲到。

---　---　---　---　---　---　（**沿線撕下，請貴子弟帶回班上**）---　---　---　---

在此向各位家長請益一事，若孩子有犯錯的時候，您贊不贊成適度的處罰？
（**請在下列中勾選一項，並說明原因，謝謝！**）

□贊成　　　　　　　　方式為何？_____

□不贊成　　　　　　　有其他的方法嗎？_____

您有任何想法或意見？請寫在這「意見回條」，謝謝！

家長簽名：_____
學生姓名：_____

導師的電話：0988888888
學校的電話：2345678轉

四、班親會的成立與運作

　　教師在班級經營中，應該針對學生家長組織班親會，並且透過班級會的成立與運作，協助班級教學活動的實施。有關班親會的成立與運作，以下分成組織家長會、懇親會、家庭訪問等形式，說明如下：

（一）組織家長會

　　班級家長會的組織，教師可以事先瞭解班級學生家長的基本資料，透過各種班親會的舉辦，詳細地向家長說明家長會對班級經營的重要性，以及對子女在學校生活的影響。班級家長會的組織可以考慮下列要點與程序：

1. 運用學校日

教師要成立班級家長會之前，應該先蒐集有關家長會的組織、功能、規章等相關資料，先熟悉班級家長會的運作和功能之後，可以運用「學校日」或是「懇親會」時間，向班級家長作詳細的說明，以避免家長對班級家長會功能的誤解，如果需要的話，教師可以先將相關的資料寄給家長作參考。

2. 發開會通知單

此外，教師可以設計一份比較溫馨的開會通知單，請學生回家之後轉達。在通知單發出之後，教師也可以考慮用電話或各種形式通知家長出席班級家長會。

3. 成立工作分配

教師在向家長師說明班親會的功能之後，可以由家長相互推選的方式，進行班級家長會的工作分配。在工作分配之前，教師應該向家長說明各個工作的內容，並且將家長分成下列幾個小組，如會長、副會長、總務組、活動策劃組、文書組、公關組等，各組人員的編派可以考慮家長的職業背景，以及擔任工作的意願，讓每位家長都可以為班級事物付出。

4. 辦理各項家長活動

班級家長會成立之後，教師可以指導家長擬定各種屬於班級的活動計畫。例如：讀書會、家長聯誼活動、組織義工媽媽、親師聯誼會、校外聯誼等，透過活動的進行，增進家長與教師之間的感情。

5. 家長會正式運作

家長會的運作除了在選擇時必須符合程序之外，家長會的正式運作也應該循著正式的程序，將各個家長會的開會會議紀錄、會議決議等形成書面資料，作為日後執行的參考。

（二）懇親會

學校舉辦「懇親會」（或稱家長參觀教學日）的主要目的在於促進教師與家長之間的感情，同時讓家長瞭解子女在學校的學習生活，讓教師瞭解家長對子女的期望，以及對學校教育的期許。一般懇親會的舉辦，學校

會挑選家長共同休假日（例如：勞動節）或是週末假日實施懇親會。

1. 事先安排座位

懇親會之前，教師應該事先將座位安排好，請學生先將教室打掃乾淨，讓家長對班級有新的印象。

2. 展示學生的作品

教師可以將學生的各學科作品，依據分類整理展示學生的學習成果以及作品，讓家長瞭解自己的子女在學校的學習成果，家長透過子女作品的展示，可以瞭解教師在班級教學中的用心，展現對教師教學的信心。

3. 準備簽到簿及茶水

舉辦懇親會前，教師應該先將家長的簽到簿準備好，讓家長感受到學校對懇親會的重視，同時也可以透過簽到簿瞭解家長的出席情況。

4. 準備相關資料

懇親會是學校與班級行銷重要的時間，教師可以將學校要讓家長瞭解的資料，以及班級想讓家長瞭解的資料作整理，提供讓家長瞭解。這些資料包括學校簡介、班級經營計畫、班級經營理念、學期教學計畫、各種經營理念等。

5. 推選主席

懇親會最重要的是推選主席，請家長輪流主持會議，並針對重要的議題討論，形成會議紀錄。

6. 親子教育經驗分享

班級懇親會過程中，教師可以引導家長針對議題進行經驗的分享與交換，將各種事先規劃的流程、進行議題討論，並且留時間讓家長進行親子教育經驗分享。

7. 班親會教師講綱範例

親師講綱

時間	流　程	細　　目
	簽到 領取資料	1. 事先請學生在桌上貼名牌，家長到時可自行找到位子。 2. 於桌上展示學生作品，先到的家長可先參覽，瞭解子女在學校的學習情形。
5'	推派主席	教師指導由出席的家長成員中互相推選主席。
10'	轉達學校 配合事項	1. 學校行政方面。 2. 學校行事方面。 3. 學校課程方面。
15'	班級事物及 配合事項	1. 教師教學理念。 2. 班級經營方式及需要的支援或配合的事項。 3. 課業需家長配合之事項。
40'	成立班親會	1. 老師對班親會作用與功能稍作解釋。 2. 家長自我介紹（每人約二分鐘）。 3. 決定班親會成立方式： (1) 自願。 (2) 將每個幹部全部選出。 (3) 只選家長代表，其他由家長代表自行招募。 4. 成立班親會。
40'	親師座談	雙向溝通，自由發言。
5'	結語	1. 補充尚未說完或忘記說的。 2. 感謝家長出席的話。
	散會	

（三）家庭訪問

　　學校為了促進教師對家長的瞭解，最常使用的方式就是家庭訪問。教師透過學生的家庭訪問，可以瞭解學生的家庭狀況，接觸家長並瞭解家長對學校教育的期許，對子女的教養態度。一般家庭訪問的進行，應該掌握下列要點：

1. 約定訪問時間

教師在進行家訪問前，應該和家長約定時間，讓家長對教師的訪問有事先的準備，不至於心慌意亂。

2. 事先規劃談話主題

教師訪問家長之前，應該先針對談話主題進行規劃，預先瞭解學生的家庭背景，做好訪問之前的各種心理準備。教師對家長如果有事先的瞭解，不至於在家庭訪問時出糗或者造成彼此之間的難堪。

3. 運用良好的溝通技巧

家庭訪問時，教師應該具備良好的溝通技巧，避免因為溝通不良產生彼此之間的隔閡，或者是造成彼此之間的誤會。在態度方面應該誠懇，以禮貌的方式進行晤談。

4. 注意自身的安全

教師實施家庭訪問時，應該注意自身的安全事宜，儘量請同事作陪或是請熱心熟悉的家長同行。

5. 以家長容易接受的方式進行訪問

教師和家長訪問時，話題如果涉及學生在學校的各種表現時，應該先多聊學生的優點，再談論學生應該改進之處，如此家長比較容易接受教師的觀點，不至於因為自己的子女被否定，進而惱羞成怒。

6. 做成家庭訪問紀錄

教師完成家庭訪問之後，應該針對訪問重點形成訪問紀錄，如果是屬於重點訪問的話，應該將訪問紀錄簽會學校行政人員，讓學校校長或主管瞭解需要協助的家長，以提供行政方面的支援。

五、親師溝通計畫書擬定

（一）溝通前的準備

1. 擬定親師班親會的內容和程序

教師必須先瞭解學生家庭的背景、學習狀況後，再擬定班親會內容：

(1)說明活動的目的與方式，敬請家長踴躍參與發言。

(2)報告學校極需家長配合、支持的各項措施（如接送兒童上下學停車問題）。

(3)展示個人經營班級理念及期望家長配合事項。

(4)請家長分享教養子女經驗與棘手問題。

(5)共謀如何使兒童健康、快樂成長策略。

2. 全力邀請家長出席

除由學校校長具名發通知單以外，教師可依班級需要，自擬一份誠摯的邀請函（卡），或以聯絡簿誠摯邀請，再透過兒童口頭邀約，以及家長參加意願調查，提高家長出席意願，並掌握當天可能參加人數，越誠心的邀請，家長的回饋應會越熱烈。

3. 擬寫學校及教師期望家長配合的事項

教師應依實際需要擬出配合學校規定及教師經營班級極需家長配合的事項。必要時可準備「備忘表」，在座談會上依序說明，並於會後將備忘表發給家長，如：

配合學校活動方面
(1) 每天於7:30～7:50之間到校，不要太早，以維護兒童自身的安全。
(2) 接送兒童時，請依學校規劃的各年級接送地點接送，以免妨礙兒童路隊和安全。
(3) 為提高兒童環保意識，請在家庭中配合實施垃圾分類。
教師對兒童期望方面
(1) 讓兒童準時到校，參加晨掃和晨光時間。
(2) 每日檢查聯絡簿並簽名。
(3) 儘量讓孩子學習處理自己的事（如：讓孩子準備自己該帶的學習用具）。
(4) 住址、電話及接送狀況有異動，請隨時和級任老師聯絡。
(5) 儘量撥冗陪孩子、傾聽孩子的心聲。

4. 預想家長可能提出的問題及應對方式

教師宜預想家長可能於班親會中提出的問題，教師應有腹案在心裡，以便做最適當的臨機處理，如：

(1)家長反對教師限制兒童帶零錢到校的問題，應如何說明？

(2)家長當場批評學校措施，應如何應對？

(3)家長直接指責教師教學方式，應如何處理？

5. 模擬可能情境的應變方式

對於預定的主題，萬一家長反應不熱烈時，教師宜設法變化主題及方式來激發家長發言；可就自己在經營班級中所發現的事例，如誇讚孩子好的表現或師生互動良好的實例等，與家長分享：如○○小朋友的作業做得很好，請○○的爸爸（媽媽）談談你們在家的引導方式，好讓其他家長參考，進而鼓勵家長發表自己的經驗和想法，讓大家一起分享。

6. 布置會場

教師宜配合班親會內容，將會場加以規劃，甚至讓家長一同參與規劃布置，當教師非常重視這件事情時，家長也會更用心，鄭重其事的參與；布置內容參考如下：

(1)展示親子互動資料，如：爸媽的讚美、孩子的特點等。

(2)展示平日教學及學生蒐集資料、作品及各科作業。

(3)提供親職教育資料，供家長取閱。

(4)桌椅的排列，最好能讓與會的人都能面對交換意見。

(5)呈現會議內容、程序，可事先寫好張貼於黑板上，或當場板書於黑板上。

7. 各處室的行政支援

(1)教務：事先規劃當日活動流程，於一週前晨會報告、說明、討論，且於定案後向全體教師說明並分發流程表給每位教師。

(2)訓導：配合校令宣導事宜，於會前分發每位教師一份資料，方便於班親會進行中配合宣導。

(3)輔導：分發親職教育資料，並商請專家當天配合親職教育內容演講，增加說服力。

(4)會後可舉辦學年檢討會，經驗分享。

（二）班親會的實施計畫

1. 目的
  (1) 引發家長的關心及愛心，共謀學校教育及家庭教育的發展。
  (2) 加強學校與家庭的聯繫，培養親師合作。
  (3) 策劃班級活動，以便有效進行各項班級活動。
  (4) 運用社會資源，提供家長貢獻專長的機會。

2. 實施日期
  (1) 每學期第一次班親會的活動時間在開學後四週內舉行，時間由各年級統一訂定，第二次後由各班訂定。
  (2) 為便於家長參加班親會，各學年開會時間的安排以不同的時段為原則，若時間太短，則分低、中、高年級安排三個時段舉行。
  (3) 為便於家長參與，班親會的召開以非上班、上課時間為原則。

3. 實施程序
  (1) 班親會的召開可由導師及選出的召集人共同通知家長，若尚未選出召集人，則由導師負責通知。
  (2) 第二次以後班親會的召開，由導師及召集人決定後，依需要召開。
  (3) 班親會的召開須事先填妥活動計畫表，列名時間、地點後，由級任老師簽名，送交相關處室，經校長核准後，再發開會通知單給家長。
  (4) 班親會的活動地點、時間及各項收費，均須依教育局有關規定辦理。

4. 導師及校方人員之任務
  (1) 每學期定時做班親會的活動，並確實傳達校方欲傳達的事項。
  (2) 班親會中，家長若有不明白之事項，必須給予詳細說明。
  (3) 會議結束後，請家長於三天內將會議紀錄交給導師，以便答覆各家長之建議事項。

(4) 班親會或家長個人擬的問卷或通知單，欲由學生帶回者，老師須詳加閱讀，如發現有不妥情事，請知會有關處室協商或修訂，以避免誤解或困擾之情事發生。

(5) 本計畫呈校長核准後實施，修訂時亦同。

（三）班親會的組織運作

1. 班親會組織圖

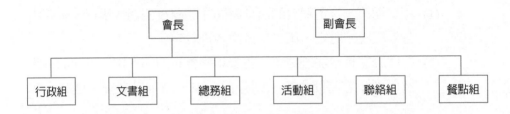

2. 各組工作職務

行政組：協助主持班親會，聯絡班級家長情誼。

文書組：負責會議紀錄、文書處理、照相等等。

總務組：負責收入支出及各項財務管理。

活動組：負責安排各項活動及場地布置。

聯絡組：負責各項活動策劃、聯絡、執行等。

餐點組：負責活動的各項餐點。

3. 班親會工作項目

(1) 辦理親師懇談會

(2) 出版「班級通訊」，布置「活動看板」。

(3) 辦理親、師、生聯誼活動。

(4) 晨光、彈性活動時間的認養。

(5) 協助學習情境的規劃與設置。

(6) 協助辦理戶外教學。

(7) 支援補救教學。

(8) 支援班級人力、物資。

(9) 其他。

六、家庭聯絡簿的運用

家庭聯絡簿是學校班級與家長聯絡的重要管道，同時也是提供學生每日生活重要訊息。教師在班級生活中，應該妥善運用家庭聯絡簿，作為和家長溝通的重要管道。由於近年來資訊的快速發展，國內相當多學校已經發展「電子聯絡簿」強化家庭聯絡的功能，或有部分學校要求教師必須規劃班級網頁，將班級生活中的各種重要訊息，在班級網頁中登錄，家長可以透過班級網頁瞭解子女在學校的各種動態。

（一）家庭聯絡簿的內容

教師在家庭聯絡簿的內容方面，應該結合班級教學活動的實施。聯絡簿的內容如下：

1. 每天班級教學的功課以及學校必須攜帶的用具。
2. 親師聯絡的重要事項，包括讚揚學生在學校的良好表現、在班級中的生活點滴、以及家長需要配合之處。
3. 學生在班級教學中的學習心得。
4. 教師應該要求家長每天簽閱孩子的家庭聯絡簿，瞭解學校的重要記事，以及子女在學校生活的點滴。
5. 教師如果有需要家長配合或是要求學生改進之處，應該儘量以電話聯絡，避免在聯絡簿上面直接寫學生的缺點。

（二）家庭聯絡簿的批閱

1. 批閱在家長之前

教師在家庭聯絡簿的批閱，應該在家長簽名之前。換言之，每天在教室請學生抄完聯絡簿之後，就應該進行檢查簽名。如此，一來可以確定學生聯絡簿抄寫完整，同時可以將學生的錯別字挑出來，請學生及時改進。

2. 避免在上面寫學生的缺點

一般教師習慣在學生的聯絡簿上面寫下學生的缺點，以及需要改進之

處。殊不知，首先接觸聯絡簿的是學生而非家長，如果學生在聯絡簿上面發現教師的評語，因為怕回家被家長懲罰而不敢將聯絡簿交給家長，反而失去聯絡簿的功能。

3. 請多運用鼓勵原則

教師應該盡可能在學生的聯絡簿上面，寫一些要鼓勵學生的話，讓學生可以從聯絡簿上面，瞭解教師對自己的期望。此外，將各種鼓勵的話寫在聯絡簿上面，教師可以讓學生從中感受教師的關懷。

4. 多寫一些感性的話

教師在聯絡簿的評語可以考慮寫一些感性的話，作為鼓勵學生的座右銘，同時可以讓家長從聯絡簿的簽名中瞭解教師對學生的用心、學校對學生的教育。

5. 提供家長各種親職教育常識

教師可以在聯絡簿上面，提供各種教育基本常識以及親職教育的基本學理，讓家長可以從聯絡簿簽名中，附加學習各種重要且有用的理念。

七、親師通訊應用與實例

（一）親師通訊的種類與功能

1. 教師的信

開學的第一封信：開學的第一封信往往可以讓家長瞭解老師帶班的理念、宣導學校相關活動，打開親師溝通的心門，藉此闡述教師教學理念、對學生的期許和用心，以及需家長協助的地方，並可於信末附家長回條，請家長給教師回饋和建議。

2. 班親會

班親會前可以先向家長通知日期、預告討論主旨，班親會後可以公告班親會決議的事項。

3. 班級刊物

班級自編的刊物，定期向家長報導班上最新的動態，親師共同關心孩子的成長。內容大致包含有：班級動態、學習進度、學生優良作品發表、

親職教育心得、家長心聲、班級行事曆、班費收支等等。

4. 不定期通知單

傳達學校行政事項、重要活動前的通知、活動後的花絮報導、班級活動、學生學習狀況和行為表現或問題，並溝通教育觀念。

5. 愛的溫馨小語

一顆感恩的心，感謝家長的支持和付出；一張卡片、一句小語，在在流露出學校教師對家長的謝意，使家長感受學校教師的善意並樂於付出。

（二）親師通訊注意事項

1. 談孩子需鼓勵、關懷、誇讚或特別表現（好或不好）的地方。
2. 儘量讓家長感受教師是站在協助其子女進步與成長的積極立場，而非批評論斷。
3. 可藉此機會表達教師對家長的關心與感謝。
4. 讓家長感覺你是竭誠歡迎他一起經營這個班級，讓他們有參與感。
5. 回條要寫上小朋友的姓名及家長姓名。
6. 可附上有關教育的文章，請家長在回條寫上感想。

（三）親師通訊的優點

1. 可與家長保持聯繫及互動。
2. 增進親師情誼。
3. 聯絡事項。
4. 家長可瞭解子女在校狀況。
5. 瞭解學校活動。
6. 瞭解教師教育的觀念。
7. 贏得家長的信任，去除他們的疑慮。

（四）每月例行性親師通訊

1. 活動報馬仔→(1)本月學校及班上之活動項目；(2)預告下月之活動

2. 生活花絮→班級之日常情形
3. 特別報導→擇一活動細節報導
4. 教育理念→教師闡述自身教育理想
5. 教學專欄→針對課堂之教學單元擇一複習
6. 本月之星（本月最乖的小朋友）
7. 回條→家長的話或意見

八、班刊的規劃與運用

班刊的設計與運用是教師將班級各種訊息，轉化成為文字的方式提供家長以及關心班級事物的人，作為參考之用。親師溝通的互動可以透過電話、聯絡簿、班刊、親師交流網……等來聯繫，其中班刊不但可以作為親師生溝通交流的管道，也可以讓學生有參與感，培養孩子編輯寫作的能力，體會團結合作的重要性。

（一）班刊的形式

班刊的發行可以透過各種形式，例如：以班級網頁的方式、電子班刊的方式等出版班刊。此外，班刊也可以用海報的方式，展示出來變成教室布置的一部分。

（二）班刊的內容

班刊的內容應該結合班級各種生活訊息，自內容方面採多元方式，由教師指導學生自行創作。班刊在內容方面，可以考慮下列形式：

1. 教室新鮮事

班上發生的大小事，可請學生輪流記錄，並將令人印象深刻的部分選出編輯。

2. 親師交流站

教師可透過此部分和家長溝通教學理念，家長亦可提出看法和教師討論。

3. 大事公告欄

如學校活動或班級活動的公布。

4. 學生作品區

將學生的作品呈現出來，包括文字、美勞作品等。

5. 民意調查站

票選各方面表現出色的學生，如「運動高手」、「烹飪專家」等。

6. 活動花絮

將學生上課或其他活動的情形拍攝或用文字敘述下來。

此外，班刊內容可以考慮在編輯上加入「活動後感言」、「我有話要說」、「父母的話」、「班級信箱」、「本月壽星」等，也可加入趣味欄，如：「漫畫窩」、「有獎徵答」、「故事笑話」等。

（三）班刊的製作

班刊的製作需要教師結合各科教學，例如：藝術與人文的教學。一般而言，班刊的製作可以考慮下列幾個步驟：

1. 作品觀摩

教師先拿一些刊物讓孩子觀看，並告知班級刊物的構想，師生一同討論班刊的形式及內容，作為班刊製作的先期作業。

2. 選定工作人員

班刊的製作第一次可以由老師先選定班刊編輯人員，從電腦文書、美編、寫作能力較強及自願性高的學生著手。一開始由老師負責召集，告訴學生編輯的技巧，如何去做，如何找題材，並分配每一個人的工作內容，且告知完成時間。

3. 展開作業

學生可利用電腦或手工編輯方式製作，最後完成由教師協助影印，並發給每一位同學，亦可讓學生發給校長、主任及相關老師。

4. 作品評論

發下後，由老師帶領大家瀏覽一次，討論優缺點，並感謝編輯同學的辛勞。

5. 正式展開作業

班刊做了幾期後，教師可以開始徵求其他自願者加入編輯行列，再過一段時間，則全班分組來輪流製作。

引以爲戒

1. 彰化的○○老師：大太陽底下繞著操場青蛙跳，直到老師喊停爲止。
2. 新竹的○○老師：上課時說話的兩人互打巴掌且要有聲音，直到臉發紅了爲止。
3. 屏東的○○老師：全班上課太吵，罰全班半蹲，且依照吵鬧程度加拿椅子或放上書包。
4. 臺東的老師：用棍子打手背、小腿、腳底……。
5. 臺南的○○老師：因上美勞課時作品未交，老師拿原子筆戳學生的頭。
6. 淡水的○○老師：被罰半蹲，要讓老師看到流三滴汗才可回座位。

本章討論問題

一、請說明在班級經營中如何建立良好的親師關係？

二、請擬定一份給家長的一封信。

三、請說明班親會的成立與運作。

四、請擬定一份親師溝通計畫書。

五、請說明家庭聯絡簿的運用要項。

六、請說明親師通訊應用與實例。

七、請設計一份班刊並提出報告。

第十二章

校園危機的處理與管理

本章將校園各種危機的成因、學校中利害關係、校園危機的特性、感應學校的警訊、校園危機發生時的運作、校園危機解決後的運作、校園危機管理的動態模式、教師班級危機管理等，作詳盡的說明並提供教師班級經營中危機管理的參考。

一、校園危機的成因

校園危機的成因，依據學校的發展與特性，通常可分成學校的內在因素與學校的外在因素，茲分析臚列如下：

（一）學校的外在因素

校園危機發生有關學校的外在因素，通常由於外在大環境的改變，影響學校內部的組織運作，因此學校行政人員與教師必須對影響學校外在因素有所知覺，才能在危機發生時，運用適當的策略加以因應。

1. 政治與社會變遷

政治社會變遷對學校發展的影響是無遠弗屆的，教師必須瞭解整體社會與政治變遷，才能在學校生活中給予學生正確的引導。一般而言，社會環境的改變對學校的影響是相當大的。

2. 大眾傳播媒體的壓力

近幾年來，大眾傳播媒體深入校園，對校園生活的關注儼然影響學校人員的生活作息，學校必須針對大眾傳播媒體作相關的因應，例如：設置「新聞發言人」等，由專人作為學校新聞發布與因應。

3. 不法分子的破壞行動

由於學校是開放的空間，因此在校園安全方面無法做到滴水不漏的境地。一般民眾對學校的各項設施，不至於隨意破壞。學校方面最害怕放長假，因為長假回來以後，校園往往慘不忍睹。

（二）學校的內在因素

校園危機發生的內在因素，通常包括學校文化、教師專業自主、學生爭取權益、管理特質、人員技術、組織結構。詳述如下：

1. 學校文化

學校文化因素通常和學校內部組織氣氛具有相當的關係，學校內部的組織氣氛如果是和諧的，學校運作就會相當順暢；如果學校的組織氣氛是詭異的、內鬥的、不信任的，則學校的運作就容易出問題。

2. 教師專業自主

校長必須讓全校教師瞭解專業自主的意義，同時也要領導教師從專業方面爭取自主。此外，學校也應規範專業自主的範圍，配合學校教育目標的發展，避免過於擴大解釋專業自主的定義，阻礙學校的發展。

3. 學生爭取權益

傳統的學校生活僅重視教師本身的權益關係，忽略學生對學校生活的要求。因此，學校的各種措施與制度，僅考慮教師本身的需要而忽略學生的各種需求。近年來，學生自我意識擴增，對學校各種教育制度與措施的要求，有越來越重視的現象。學生在爭取權益過程中，如果缺乏正確的管

道或是適當的溝通管道，容易形成學校危機的產生。

4. 管理特質

學校危機的發生在管理特質方面，通常分成領導管理與管教管理二個層面。前者指的是學校的行政人員對教師的領導風格，後者指的是教師在班級教學中對學生的管教。

5. 人員結構

人員結構是學校危機發生的另一個重要因素，一般學校單位的人員組成是相當單純的，不像一般的公司機構人員的組成是比較複雜的。學校系統中人員的組成，有學生、教師、兼任行政人員、一般行政人員、工友、警衛、家長等。

6. 組織結構

學校組織結構是校園危機發生的另一種潛在因素，學校內部組織成員及各個組成分子，如果對學校缺乏向心力的話，容易因各種理念的不同而導致摩擦，進而形成學校的潛在危機。

二、學校中利害關係

一般而言，學校中利害關係包括校內與校際形成的因素。包括學生、行政人員、家長、地區警局及社教機構、民意代表、廠商、校際關係、上級機關、大眾傳播媒體、教師與教師會等。有關學校利害關係說明如下：

（一）學生

學生是學校的基本組成，也是學校的主要成員。學校校園危機政策必須將學生在學校生活中的各種特性與需求，納入校園危機管理政策中。

（二）行政人員

行政人員在行政運作過程中，如果缺乏危機意識或危機處理的基本概念，則校園容易發生各種危機事件，例如：學校營養午餐如果缺乏嚴謹的管理系統，則容易導致飲食衛生方面的問題。

（三）家長

家長對學校政策或實施辦法如果缺乏瞭解的話，就容易因誤解而導致學校在行政運作方面的困擾，例如：學校如揚棄傳統的紙筆測驗而實施多元評量的話，必須取得家長的瞭解與配合，才能落實動態評量的效果。

（四）地區警局及社教機構

地區警局與社教機構應該配合學校校園危機管理的計畫，協助學校在校園危機發生時提供各種協助的人力、物力和資源。

（五）民意代表

民意代表雖為民喉舌，然而民意代表往往在執行業務中，因民眾的請託或選民所請，因而形成學校行政運作方面不必要的壓力。例如：教師甄試的作業依法必須公平、公正、公開，而在「名額有限，角逐者眾」的情形下，民意代表難免因各種選民的請託，必須向學校表達相關的看法，因而形成學校在甄選過程中的壓力和包袱。校長在學校校務運作過程中，往往礙於民意代表的施壓而感到相當的無奈。

（六）廠商

學校的行政運作往往必須和一般的廠商打交道，儘管現行的採購悉由採購法規範，並且有規範可循。然而在學校執行採購的過程中，往往因為廠商問題而釀成學校危機，例如：學校的營養午餐供應問題如果未經嚴密的品管，容易因為廠商提供的餐飲衛生問題，造成學生食物中毒或營養不均的問題；如果學校的工程進行或施工期間，廠商缺乏危機意識未在施工現場設置圍籬以保障安全的話，學生在下課時間因好奇或貪玩，擅入施工地點，容易造成施工安全的問題。

（七）校際關係

校際之間的問題方面，中小學有學生就讀與學區劃分、學生流失的問

題，中等以上學校有招生與學生入學的問題。如果校際之間缺乏合作，不但無法達到教育資源共享的理想，同時容易因為校際缺乏合作，形成校園危機事件。

（八）上級機關

學校與上級機關存在指揮與監督的專業關係，因此學校在擬定校園危機管理政策時，必須和上級機關維持密切的聯繫，隨時將學校的各種動態讓相關的上級機關瞭解，以便做各種因應措施的實施。

（九）大眾傳播媒體

大眾傳播媒體對校園運作的影響，近年來隨著媒體的開放與強調新聞自由，漸漸對學校生活產生影響。因此，校園危機處理應該將大眾傳播媒體列入重要的項目之一，例如：學校如果發生各種事件，則學校新聞發言人必須提供媒體正確的訊息，避免媒體針對各種學校事件作不必要的報導或負面的渲染。

（十）教師與教師會

隨著教師強調專業自主權的風氣，學校在行政運作上往往導致教師與行政人員的對立現象，教師如果和行政人員缺乏雙向且善意的溝通，則容易因為立場不一致而形成各種衝突事件，導致校園危機的產生。

三、校園危機的特性

一般校園危機的產生，多半是內外在環境造成的。因為校園危機本身的各種特性，使得行政人員與教師無法以例行性的系統或策略，進行事前預防工作。是故，在校園危機處理前，應該瞭解校園危機本身的特性，才能做好事前預防工作。

（一）由學校內外環境因素造成

一般校園危機的形成是由學校內外在因素形成的，通常外在因素指的

是整體的社會環境、時代風氣等等，例如：家庭結構與功能的解體，使得單親家庭越來越多，進行形成校園危機事件；內在環境指的是學校的組織氣氛，人員的組成及各個成員的想法、理念等。正因為校園危機的形成是學校內外在環境造成的，所以使得校園危機很難以事前預防。

（二）具有不確定性

校園危機本身因為具有不確定性，所以學校人員無法做好事前預防工作，僅能針對學校生活中可能造成的各種事件，作事前的規劃與防範。學校日常生活中應該針對各種可能形成校園危機的因素，做好管制工作以預防校園事件的發生。

（三）具時間緊迫性

校園危機事件的發生在時間上具有緊迫性，導致教師無法因應並措手不及。例如：校園意外事件的發生，都是迅雷不及掩耳的，教師必須立即採取行動因應，才能將意外事件的影響降至最低。

（四）具無預警性

校園危機的發生除了不確定性、具時間緊迫性之外，更重要的是無預警性，換言之，校園危機的發生無法事前預警，也無法在事前發生前有所警覺。例如：前幾年的SARS流行事件，本身就無預警性並且無法在短時間內就掌握。

（五）影響範圍大

校園危機的另一特性是影響範圍大，無法在短時間內降低對學校的影響。因此，校園危機的處理本身就必須考慮事件對學校的影響，並針對影響範圍作必要的處理因應，使危機本身對學校的影響降至最低的程度。

（六）無法以例行性程序處理

校園危機的處理，通常無法以例行性程序加以處理，學校必須針對危

機本身的特性作各種處理因應。當校園危機發生時，學校必須作立即性的處理，針對危機本身的特性、形成的原因、可能影響層面，進行危機處理的檢討。

（七）結果可能惡化或好轉

危機發生時不盡然都是屬於負面的，學校可以在危機發生時，妥善地面對危機本身可能的影響，並針對危機的發生，徹底檢討與反省學校應該建立的制度，或是研擬學校應該建立的各種制度是否齊全，校長可以責成學校的相關人員，作檢討與反省的工作，作為學校危機發生的參酌。

四、感應危機的警訊

（一）人的警訊

校園危機的發生在人的警訊方面，通常和學校生活中的各種人員息息相關。針對人的警訊方面，學校應該擬具有效的因應策略。

1. 歹徒侵入校園

校園危機的發生，部分是因為歹徒入侵校園，造成學校管理上的問題。因此，學校在校園安全與警衛的管理上面，必須多加注意以避免校園危機的產生。

2. 親子關係不良

由於親子關係不佳所產生的校園危機事件，最常見為監護權問題。因此，學校在家庭問題的回報方面必須確實實施，讓教師與行政人員瞭解因為親子關係不良所產生的危機事件。

3. 師生關係不佳

師生關係不佳可能導致的校園危機事件，通常是發生在父母的不當介入。例如：教師如果在班級生活中，對學生的管教未能適時地運用各種策略，如管教過當或管教不當，學生家長因教師的管教問題而衍生的校園危機事件，皆為師生關係不佳的典型案例。

4. 同儕關係惡化

同儕關係惡化問題，最常見者為校園暴力事件、校園恐嚇勒索事件、校園集體行賄事件等。在班級或學校生活中，教師應該引導學生培養良好的同儕關係，讓學生彼此之間相互關係，避免不必要的衝突而釀成校園事件。

（二）時的警訊

1. 教師不在時

教師不在教室時或請假時，是校園危機最容易發生的時刻。因此，教師如果臨時要離開教室，必須囑咐班級組織幹部掌握班級常規，如果需要離開教室長時間的話，儘量委託隔壁班級的教師加以管理。通常教師不在時，是校園或班級危機最容易發生的時刻。

2. 下課時間

一般而言，下課時間是學生最容易出現意外事件的時段，教師應該在平時就不斷叮嚀學生，在下課時間注意安全，不可以到比較偏僻的地方，更不可以離開學校。在下課使用各種遊戲器材時，也應該隨時注意器材本身的安全，例如：鞦韆、單槓等遊戲器材是否安全等。學校總務人員或教師應該定期檢查學校的各種遊戲器材，避免因為年久失修或是不當使用造成器材的損壞而影響學生使用上的安全。

3. 午休時間

午休時間是學校最安靜的時刻，由於一般學校都會強調學生午睡的重要性，因此在午休時間，教師應該將教室的門窗上鎖，只留通風口即可，避免因為午休造成各種意外事件。如果教師可以將教室重要出口上鎖的話，至少可以將意外事件阻絕在外，降低學校危機事件的發生。此外，學校應該在午休時間派員輪流擔任巡邏工作，負責校園的安全。

4. 打掃時間

學校生活作息中，打掃時間由於學生處於動態狀態下，因此容易發生意外事件。所以教師在學生的清掃工作分配上面，應該多花些心思在工作的安排上面，避免將過於活潑的學生分派在同一組，以免因打掃時間嬉戲

而發生意外事件。例如：部分學校仍由學生擔任打掃廁所工作，打掃廁所必須運用各種清潔劑，如鹽酸類的化學藥劑。

5. 放學時間

放學時間是一天學習活動的結束，學生在心理方面難免比較放鬆導致發生意外事件。放學時間同時也是學校最亂的時刻，全校學生要在短時間內離開學校，難免因為秩序亂而發生推擠或意外事件。學校在放學隊伍的安排與學生路隊的安排，應該透過各種時間作練習。班級教師也應在放學時間確定學生已經離開學校，不可以擅自將學生留在學校，以免發生意外事件。

6. 長假時間

學校如果放長假的話，容易因為假期過長，學生的行為缺乏有效的約束而產生各種意外事件，因此教師在學校放長假之前，必須不斷叮嚀學生假期中的注意事項，最理想的方式是由教師撰寫一份「假期安全備忘錄」交給學生或家長，讓學生家長瞭解假期應該注意的事項。此外，教師可以在班級學生中以「安全編組」的方式實施小組相互關懷策略，每一安全小組選定一位小組長，負責假期間安全回報事宜，由小組長將小組員的安全回報給班長，再由班長回報給導師。

7. 天氣酷熱

炎熱的天氣由於氣溫高昇，學生容易出現中暑或意外事件。在每年的夏季，學生是最容易出現意外事件的季節，例如：三五成群到溪邊或海邊玩水，往往導致溺斃事件的發生。

8. 慶典活動

慶典活動是學校容易出現校園危機的時刻，由於學校舉辦慶典活動，因而在校園開放的情況之下，容易發生意外事件。此外，慶典活動期間人來人往複雜，學校必須特別注意出入的分子，提醒學生特別注意各個分子，同時在交通安全方面也應特別注意。

（三）事的警訊

1. 實驗方法問題

學校實驗室是最容易發生校園危機的地點，由於實驗課程的進行需要各種化學器材或實驗儀器，如果學校實驗室的管理不佳的話，容易發生各種無法收拾的事件。因此，學校的實驗室應該由專人專管的方式，嚴加管制並嚴格要求使用人員。屬於管制的化學藥品應該加鎖集中管理，並由專人列冊管制使用。危險的藥品應該加上標籤，以提醒使用的師生加以注意。

2. 遊戲過程疏忽

學生在學校遊戲時，往往因為疏忽或過當而產生意外事件。因此，教師在學生遊戲前應該隨時提醒學生注意安全事項。學校的各種遊戲器材也應該隨時標上安全告示牌，提醒學生在使用遊戲器材時隨時注意安全。教師在平日班級生活中，應該隨時提醒學生遊戲的安全注意事項，尤其在下雨天時更應該提醒學生遊戲的安全。

3. 學校工程進行

學校工程的進行應該儘量調整在學校放長假時，避免因施工不當或學生擅入工地而發生意外事件。如果學校工程無法將施工期間調整在寒暑假時，總務單位人員應該嚴格要求施工廠商在工地做好「安全圍籬」設施，並且立安全告示牌提醒師生注意安全。最理想的狀況是將施工範圍與學校生活圈隔離，並且將施工地點和學校作嚴密的隔離，以避免施工意外事件的發生。除了在施工安全圍籬的設置之外，也應該在施工現場標示工程進度與危險性，讓社區民眾與學生家長隨時瞭解學校的工程進度，並提醒自己的子女在學校注意安全。

4. 體育課程進行

學校課程進行時，體育課是所有課程中比較容易發生意外的一門，因此擔任體育課程的教師在教學時應該特別注意學生的安全。如果體育課程是由科任教師擔任的話，級任導師應該有義務提供學生的健康紀錄，或是需要注意的事項（例如：某學生有心臟病不適宜跑步）讓體育教師教學時

參考。

5. 藝能課程進行

除了體育課的進行容易發生意外事件之外，藝能科的教學也因為使用各種器材而導致危險事件的發生，例如：使用美工刀的課程就必須隨時提醒學生注意工具使用的安全，不可以過於粗心大意，上工藝課程時在各種刀具的使用應該隨時注意安全，不可以隨意嬉戲。

（四）地的警訊

1. 廁所

廁所雖是學生每日生活必須場所，然而廁所是校園危機事件發生最頻繁的地點，學校應該在廁所裝置各種使用安全告示，可能的話，應該在廁所裡裝置安全警鈴，以防意外事件發生時之用。

2. 地下室

學校的地下室如果年久失修或是廢棄不用，學校應該上鎖或是加以封閉，以避免學生無意中擅入而發生意外事件。或是學生將學校地下室作為犯罪的場所，作為恐嚇同儕、欺侮同儕場所。

3. 樓梯間

一般學校的大樓建築，在樓梯間都會設置安全措施，預防學生在樓梯間發生意外事件。例如：在樓梯間應該設置消防安全繩索，將各種意外事件加以阻絕。學校樓梯間的各種裝置，學校應該定期檢查並填寫檢查單，要求相關人員隨時檢視學校設施的安全性。

4. 屋頂

學校樓梯間往屋頂的通道應該設置安全門並且上鎖，避免學生下課時間好奇或上屋頂而發生意外事件。在樓梯間往屋頂通道之處，應該設立禁制標誌，嚴禁學校人員與學生進入。

5. 活動中心

學校活動中心是意外發生頻繁的場所之一，尤其活動中心通常會擺設各種活動器材，如果學校在活動器材的管理方面未盡妥善的話，容易在活動中心發生意外事件。因此，有關學校活動中心的使用注意事項，應該貼

在活動中心適當的位置上，提醒全校師生注意。

6. 專科教室

專科教室通常或擺設各種教學器材，例如：各種實驗儀器或實驗藥品，因此學校在專科教室的管理方面，必須特別用心以避免師生意外事件的發生。專科教室平日應該上鎖並請專人管理，如上課需要時再向保管者商借鎖匙，使用完畢之後回復原位。

7. 偏僻地點

通常學校偏僻的地方，教師應該隨時提醒學生，或是隨時注意安全。郊區的學校通常校區比較寬廣，偏僻地點比較多，學校針對比較偏僻的校區應該作妥善的規劃運用，例如：規劃成為花草欣賞區或蔬菜栽植區，儘量不要荒廢而形成學校危險地帶。

（五）物的警訊

1. 建築物老舊問題

學校建築物應該建立檢查制度，在每一棟建築物中應該建立定期檢查修繕制度，指定專人或相關的建築師作定期的維修檢查制度。如果在重大的天然災害之後，更應該進行結構體的安全檢視工作，避免建築物老舊突然釀成意外事件。

2. 遊戲器具失修

學校的遊戲器材應該定期檢修並列入追蹤考核，在各個遊戲器材旁邊應該加裝檢修紀錄表，校長也應該責成負責人員進行定期的檢查工作，以維護學生使用上的安全。如果遊戲器材本身有問題的話，就應該在器材旁邊設立警告標誌，禁止學生使用，以免釀成意外事件。

3. 廢棄物未即時處理

一般學校教學用的廢棄物或是廢水，應該立即處理不可有所延宕，以免形成學校的危機事件。例如：學校實驗室使用的實驗廢棄物或廢棄汙水等，都必須在教學結束之後，立即進行專業處理，以免形成校園危機事件。

（六）領導的警訊

1. 師生關係問題

師生關係的經營應該保持密切的專業關係，如果師生之間未保持良好的互動，容易形成校園的另一種危機。例如：相關的研究指出，教師與家長之間的衝突往往來自教師與學生關係不好，學生回家之後惡意評論教師或渲染教師在班級的教學行為，引起家長與教師間的誤會。

2. 校長領導問題

校長在學校的領導風格，影響學校組織氣氛與教師同儕之間的關係。如果校長過於威權的話，容易形成行政人員與教師之間的對立關係，進而產生彼此之間的不信任問題。

3. 非正式組織問題

學校非正式組織的運作，如果未能有效掌握的話，會形成學校的校園危機。例如：學校同仁之間如果成立「互助會」，但為能有效地運作或掌握的話，倒會事件就容易影響學校的校譽，造成行政運作方面的困擾。

4. 壓力管理問題

通常壓力管理指的是教師本身的壓力管理，如果教師本身在心理衛生與情緒管理方面出問題的話，容易在執行專業時，因個人情緒問題而形成校園危機，例如：脾氣暴躁的教師因管教學生問題而不當體罰，訓導人員因為學生常規問題而採集體懲罰方式等，都容易形成校園危機事件。

5. 各種個人因素

除了上述的問題之外，各種個人因素也是導致校園危機的主要癥結。學校行政主管和教師應該針對各種影響校園危機的潛在因素，作有效的掌握並加以因應，才能將校園危機發生的機率降至最低，將對學校的影響減至最小。

五、校園危機發生時的運作

校園危機發生時的運作，應該包括危機情境的偵測，危機資源管理系統的運用以及危險情境的溝通，如此才能在危機發生時，做好危機處理與

管理工作。

（一）偵測危機的情境

校園危機的管理通常是學校人員對危機情境的偵測，沒有做好基礎的管理工作，導致危機不斷擴充進而影響學校的運作。因此，學校行政領導人員及教師皆應該對校園危機的偵測具有相當的警覺性，平時做好各種危機管理，才能避免校園危機的發生。

（二）運用危機資源管理系統

學校除了應該擬定校園危機管理計畫之外，也應該建立各種學校危機資源管理系統，作為危機發生時處理之用。例如：社區的各種可運用資源，社區各個機構的聯絡電話、系統等，都應該做好事前的管理，如此在校園危機發生時，才能有效運用各種校園危機管理系統。

（三）溝通危險情境

校園危險情境的溝通是相當重要的，如果危險情境缺乏溝通的話，學校危機發生的機率相對的就會提高。例如：學校校園中如果有池塘的，就必須在周遭設立警告牌；校園中有種植高大椰子樹的，在椰子成熟的季節裡就必須設立警示牌，以免因為果實掉落發生意外事件。

（四）具體作法

校園危機的處理在具體作法方面，學校與教師必須溝通各種危機處理的有效策略與應用方法，學校平日應該針對可能發生的危機作各種的處理。

1. 確定組員及聯絡電話

學校應該將全體教職員生，採用任務編組的方式，建立危機處理小組聯絡管道。一旦學校發生危機的話，每個小組成員應該可以隨時提供自己所擁有的資源，協助學校降低危機對學校的影響。此外，教師也應該將班級學生進行安全與任務編組，讓每個學生都可以隨時和自己的成員聯絡，

如果發生各種危機或需要協助的話，可以將自己的需要提出來。

2. 建立巡邏網

學校應該將校園作安全區域的劃分，並且建立安全巡邏網，請學校教職員工定點定時作巡邏，例如：學校比較偏僻的地點，學校廁所或地下室等都需要作安全性的巡邏。此外，學校應該提醒學生避免到校園的偏僻地點。

3. 建立電話聯絡網

學校行政人員應該針對校園安全，建立電話聯絡網並且讓每個教師或學生能隨時攜帶「電話聯絡卡」，如果有需要的話，可以隨時打電話聯繫。教師在班級生活中應該將學生家長的電話做成電話聯絡網，可以讓學生隨時和家長聯絡。

4. 選擇召集組員的危機訊號

學校在校園安全小組的編組方面，應該針對每個同仁的性質進行分組。並且在每個小組成立時，選擇召集組員的危機訊號，讓每個小組成員都可以瞭解訊息的作用。

5. 規定組織及學校成員工作項目

校園危機小組成員的組成，學校必須賦予相關的危機工作，尤其每一個小組成員必須熟悉工作項目，一旦學校發生危機事件，就應該能馬上提供各種資源。

6. 詳列校長及危機管理小組代理人

除了組織及學校成員的工作項目之外，學校應該在校園危機管理計畫中，詳列校長及危機管理小組代理人，如果校園危機發生時，校長不在校內的話，小組代理人可以馬上處理校園的危機事件。

7. 列出瞭解急救與CPR的成員名單

一般而言，校園意外事件的發生，大部分和學生安全有密切的關係。因此，學校應該實施各種校園急救訓練，例如：CPR、緊急包紮等各種安全上的急救常識，如此才能在意外事件發生時，立即提供各種簡要的醫學常識，降低校園安全事件對師生的影響。

8. 列出學校危機裝備的內容與地點

學校除了將校園比較偏僻的地點或場所作各種安全警示之外，也應該將學校危機裝備的內容與地點列出來，並且將前開資料提供給學校每一位成員，讓成員在危機發生時，可以瞭解各種裝備的設置地點，並且妥善運用於危機處理。

9. 確定學校附近位置以為危機來臨時避難方向與位置

除了將學校危機裝備公布之外（例如：滅火器），也應該將學校附件的地點作確認的工作。如果危機來臨時可以作為避難之用，學校師生不必過於慌張，可以就近運用學校附近地點作為避難之用。

10.建立學校及家長的聯絡名冊

在校園危機發生時，如果和學生安全或健康有關的話，教師勢必要馬上聯絡家長，取得家長的同意或是諒解。因此，教師必須將班級所有家長的通訊電話作整理，要求家長必須提供至少三個以上可聯繫的電話，如果教師無法聯絡家長的話，可以聯絡哪些人，才不至於在校園危機發生時，無法聯絡家長而錯失黃金時刻。

11.列出有助於解決危機的重要利害關係者名單

學校除了將危機小組成員公布之外，應該列出有助於解決危機的重要利害關係者名單作為參考，例如：社區家長的醫療診所，社區消防隊的電話等，作為校園危機發生時的參考。

六、校園危機解決後的運作

校園危機解決之後，學校必須針對危機發生的各種特性召開危機處理的檢討會，針對學校危機處理計畫，作各種計畫的檢討與修正。

（一）評估危機管理計畫與處理

首先在危機管理計畫方面，學校必須召開危機處理檢討會，徹底檢討危機發生的原因，學校人員對危機管理的處理態度，並且作各種危機管理計畫與處理的修正，作為日後學校危機發生的參考。

（二）復原及追蹤輔導

校園危機發生之後，在危機處理完成與解決後，應該針對校園危機管理計畫作復原及追蹤輔導工作，瞭解校園復原情形以及後續危機管理的追蹤。如果在危機處理之後，可能爆發各種的後遺症的話，就必須定期召開危機處理會議，杜絕可能產生的影響。

（三）修正及學習成長

在修正及學習成長方面，學校必須針對危機發生的各種狀況，提供學校師生學習與成長的機會，作為日後處理校園危機的參考。

（四）具體作法

1. 以誠實的態度提供重要且正確的訊息

在校園危機發生時，學校必須透過「新聞發言人」以誠實的態度提供正確且重要的訊息，讓全校相關人員（stakeholder）都能瞭解校園危機的特性、影響以及可能產生的後遺症。學校應該儘量避免以虛以委蛇的態度，以免使師生因對校園危機不瞭解而產生過度驚慌。

2. 對於不實謠言應儘速予以駁斥

校園危機發生時，針對不時的謠言應該給予駁斥，避免因為大家捕風捉影，過度恐慌或不瞭解而釀成學校更大的傷害。尤其在新聞媒體採訪時，應該針對危機的性質提供正確的訊息，以免媒體記者憑個人的想像杜撰，影響學校平日的校譽。

3. 儘速針對危機可能引發的不良後果加以消除

校園危機發生時，學校人員如何針對危機可能引發的不良後果加以消除，是一件相當重要的工作。如果學校無法在第一時間就降低對危機可能引發的後遺症，則校園危機容易擴大而造成學校更嚴重的傷害。

4. 對學校的施政表達高度信心

學校教師與學生應該對學校施政或行政運作表達高度的信心，不可以做出有礙學校聲譽的事件，尤其師生對學校的行政應該隨時給予關懷，瞭解學校行政運作情形，以免在校園危機發生時，無法在第一時間提供學校

正確的訊息，或是將校園危機影響降到最低。

5. 定期主動邀集新聞媒體參加簡報或召開記者會

學校在平時應該定期主動邀請新聞媒體參加學校的各種簡報，或是在固定時間召開記者會，讓媒體瞭解學校的施政方針、學校在各方面的改變，以利記者在報導校園事件時能作平衡的報導。

6. 危機時間加長，可多派一位負責相關事宜人員

通常危機的發生具有不可確定性、快速性，學校很難在危機發生前給予有效的遏止，通常是危機發生時才緊急處理校園危機。因此，如果危機時間加長的話，學校應該多派一位負責相關事宜的人員，隨時掌握危機的演變情形，以便更有效率掌握危機。

7. 需對採訪記者身分加以確認

一般而言，校園危機發生時在新聞發布時，應該由學校新聞發言人負責發布相關的訊息，但學校也應該對採訪記者身分加以確認，以避免不必要的糾紛發生，進而影響學校的行政運作，造成學校的困擾。

8. 避免談論可能發生對學校運作產生負面影響的話題

校園危機發生時，不管事情嚴重與否、緊急輕緩，學校同仁應該避免談論可能發生對學校運作產生負面影響的話題。例如：學校如果發生火警的話，應該由校園危機處理小組統一發布訊息，並且商請消防單位協助，由學校負責單位與人員向消防單位作救災方面的簡報。

9. 避免以煽動語氣或言詞回答媒體的話題

校園危機發生時，由於時間上相當緊急，因此學校應該針對校園危機性質作簡要的說明，讓學校相關人員可以在第一時間取得訊息，避免以煽動語氣或嚴詞回答媒體的話題，才不至於讓新聞從業人員有更多想像的空間，影響學校聲譽及危機處理的進度。

七、教師班級危機管理要項

（一）校園危機處理要項

1. 通知學生校園危險地區

教師在班級生活中，應該隨時提醒學生校園有哪些危險地區，不可以隨便進入以免發生意外事件，尤其是學校比較偏僻的地區如地下室、樓梯間、廁所、實驗教室、施工地點等，應該在班級生活中隨時提醒學生，讓學生對學校危險地區有所警覺，以免發生意外事件。

2. 瞭解校園危機處理政策

教師應該瞭解學校所擬定的校園危機處理政策，並且在班級生活中配合學校的各種危機處理計畫，提供學生各種危機處理的相關訊息，如果發生校園危機的話，也應該全力配合學校執行校園危機處理政策。

3. 配合學校危機政策

班級生活常規的要求以及學生各種班級生活的訓練，必須配合學校危機政策，降低學校危機發生的機率。例如：教師的教學時間應該配合學校上下課作息，不可以擅自更改學生休息時間，導致校園意外事件的發生。如果體育課的進行，應該在場地和各種器材的使用上，多花心力作雙重的檢核，以免學校設備老舊或年久失修，釀成學生意外事件的發生。

4. 宣布學校危機處理政策

學校在平時所訂定的危機政策，教師必須在班級生活中隨時讓學生瞭解，並且隨時提醒學生應該注意的事項，養成正確的因應方式、將學校危機管理政策或內容與學生有關者，作詳細的說明並且引導學生瞭解危機可能發生的時間、地點、人事物等。

5. 宣導校園危機政策

校園危機政策的宣導對降低校園危機而言，是相當重要的一環。學校教師如果在班級經營中，隨時讓學生瞭解學校的危機政策，並且培養學生危機處理的正確方法，讓學生有機會培養正確的危機處理，那麼在危機發生時，自然可以透過舊經驗加以因應。

（二）班級危機處理要項

1. 建立家長緊急聯絡網

教師在接手新班級時，應該運用各種管道和家長保持密切的聯繫，並且要求家長至少提供三線電話，可以讓教師隨時聯絡家長。如果有緊急事件要聯繫時，可以隨時聯繫，避免因家長聯絡不上而錯失黃金時刻。教師應該將家長緊急聯絡電話建檔並且隨時攜帶，在學期中應該保持密切的聯繫。並且向家長溝通學校的各種政策，讓家長瞭解孩子在學校的學習生活情形。

2. 上課時間的安全措施

教師在班級生活中，上課時間的安全措施是相當重要的。例如：教師在上課時間應該將教室的前後門上鎖，以預防外來意外事件的發生；中午午睡時間應該將重要門窗關好，只留氣窗以避免陌生人突然闖入；上課時間如果學生臨時要上廁所的話，應該請班上同學同行，以防意外事件發生，教師本身也應該關心學生上廁所的安全事宜。

3. 運用小老師制度

教師在班級生活中，應該針對班級事務建立小老師制度，協助教師處理各種班級事務，包括校園危機處理工作的協助。教師可以將班級學生依據各種特性，以分組方式建立安全小組，並且建立安全小老師，協助學生各種生活安全的指導工作。此外，小老師應該擔任小組成員安全方面的回報與監督工作。隨時提供教師班級學生的安全情形以及各種訊息。

4. 採用自治幹部責任制

班級學生自治幹部的運用，對班級危機管理是相當重要的。教師應該在班級生活中，妥善運用班級自治幹部，並且建立自治幹部責任制，賦予幹部危機管理方面的責任，可以協助教師在班級危機管理方面的任務。

5. 培養學生危機與安全意識

教師在班級生活中，應該透過各種生活課程提供並培養學生危機與安全方面的意識，讓學生瞭解班級危機存在的可能性，作為提高危機意識的參考。

6. 班級設備安全處理原則

教師在班級生活中，必須在平日重視班級設備的安全，如果設備本身有危險性的，教師必須提醒學生並作設備方面的安全區隔。避免學生在班級生活中，因嬉戲或不當使用導致危險發生，甚而影響人身的安全性。

7. 正確的作息時間

教師在班級生活中，應該遵守學校的作息時間，並且提醒學生作息本身所代表的意義。在平日的生活作息，必須隨時提醒警覺，尤其是有危險性的時間、地點、設備、人物等。

8. 瞭解班級危機可能發生的事件

班級危機案例的提供，對班級學生校園危機的預防與處置是相當重要的。教師應該隨時將校園或班級可能發生的危機案例，作為教材向學生說明班級可能發生的危機，並透過活動設計形成舊經驗，讓學生可以在模擬的情境中，練習處置班級或危機的運用。

9. 提供學校危機處理的重要政策說明

學校危機處理的重要政策，教師應該在班級生活中隨時提醒學生。將學校的危機政策，做成書面資料或各種宣導海報，在班級生活中隨時透過各種形式提醒學生，確認學生對校園危機的政策有深入的瞭解。

10.危機處理的課程演練

危機處理課程的演練對一般危機處理是相當重要的，如果師生缺乏對危機的處理經驗，容易在校園危機發生時亂成一團，導致校園危機的影響擴大。教師可以運用各種班級生活課程，或是在相關的課程中設計危機處理的課程演練，讓學生從活動的進行中對危機有深刻的認識，並且熟練危機處理的技巧。

校園危機處理

- 平時應重視師生雙向溝通並掌握學生的動態。
- 加強道德教育、**EQ**教育及正確的自我觀念。
- 加強校園安全警戒及防護措施。

本章討論問題

一、請說明校園危機的成因有哪些？

二、請分析學校中的利害關係。

三、請說明校園危機的特性有哪些？

四、請敘述如何校園感應危機的警訊？

五、請簡要說明校園危機發生時的運作程序。

六、請說明校園危機解決後的運作程序。

七、請說明教師班級危機管理要項有哪些？

第十三章

班級例行公事處理策略

　　本章針對班級生活中的各項例行公事，提供實務與處理策略方面的分析，讓教師可以在處理例行公事時得心應手，不至於因為手忙腳亂而影響班級事物的處理。

一、每日例行公事

（一）打掃

1. 分派值日生及指定班級各項工作

　　7:30~8:00為各班打掃教室及外公共區域時間。教師應該擬定班級清掃計畫以及工作分配表，落實責任制。

2. 早上及下午各一次

　　視學校而定，有些學校只有下午課間15分鐘為打掃時間；有些學校則上午和下午都有課間15分鐘的打掃時間。如果只有半天課（如星期三），

則會在上午課間時間進行第二次打掃。

（二）早自修、晨光活動、導師時間

1. 點名

每日的早自修時間或第一節，由幹部清點學生人數，如果有學生缺席，請副班長打電話到學生家中詢問；有些學生有遲到的習慣，可於第一節後再打電話，若是特殊情況，則由老師打電話處理。並請負責的幹部登記聯絡情形在記錄本上面。

2. 導師自由運作

(1) 早自修晨光時間，教師自由運用，可讓學生讀經及做護眼操（護眼操由一位學生開學時到保健室接受訓練，再回班上教每位同學）。教師也可讓學生閱讀課外讀物，寫讀後心得。

(2) 每日的最後一節讓學生將聯絡簿寫好，請小組長檢查，教師等隔天再檢查，若發現學生有投機行為（先寫上，回家再擦掉），則罰寫10遍。但大部分教師於每日放學後，將隔日的聯絡簿內容寫在黑板上，隔天學生一早到校後，將聯絡簿寫好（此種方法可讓早來的學生有事情做，不致於吵鬧），利用下課時間請小組長檢查，小組長檢查完蓋章，再由教師複查。通常教師批閱聯絡簿要在家長簽名之前，以確定學生抄寫的完整性。

(3) 有些老師因為小朋友回家先玩，然後把作業拖到很晚，而讓家長誤會老師派的作業太多，而讓小朋友在早自修時間寫生字新詞，但是教育部已於民國88年廢除早自修，所以早自修時間不宜派作業給小朋友寫。

3. 義工媽媽時間

教師可以請家長輪流在晨光時間，設計各種學習活動（例如：讀經時間、故事時間、生活家事時間），讓學生學習課外事物。

（三）上課

按表操課。導師一週共有二十二堂課，科任老師上課時，導師多半在休息室批改作業。

（四）午餐

教師與學生在教室共進午餐。在值日生制度之外，另外排「午餐班」負責抬飯菜、打飯等工作。午餐時間可以在教室設置小小廣播員，請學生將自己最喜歡的CD或錄音帶，利用午餐時間播放，以增加用餐的氣氛。

（五）午休

1. 不完全強迫午睡（但應該請學生安靜）。
2. 導師可自由利用：午休時間，不強迫學生午休，學生可安靜做其他事，但不可起來。學生可以自行運用午休時間。

（六）整隊放學

放學時間，由教師帶出去整隊放學。有些學校的放學時間，各班在走廊上集合降旗，再由教師帶隊放學。視各校情況而定。大多數的學校都會排路隊，把家住得近，走同一條路的學生集合成一路隊。

（七）其他例行公事

1. 升旗、降旗：按學校規定。例如：部分國小是每星期一、五的早自修中、高年級升旗，低年級不升旗。部分國小是每星期一的早自修全校輪流升旗。部分國小則是星期二全校各年級一起升旗，但已經沒有全校一起降旗。
2. 教師進修、研習：大部分在星期三下午全體教師研習。
3. 社團時間：有些學校會利用星期三的晨光時間實施各種社團活動。
4. 教師開會：大部分利用晨光時間。例如：高雄市的○○國小是星

期二、四早自修時間教師開會，導師不在，請學生或家長帶讀經。新北市的○○國小是星期二早自修時間教師開會，導師不在，請學生自行閱讀並寫心得。

班級例行公事範例

時　間	例行公事
7：30	小朋友、導師到校
7：30~8：00	掃地
8：00~8：40	晨間活動（20分鐘）→寫生字新詞、複習功課 導師時間（20分鐘）→抄、改聯絡簿、教師愛的叮嚀 （星期二早上本時段為升旗時間）
8：50~9：30	第一節
9：40~10：20	第二節
10：30~11：10	第三節
11：20~12：00	第四節
12：00~12：40	營養午餐（導師與小朋友一起在教室用餐）
12：40~13：20	午休（導師可自由利用） ①請部分訓練過的小朋友幫忙改作業 ②沒寫或缺交作業者，站在窗臺旁邊寫完作業 ③不睡覺的小朋友可以自由選擇在圖書角看書 ④其他小朋友睡覺
13：30~14：10	第五節
14：20~15：00	第六節
15：00~15：20	打掃
15：20~16：00	第七節
放　　　　學	

註：低年級──星期二整天，其餘半天。
　　中年級──星期一、二、四整天，星期三、五半天。
　　高年級──星期三半天，其餘整天。

二、班級安全檢查

教師在班級生活中，針對學生進行各項安全檢查工作是相當重要的，尤其學生是否攜帶違禁品到學校，如果教師未經查禁而釀成班級意外事件的話，是相當麻煩的。在班級安全檢查方面，通常可以區分成學生方面、硬體方面與檢查技巧方面。

（一）學生方面

教師在班級生活中，應該定期對學生實施安全教育，提供各種社會意外事件，讓學生從經驗中學習與成長。在學生方面的安全檢查，教師可以考慮下列要項：

1. 圖列違禁品供參考

教師在班級生活中，應該針對各種違禁品以圖列的方式提供學生作參考，讓學生瞭解哪些東西、物品是屬於學校的違禁品，不可以隨意攜帶至學校，以免造成不良後果。如果教師可以將各種違禁品事先在教室公布欄公告，讓學生瞭解違禁品的項目，在後續實施安全檢查時，學生就不至於產生不必要的反彈。或因此形成師生之間的衝突，導致學生對學校反彈聲浪。

2. 實施不定期檢查

教師在實施安全檢查時，應該以不定期檢查的方式實施。比較理想的方式是教師在擬定學年或學期計畫時，就將安全檢查列入重點工作。此外，教師也應該利用各種機會向家長說明各種違禁品的項目，以及學校實施安全檢查的必要性，讓家長理解學校的作法，並配合學校的各項規定，可以在家庭教育中與學校同步實施。

3. 鼓勵學生自首

教師在實施安全檢查之前，可以再將違禁品的圖文呈現說明，請學生仔細想想自己是否無意中，帶違禁品到學校，如果有的話，可以「自首無罪」，給學生一個自首的機會。

4. 查獲的處理

如果實施安全檢查之後，查獲學生的違禁品，教師應該先瞭解原因後，再決定處理的程序，如果情節嚴重的話，應該陳報學校行政單位，並電請家長會同處理。

5. 列冊管制與處理

安全檢查實施之後，如果查獲違禁品的話，教師應該將學生的違禁品列冊管理，或是交由學校處理，不可以私下將各種違禁品處理，以免形成家長與學生對教師的反彈。

（二）硬體方面

教室中除了學生的安全檢查之外，教師也應該針對班級硬體設施進行定期的檢查。例如：教室的門窗是否安全牢靠、教室的鐵窗是否年久失修、教室的燈具是否安全無虞、教室的各種插座開關是否漏電、教室的桌椅是否用久鬆脫等等，都需要教師實施定期檢查，以避免意外事件的發生。

（三）檢查技巧方面

1. 熟悉法令的規定

教室的安全檢查在實施技巧方面，教師應該熟悉相關的法令規定，避免在檢查過程中，因無心而觸法。例如：現行的法令規定教師不得隨意搜學生的書包，學生的東西，教師不得隨意侵占等。

2. 顧及學生的自尊心

在安全檢查時，應該給予學生適度的尊重，例如：國小高年級以上的學生，部分已經進入青春期，教師可以請學生先將個人的衛生用品放進抽屜內，以避免不必要的尷尬產生。如果查獲色情書刊的話，教師應該低調處理，不可在公開場合喧嚷，以免學生被同儕嘲笑。

3. 提供解釋的機會

教師如果查獲學生攜帶違禁品的話，應該針對物品的性質提供學生解釋說明的機會，如果是屬於首次查獲的話，應該給予學生改進的機會；如

果是累犯的話，就實施該有的懲罰。

三、學生人數的掌握

在班級生活中，有關學生人數的掌握以及學生個人問題的處理，教師必須運用各種策略與方法，才能有效地處理學生問題。

（一）出席人數掌握

1. 落實幹部責任制

教師每天踏進教室第一件事就是要掌握學生人數，如果教師在一天開始無法有效掌握學生人數的話，班級經營容易出意外事件。在學生人數的掌握方面，教師可以落實班級幹部責任制，請班級幹部確實做好人數的掌握。

2. 採用簡報方式處理

教師可以在班級中運用自治幹部掌握學生的各種動態，以便協助教師進行班級事務的管理。例如：每天早上請班長清點學生人數，如果有學生在上學時間未到校，就請班長負責打電話到學生家裡瞭解情況，並且形成記錄稟報教師；學藝股長負責清點學生的回家作業繳交情形，如果有未完成的同學，就請指派班級小老師進行同儕學習輔導。

3. 運用出席人數登錄表

教師應該在班級設計學生出席人數登錄表，並請班長或副班長負責當天學生人數出席登錄情形，可以透過出席人數登錄表掌握學生的出席狀況，並且瞭解學生的缺席情形，教師可以立即掌握學生的動態。

（二）學生生病受傷處理

學生在學校生病受傷是相當頻繁的事，教師在遇到學生此類型事件時，必須謹慎且有步驟的處理，否則很容易因為教師粗心或疏忽而引起親師重要的糾紛。

1. 建立學生基本健康資料表

教師在接新班級時，應該將全班學生建立健康基本資料表，請家長

提供學生成長的相關資料，學生基本健康資料表中應該至少包括：(1)提供家長三個可以緊急聯絡的電話；(2)提供學生成長過程中的重要疾病記錄；(3)提供學生曾經犯有哪些重要的疾病需要教師瞭解（例如：心臟病）；(4)提供學生生病時如果需要送醫的話，家長要求送哪些特定醫院；(5)提供學生重要就醫記錄及相關資料；(6)提供學生對哪些激烈活動需要避免等資料，作為教師在班級生活中的參考。

2. 爭取時間安全第一

教師在處理學生生病與受傷事件中，應該掌握「時間第一、安全為上」的要領，當學生生命或受傷時，應該立即研判是否需要通知家長，或是學校校護即可以處理。如果需要立即通知家長的話，應該偕同學校護理人員做短暫性處理之後，立即通知家長，並且運用學生健康資料表上面所記載的資料和通訊電話，請家長立即處理。

3. 寧可大題小作，勿因小誤事

教師處理學生生病或受傷事件時，千萬不可以掉以輕心，應該將學生的事件隨時讓家長瞭解，提供請家長協助參考。如果學生在學校受輕傷，也應該在聯絡簿上面告知家長，學生在學校所發生的事，請家長進行後續的觀察處理，教師應該將和家長聯絡的事件，做成重要的班級紀錄，避免來日發生不必要的糾紛。

4. 務請聯絡家長並請健康中心支援

當學生在學校受傷或發現生病時，教師應該立即聯絡家長，讓家長瞭解，並請家長提供學生處理的意見，教師在聯絡家長時，不管有沒有聯絡上，都需要行程紀錄，以便需要查證時提供書面資料。在學生受傷或生病時，教師應該依慣例請學校健康中心支援，因為健康中心有醫療專業人員，可以提供醫療專業方面的協助。

5. 若需送醫，請校護陪同

如果學生生病或受傷需要送醫的話，教師應該請健康中心醫護人員支援，並且將級務處理妥當之後，隨同將學生送醫。在送醫的同時，教師應該隨時和學生家長聯繫，讓家長可以掌握自己子女的狀況。此外，學校應該和社區醫療單位建立醫療服務網關係，當學校有學生需要醫療服務時，

可以隨時提供學校必要的協助，最好是社區的家長本身是當醫師的，學校
需要和家長簽訂相關的合約。

（三）收心操

學生在長假之後或是新學期開始，難免因為心情浮躁或是安逸過久而
無法集中注意力學習。此時教師就需要進行類似收心操的活動，引導學生
讓自己沈澱下來，以便慢慢集中注意力學習。此時，教師可以考慮運用下
列策略指導學生集中注意力學習：

1. 分享與討論新學期計畫

在開學前，教師可以利用時間和學生討論新學期的相關計畫，例如：
班級常規是否調整、班級自治幹部是否更新、新學期有哪些新的計畫、班
級教室有哪些新的目標等，透過和學生討論新學期新計畫的同時，可以讓
學生慢慢進入學習生活，同時也瞭解未來的學習重點，以及學科學習的要
領。

2. 以短時間靜坐的方式

教師也可以運用靜坐的方式，在教室中播放一些比較沈靜的背景音
樂，請學生將眼睛閉起來，請小組長閱讀教師事先準備的文章，透過靜坐
與文章欣賞的方式，讓學生可以安靜下來，並且從欣賞文章中，讓心情慢
慢沈澱下來。

3. 請學生閱讀勵志的小品文

教師也可以事先安排幾位小組長，閱讀教師準備的小品文或勵志的文
章，讓全班學生靜靜地欣賞。此外，教師也可以請學生分享假期中，自己
的旅行經驗、難忘的經驗、家居生活、過年的景象等，透過生活經驗的分
享，可以讓學生的心情慢慢靜下來。

4. 分享假期生活經驗

教師也可以和學生方享自己的假期生活、寶貴的生活經驗、未來對學
生的期許等等，透過心情的分享可以拓展學生的視野，同時也可以讓學生
的心情慢慢地沈靜下來。相對的，教師也可以播放一些比教具思考性的電
影供學生欣賞，或是一些比較勵志的電影讓學生觀賞。

5. 檢查學用品及各種準備事項

由於新學期的開始，難免有一些重要的事情要先處理，例如：學生學用品的檢查、新課本的發放、各種教科書的整理、學習新計畫的擬定等都可以利用這些時間處理，順便讓學生從開學用品的整理，慢慢地將玩的心思收起來，準備迎接新學期的開始。

四、忘記帶東西

（一）善用聯絡簿

教師在班級生活中，應該隨時運用家庭聯絡簿，請學生將重要的形成或要提醒的事，隨時登錄在聯絡簿上面，提醒自己每天需要帶的學用品或是班級重要的記事。

（二）運用班級置物櫃

一班學校的班級都設有學生置物櫃，教師可以向學生講解置物櫃的功用，請學生將一般常用的學用品放在置物櫃中，不必每天帶來帶去增添麻煩，學生的置物櫃運用，教師必須經常性地提醒，才能收到預期的效果。

（三）班級備份

一般教室中的各種物品，教師都應準備備份，如果學生需要的話，可以隨時提供備份。例如：部分學生經常有學用品無人認領，教師可以集中放置處理，有學生忘記帶學用品到學校的話，就可以從教室備份中借用。

（四）補救策略

如果學生忘記的東西是無法立即補救的，就請學生暫時和同學共用，並在正式課程中，先進行其他活動，以免以影響其他同學的學習，請學生回家之後再進行補救。

五、班級清潔工作

班級清潔工作的實施是每天的例行工作，如果清潔工作作得不理想的話，容易影響學習氣氛。教師在安排班級清潔工作時，應該以公平、輪流的方式實施，儘量讓每一位學生都有機會分配到各項工作。

（一）清潔工作分配

1. 教師首先應該瞭解班級清潔工作的範圍與項目，將全班學生平均分配各項負責的工作，並且定期檢查學生清潔工作的執行情形，作為工作輪流的參考。

場地	教室				音樂教室					2F廁所			水溝		中廊		
工作內容	掃拖地板	擦窗戶	排桌椅	倒垃圾	整理教具	掃拖地板	擦窗戶	排桌椅	倒垃圾	倒垃圾	整理用具	刷洗廁所	倒垃圾	清掃水溝	倒垃圾	擦玻璃	掃地板
人數	4	4	1	1	1	3	4	1	1	1	1	3	1	3	1	4	1

（二）製作工作分配旋轉盤（參見下頁圖）

1. 用保麗龍片裁成大圓半徑25公分，小圓半徑20公分的兩個圓。再選擇兩種不同顏色的西卡紙，一張做半徑25公分的大圓，一張做半徑20公分的小圓，並將圓平均畫分成三十二等分（班級人數）後，分別以雙面膠黏貼於保麗龍上。
2. 按清單上的場地及工作內容填寫在大圓上。
3. 將裁好大小的紙張發給小朋友，請小朋友寫上自己的座號及姓名，背面黏上雙面膠後，自行黏貼於平均畫分成三十二等分的小圓上任一位置。
4. 將兩圓對準圓心後，以鐵釘釘於揭示板上即可。
5. 清潔工作分配表可以配合勞作課程實施，請學生設計各式各樣的清潔工作分配圖。

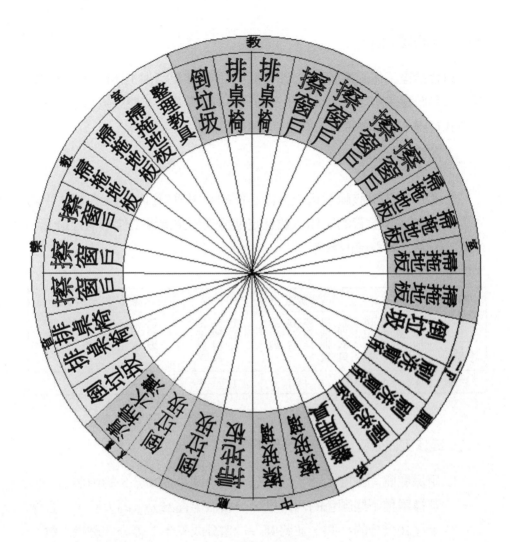

（三）實施辦法

1. 第一次老師可請推選出的衛生股長旋轉輪值表，大圓上的工作內容與小圓上小朋友的名字相對的，即其掃地工作，如此輕鬆又公平地即可完成清潔工作分配了。

2. 每隔兩週（視各班情況而定）旋轉輪值表一次，可配合榮譽制度來決定下次旋轉輪值表的人選。

3. 用保麗龍上貼西卡紙的好處是下次換新的班級或新的清潔工作時，只要換新的西卡紙，可謂一勞永逸。

六、假期作業指導

學生假期的作業設計，教師應該運用創意且動態的作業方式，讓學生的假期生活過得多采多姿，而且充滿學習樂趣的氣氛。

（一）展覽布置

教師在假期作業的指定方面，可以事先和學生討論內容的呈現，讓學生可以運用假期蒐集資料或是完成個人作品方式，在開學初期以展覽方式將學生的作品，編輯展出並商請全校師生共同參觀，提供學生作品發表與欣賞的機會。

（二）主題發表

教師可以指導學生在假期進行專題研究，在日常生活的經驗中挑選一些有趣而且具有學習價值得主題，進行資料的蒐集、分析、討論、分享等，在開學初期時，可以透過各種專題發表的方式，在學校特定的展出場所發表，或是運用教室的空間提供展覽讓全校師生可以分享假期生活經驗。

（三）分享園地

假期生活經驗的分享，可以提供師生各種豐富的生活經驗學習，透過他人的假期生活可以作為未來安排假期生活的參考。學生也可以瞭解別人的假期作哪些的安排，擁有哪些有趣的經驗。此外，可以從分享園地的展覽，看出學生各式各樣的假期生活，教師也可從中瞭解學生的假期生活。

（四）特區發表

特區的發表是教師事先和學生或家長討論主題、內容以及未來呈現的方式，然後擬定相關的主題、經驗，請學生在假期中集合社區的資源、家長的指導，蒐集各種生活的經驗，形成學生的作品，透過專區發表的方式展現出來。例如：生活中的食、衣、住、行、育、樂等方面的訊息，可以

請學生透過小組或個人的方式，統整相關的資料作為同儕的參考。

（五）優秀作品

此外，教師可以將學生各方面的優秀作品，經過整理編輯在學校公開場所展出，一來鼓勵學生認真做作業，也可以豐富學生的生活經驗。學生優秀的作品不侷限於藝術與人文方面的作品，舉凡語文、童詩、短文、長篇小說、繪畫等，都可以報名參加，如果學生人數作品過多的話，教師可以考慮以每人一件的方式處理，原則上以每位學生都可以參展為原則，提供學生一個正式發表的機會。

七、學生的轉學問題

學生轉學問題是教師在學期中常會遇到的現象，需要教師在各方面給予協助。

通常轉學的學生，都半是家庭因素而需要轉學。例如：搬家、父母離異、家庭經濟因素等。教師在接獲家長需要轉學訊息時，應該儘量勸家長不要在學期中轉學，以免影響學生的學習進度，或是影響學生適應問題等。

（一）資料移轉方面

學生轉學時，教師應該將學生的重要資料，如學籍紀錄表、輔導資料表、訓輔資料等填寫完整，以保密且用掛號的方式寄達轉學的學校，切記不可以讓家長攜帶到當地學校報到，以免因為家長好奇偷窺資料而引起不必要的爭執。

（二）提供詳細的觀察紀錄

學生需要轉學時，教師應該將平日對學生的觀察紀錄，包括學生的日常生活表現，在各學科的學習情形，一一詳細地記錄，並且將該資料提供給新教師，讓教師可以透過資料的閱讀，很快地認識學生，並瞭解學生需要哪些專業方面的協助。

（三）協助適應新環境

通常轉學生會面臨環境適應、學習適應、生活適應等方面的問題，需要教師給予各方面的協助。教師可以在學生轉學時，提供未來轉學新學校的簡介，讓學生可以事先對新環境有些許的認知。

（四）寫一封感謝書函

教師可以在學生轉學時，寫一封感謝或委託信函給新任教師，內文包括對該學生平日表現的描述，教師對該學生好的印象，以及該學生需要哪些專業方面的協助，並感謝新任教師對該學生的接納，並且留下自己的聯絡方式，作為日後聯絡之用。

八、作業繳交問題

學生作業的繳交是教師每日應該面對的例行公事，教師可以依據班級學生的特性，設計一份班級作業繳交的表格與程序，請班級學藝股長協助教師處理作業繳交問題。教師可以從學生作業繳交的過程中，瞭解學生的責任感與榮譽感，

（一）統計作業繳交情形

教師每天應該請學藝股長，瞭解學生作業繳交情形，並運用作業繳交統計表，將學生交作業的情形，統計作為教師的參考（統計表參見下表）。學藝股長應該將每日作業統計表送給教師參考，缺交的學生由教師進行個別提醒，如果多次缺交的話，以書面方式通知家長處理。

作業繳交統計表

座號	表現	座號	表現	座號	表現
1	C11	11		21	
2		12		22	
3		13		23	

（續上表）

4		14		24	
5	C1M3	15		25	
6		16		26	
7		17		27	
8		18		28	
9		19		29	
10		20		30	

（二）落實小老師檢查制度

學生當天繳交的作業，教師可以請小組長先進行初步的檢查，將內文有錯字的或是需要調整部分，運用同儕學習輔導的方式，請小老師指導該同學進行適當的修改。如此一來，教師可以減少相當多的時間耗在批改作業上面。

（三）立即處理制度

如果小組長發現同學未繳交作業或是作業沒有寫的情形出現，小組長可以基於職責，輔導同儕利用時間完成作業，等作業完成之後再交上來。如果學生的作業是屬於需要指導的，可以請小組的小老師進行作業指導。

九、接新班級的處理

教師接收新班級時，應該先將各種前置工作備妥，讓學生和家長對教師的教學產生信心。尤其是對學生家庭背景的瞭解，以及和家長的溝通。在接新班級的處理方面，可分成新生訓練、舊生訓練方面。

（一）新生訓練方面

1. 準備工作

在新生訓練方面，教師在事前的準備方面包括：(1)先將教室做溫馨

的布置，降低學生對新環境的恐懼感，同時也可以增加對學習的興趣；
(2)事先將學生的座位表規劃好，將學生的座位表公布在教室前面，讓學生家長可以很快地找到自己的座位；(3)規劃新生入學當天的流程，尤其是新生入學當天的活動流程表；(4)將學校的位置圖公布一份在教室前，讓新生和家長可以很快地認識學校的環境，不至於因為陌生而迷失。

2. 教師本身方面

教師在新生訓練當天，應該儘量梳洗乾淨並穿戴整齊，帶著愉快的笑容進教室，給學生和家長一個好印象，此外，當天應該儘量早些到學校，避免讓早到的家長枯等；教師在家長就坐之後，將各種事先準備好的資料發給家長，並請家長填寫學生基本資料，將各種家長須知及需要和學校配合之處，一一地秉告家長，讓家長瞭解。

3. 資料提供方面

新生訓練當天，教師應該提供的資料包括新生訓練流程表、教師班級經營理念與計畫書、家長應該配合的要項、家長和教師聯絡的方式、輔導家長如何協助子女正常的學習銜接（由幼兒園至國小）、每個月親師座談的時間、學校需要家長配合之處等。

4. 活動進行方面

新生入學當天，教師在活動的進行方面，通常包括運用活潑的方式進行自我介紹、指導學生認識新朋友、配合各種熟悉的音樂做律動，做師生之間心靈的對話以縮短彼此之間的距離、引導學生認識校園的環境、進行基本生活常規的講解訓練等。

（二）舊生訓練方面

教師如果接的是學校新班級舊生的話，可以考慮運用新生入學的方式，實施生活方面的訓練，在舊生訓練方面包括認識校園環境、介紹新課程及新的科任教師、瞭解班級重要的規定和措施、填寫各種資料表、準備各種學習用書和學用品、為學生布置一個溫馨的學習環境。

十、學生收費問題

學生收費問題是教師在班級經營中，需要謹慎處理的重要項目，教師在學生收費方面，應該注意下列收費原則：

（一）儘量不收費原則

學校生活中的各項費用，原則上都需要經過學校統籌辦理，教師儘量不要額外收費，以避免家長和外界不必要的誤解。如果班級運作需要收費的話，教師應該透過學生家長討論或學生級會的討論通過，才可以收費。

（二）需經過家長同意

班級任何一項屬於個別的收費，都需要班級家長會正式通過才可以收費。如果沒有家長同意的話，教師儘量不要額外的收費。屬於緊急性收費的話，教師應該透過班親會主席的同意並且聯絡相關的家長。

（三）親師生共同理財原則

教師如果收班費的話，在金錢的管理方面應該儘量以親師生共同管理為原則，如果需要運用班費的話，教師應該和家長或學生討論之後，才可以動用班費。

（四）教師以不管錢為原則

原則上教師以不管錢財為原則，如果班費數目過於龐大的話（例如：有家長捐贈），教師可以用班級的名義在金融機構開立帳號，將費用存進存摺。或由班級家長、學生負責管理錢財。

（五）期末徵信原則

班費的運用在學期末應該將所有的帳目公開，讓班級相關人員瞭解班費的運用情形，在學期末應該以徵信的方式公告，以避免不必要的質疑或糾紛。

班費的繳交應該以公正、公開為原則，教師可以運用班費管理作為學生的機會教育，讓學生學習金錢的管理，熟悉金錢管理的重要程序。如果班費的數目過大的話，教師可以透過班親會成員負責管理班費，並且在適當的時機公布班費的使用情形以及剩餘的狀況，避免因為錢財管理不當而引起教師與家長、學生不必要的誤解。

十一、補救教學的實施

在班級教學實施中，學生因為家庭背景、文化刺激、學習參與等，在學習成果方面難以達到一般的精熟度，需要教師給予特別的補救教學，才能提升學生的學習成就。

（一）瞭解學習落後的原因

教師在實施補救教學前，應該先瞭解學生學習落後的原因，針對學生學習落後的原因，給予專業方面的指導。透過學習落後原因的瞭解，教師才能擬定補救教學的有效策略，並且依據對學習落後的瞭解，才能實施具體有效的補救教學。

（二）診斷學習實施補救教學

對需要補救教學學生學習的瞭解，對學習的提升是相當重要的。教師透過學習的診斷，才能瞭解學生在學科方面的學習情形，以及學習程度。如此，才能針對學習情形進行補救教學。例如：五年級的學生如果數學程度停留在三年級下學期的話，教師就必須從三年級的數學開始進行補救教學。

（三）有效地運用人力資源

教師在班級實施補救教學時，應該有效地運用人力資源，才能達到預期的效果，並且不影響教師的教學活動。在人力資源的運用方面，包括教師本身、學生小老師、愛心家長、社區人士的運用等。

（四）安排補救教學的時間

實施補救教學時間的安排，教師可以運用各種課餘時間，例如：利用中午午休時間、團體活動時間、課餘時間進行補救教學。如果需要在放學之後留下來進行補救教學的話，必須事先徵求家長的同意，才可以實施補救教學。

（五）擬定適當的評量標準

教師在班級實施補救教學，應該依據學生在學習方面的情形，擬定補救教學措施，並且在學習評量標準方面，考慮降低對學生的要求。通常需要補救教學的學生，在學習方面比普通學生而言，學習成就是比較低的。因此，教師應該降低對學生的要求，只要學生學習有進步，就應該給予鼓勵。

十二、假期生活輔導

學生假期生活輔導對教師班級經營而言，是一項相當重要的例行公事。教師必須擬定各種假期輔導方案或措施，提供學生作為假期前的參考。如果屬於重要注意事項的話，教師應該考慮以詳細的書面資料提供讓家長和學生參考。

（一）提供假期時間規劃表

教師放假之前，應該針對假期詳列一份日程表，在日程表中記載重要的行事曆以及學校需要家長和學生配合之處，提供學生作為假期擬定行事曆的參考。

（二）提供休閒資料

教師可以在平日透過資訊課程教學，指導學生蒐集相關的休閒資訊，作為提供假期休閒的參考，尤其是合法、安全、適合學生前往的各種場所。

（三）提供心靈充電妙方

教師在假期開始前，應該擬定假期心靈充電的妙方，讓學生和家長參考。例如：各種閱讀活動、參觀重要的建築、美術館、博物館、參觀重要的建設、美術展、電腦展等有助於增廣見聞的心靈活動。

（四）避免意外事件發生

學生在假期中最容易發生意外事件，必須教師不斷地叮嚀提醒學生。因此，教師可以將各種日常生活中的意外事件做列舉，提供家長和學生作為假日中的參考。例如：家庭生活中的用電安全、瓦斯使用安全、各種戶外運動應該注意的要點、網路交友的安全、戲水安全、各種網咖、地下舞廳、撞球間、電動玩具店等安全方面，需要教師不斷地提醒學生。

如何表達對老師的感謝

一、誠摯的掌聲永遠勝過虛偽的賀禮

* 別讓收禮失去您的尊嚴
- 進門拜三拜，出門罵你祖宗十八代。
- 微不足道的「實惠」，失去的卻是無法挽回的尊嚴。
* 感情不能用禮品來交換
- 老師對學生的關心和幫助應該是發自內心的。
- 每個學生都應該是平等的 。

二、收禮各國學問大不同

* 以功利為目的收受學生禮物，世界各國都是禁止的 ，但是但對師生間以「禮物」表達感情，各國也有「網開一面」的規定。
- 丹麥，在特殊節日，可收5元美金以下的禮品。
- 韓國，教師節時可酌情收受學生贈送的手絹、襪子等小禮物。

本章討論問題

一、請說明如何進行班級安全檢查？

二、請說明教師如何進行學生人數的掌握？

三、請說明忘記帶東西的學生如何輔導？

四、請說明班級清潔工作如何分配與監督？

五、請說明教師如何進行假期作業指導？

六、請說明學生的轉學問題如何處理？

七、請說明如何有效處理學生作業繳交問題？

八、請說明班級學習評量的處理原則有哪些？

九、請說明教師接新班級的處理原則與程序。

十、請說明教師如何處理學生收費問題？

十一、請擬定一份班級補救教學的實施計畫。

十二、請說明教師如何進行假期生活輔導？

▇第十四章▇

霸凌行為的類型與因應策略

　　本章的重點在於說明霸凌行為的意義、類型與相關因素，以及面對霸凌行為時的因應策略，提供教師在班級經營時參考。

一、前言

　　有關霸凌行為的類型與形成及因應策略方面的重要性，林進材（2016）研究指出，美國「國家中學校長聯盟」（National Association of Secondary Principals）所提出的數據指出：

1. 霸凌行為最常來自於一般的社會的暴力行為；大約有15%至30%的學生曾經是霸凌者或是受害者；
2. 1994到1999年之間，有253人死於學校暴力事件，有51種不同的死因。但是，霸凌時常是與學校死因有關的因素；
3. 直接的，肢體霸凌正在小學校園裡增加，高峰停留在國中，而在

高中校園內下降。但是，在另一方面，言語霸凌卻是一直持續增加。根據美國法院（The U. S. Department of Justice）的報告，新進的學生比起舊生更喜歡霸凌同學；

4. 有超過三分之二的同學相信，學校無法有效回應霸凌事件，有更高比率的學生相信大人的幫助是沒有效率也沒有效果；

5. 25%的教師覺得霸凌沒什麼或根本不理會它，只有4%的教師會持續去調查霸凌行為的事件。

此外，Savage. 與Savage.（2009）指出，美國教育聯盟（National Education Association）在2003年已經增加有關反霸凌作為學校主要關心的議題。同時，也有研究結果顯示70%教師相信他們已經回應了所有霸凌事件，但是卻只有25%的學生認同這樣的看法。這顯示出教師們對於霸凌這件事情，與學生的看法是有大幅度出入，並且，這其中有非常嚴重的溝通問題。

從上述之研究得知，對於霸凌行為一般的因應策略即為消極地不去理會，或是不上學，一再容忍霸凌行為，而導致霸凌行為不斷地重複上演。

二、霸凌行為的意涵

霸凌行為的意涵，一般指的是「蓄意且具傷害的行為，是持續重複出現在固定孩子的一種霸凌現象。」有關霸凌的行為與意涵，詳加說明釐清如下：

（一）霸凌行為的定義

有關霸凌行為的意義，全世界各國家的定義相當複雜。一般的霸凌行為定義，主要包括下列重要的意義（林進材，2016）：

1. 在霸凌行為上是重複地、一再地、有意地、長期的、反覆地的行為；

2. 霸凌行為的背後是在口頭、感情、生理或是心理上讓其他同學不舒服；

3. 受霸凌者的特點是故意被霸凌者顯露出來、被拒絕於一個或多個

學生之中、不能防衛自己的人；

4. 霸凌行為的模式是要施加傷害、欺壓、暴力行為、攻擊行為、傷害在他人身上。

因此，霸凌行為的定義在於一種刻意地曝露出某固定的學生，讓他長期地、一再地，受到口頭、財物、感情、生理、心理上被其他同儕拒絕，意圖傷害而造成直接或間接的人際關係排擠。

（二）霸凌行為的意涵

在一般霸凌行為的意涵中，包括三個重要的概念：第一，指出霸凌行為的迷思與誤解；第二是霸凌行為的內容；第三是霸凌與衝突、騷擾和威脅恐嚇之異同處。

1. 霸凌行為的迷思與誤解

Olweus（2010）指出有關於對霸凌行為的迷思：(1)霸凌只是生活的一部分；(2)男孩終究是男孩－他們是一再的發洩罷了；(3)霸凌是發生在所有的學校，沒有什麼好憂慮的；(4)棍棒與石頭可能打傷你的骨頭，但是言語是從不會傷害到你；(5)霸凌對我而言，從不曾造成傷害；(6)霸凌會使你更勇敢／讓你知道生活是什麼，只此而已。

因此，霸凌的行為極容易被教師與家長誤解，認為只是正常校園生活中的一部分。對於人際相處上無害，甚至認為受害者是「自找的」；同時，也認為這樣的行為只是因為低學業成就的學生才會發生；發生的地點只和學校相關。只要沒有肢體上的傷害，就不算霸凌等等。這些誤解與迷失，必須要藉由教師與家長正確地傳達霸凌行為的知識及改變對於霸凌行為的看法，才能達到第一步，建立正確的反霸凌觀念。

2. 霸凌行為的內容

Meyer、Elizabeth（2009）認為，使用「霸凌」（bullying）這個字時，必須包含下列其一的行為：(1)真實的或被威脅的暴力；(2)被勒索或強奪之物；錢或財物被偷；(3)強制一個孩子去做一些他們不做或不想做的事；(4)一個孩子在友誼團體中被忽視和被要求「閉嘴」；(5)被嘲弄與被羞辱；(6)老是對不同的孩子責罵；(7)取綽號或貼標籤；(8)傳遞攻擊性

的訊息；(9)散播不實的謠言與耳語；(10)傳送侮辱性的電子郵件。

因此，霸凌行為的內容包羅萬象，但有其中幾個共同的特點：(1)受害者是固定、孤獨的、易被標籤化；(2)大欺小、強欺弱的權力關係；(3)口語、肢體、關係、性取向上作為霸凌的主要內容；(4)引起受害者的反擊。霸凌行為的內容不管如何，只要引起這位固定的受害者進行反擊，但是在反擊上仍舊成為受害者時，無論使用任何一種霸凌內容，都可以視為霸凌。

3. 霸凌與衝突、騷擾和威脅恐嚇之區辨

林進材（2016）指出，區辨霸凌行為關鍵在於：(1)戲鬧或遊戲的角色是可以互換，且當其中一方因不舒服而要求停止時，界限是被尊重的。(2)當事人是自願參與其中，或者可以說關係是有自由與彈性、 個人的主體性與尊嚴是被尊重（參見下圖）。

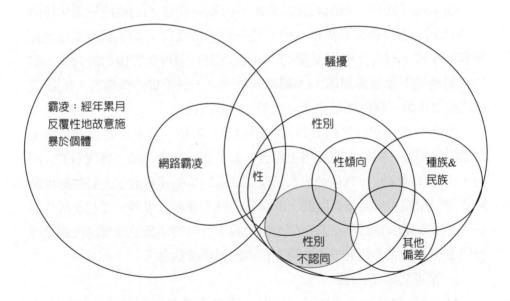

三、霸凌行為的類型與相關因素

欺凌行為的模式是由肢體霸凌，慢慢發展成以語言或社會控制的方式之。因為，年齡越大的兒童，會因為教師及家長的制止，而轉向於看不

見的言語或關係上的傷害。有關霸凌行為的類型與相關因素，詳加說明如下：

（一）霸凌行為的類型

霸凌行為本身即是一種傷害性的行為。對於各種霸凌行為的類型，可以有以下的分類：

1. 關係霸凌

主要是操弄人際關係，與語言欺凌經常一起發生。兩者是屬於霸凌發生剛開始階段。

2. 言語霸凌

雖然肉眼看不到傷口，但它所造成的心理傷害有時比肢體傷害更嚴重。此行為通常伴隨著關係霸凌。

3. 肢體霸凌

臨床上最容易辨認的一種型態，也是教育工作者最關注的一種型態。

4. 性別霸凌

是指受害兒童被他人以與性有關的有害語言、行為或影像等侵犯。

5. 反擊型霸凌

主要是指長期受到霸凌而反擊。像是美國發生多起校園槍殺事件，即屬此類。

6. 網路霸凌

上述所屬的欺凌行為皆可使用「網路」來執行。此方式不受任何限制，可能導致之傷害更大，影響更遠。例如：有女影星因為被網路霸凌，受不了折磨而輕生，就是屬於網路霸凌。

（二）霸凌行為之形成因素

霸凌行為本身並不會憑空發生，亦不會憑空消失。一般研究霸凌行為的文獻當中，針對其因素大部分由學生本身、家庭因素、學校因素及社會因素加以分析。茲詳加說明臚列如下：

1. 學生個人因素

林進材（2016）提到學生成為霸凌者的因素有：(1)學業上的挫折感；(2)學生有霸凌行為的責任是由於大人不夠關心，以致於孩子只有一種方式可以在霸凌環境中生存，就是傾向有暴力的行為；(3)沒有楷模可作為典範；(4)在家庭中受到暴力對待；(5)家庭對孩子漠不關心；(6)孩子結交不好的朋友；(7)人格及品性失常。

霸凌行為形成因素中的個人因素主要包含下列要項：(1)霸凌者因欺凌行為而受到歡迎，而增強其霸凌行為的意圖；(2)霸凌者因霸凌行為享受到支配與權力；(3)霸凌者在各種環境下都處於負向的狀態；(4)霸凌者對於受害者產生妒忌的心態；(5)受害者的人格特質傾向於「負面支配性」、神經質、各方面皆為弱勢的狀態。

2. 家庭因素

依據林進材（2016）研究指出，針對霸凌行為形成因素中的家庭因素主要包含下列要項：(1)父母親的管教忽視冷漠、不一致，易導致孩童沒有同理心，容易造成孩童在學校霸凌他人與被欺凌的情況；(2)父母親的管教開明權威，則孩童較不易在學校霸凌他人與被欺凌的情況；(3)家裡從事特種行為或社經地位較低，也容易受到霸凌。

3. 學校因素

Sharp（2008）認為，文化因素很容易讓這些學生成為被霸凌的目標。不同種族的文化很容易造成一些負面的印象，致使這些孩子無法被融入友誼之中，進而在不友善的校園中形成了被霸凌的受害者。除此之外，她還提到一個現象則是：「就算這些孩子在學校的成績很優秀，但是，到了公共的場所，例如：等待校車時，他們還是很容易成為被霸凌的對象。」

林進材（2016）研究指出，針對霸凌行為形成因素中的學校因素，主要包含下列要項：(1)學校的不友善氛圍會導致校園霸凌事件的增加；(2)教師管教方式採忽視冷漠，則霸凌事件的發生率較高；(3)受害者的沈默忍耐，無法有效減少霸凌事件的發生。

4. 社會因素

邱珍琬（2001）指出，大環境，社會本身對於性別角色的表現與要求，鼓勵競爭比較、還有加上媒體傳播之力，這些也不外於環境的定義，「以暴養暴」是環境的結果、「觀察模仿」是環境的力量。

Sharp（2008）提到媒體的影響力，表示：「誰能忘記那些在電視傳媒中，對於學校新生那種恐怖的虐待方式？」這些孩子在進入學校時，就已經成為被嘲笑、被攻擊的受害者。

綜上所述，針對霸凌行為形成因素中的社會因素，主要包含下列要項：

(1)社會風氣傳遞暴力行為，則易產生校園霸凌事件；

(2)社會氛圍對於性別的不友善，強調以暴制暴，則易產生校園霸凌事件。

因此，霸凌行為的形成因素上，學生本身所處之環境無論是霸凌者或是被霸凌者，都在不友善的環境中，致使形成霸凌行為。在家庭因素上，父母親的管教方式與學生霸凌行為有高度相關。因此，家長在管教上，應保持處罰上的一致性，並對孩子適時的關心，才不容形成霸凌與被霸凌之事件發生。在學校因素上，教師的管教要採取賞罰分明，並對於所有學生一視同仁。在社會因素上，減少暴力影片的播放與傳播，避免模仿效應發生。

（三）霸凌行為之相關因素

林進材（2016）綜合國內外研究欺凌行為相關因素的文獻中，大部分與性別、年級、學業成績等有關，茲詳加說明以臚列如下：

1. 性別因素

在性別方面，研究的綜合發現為：霸凌行為相關因素中，性別的因素主要包括下列要項：(1)就男女性別而言，男學生受到霸凌的情形比女學生多；(2)男學生多涉入的是肢體霸凌；女學生多涉入的是語言及關係霸凌；(3)教師的性別刻板印象會影響到學生的行為表現，而導致霸凌事件的發生。

2. 年級因素

有關年級因素影響霸凌行為，相關的研究結論並無一致的看法。茲分析如下：霸凌行為相關因素中，年級的因素主要包括下列要項：(1)一般而言，肢體攻擊為高年級多於低年級；(2)在初中生方面，肢體霸凌以初中二年級發生率較高；(3)年級的差異會影響到霸凌行為的類型及發生率。

3. 學業成績因素

林進材（2016）指出，學業成績佳而受到同儕歡迎的學生的價值觀是建立在他們的能力可以成為控制人的權力。本質上來說，他們的高權力是來自支配他人；楊宜學（2009）。研究結果指出，男生、低學業成就及低社經地位的學生受到網路霸凌的程度高於女生、高學業成就及高社經地位。

在霸凌行為相關因素中，學業成績的因素主要包括下列要項：(1)無論成績的好壞高低，皆可能產生霸凌行為；(2)學業成績佳的霸凌者，其權力的掌控是能力的展現之一；(3)學業成績不佳的受害者，受到各類型的霸凌行為比率較高。

四、霸凌行為之影響

霸凌行為是一個群體所形成的暴力行為。參與者包含執行霸凌行為之霸凌者、霸凌行為下之受害者、處於霸凌行為當中卻非霸凌者也非受害者之旁觀者。這三種角色的並存，產生了一個完整的霸凌行為，也才能夠一再地在校園內上演霸凌。有關霸凌行為之影響及其因應策略，論述說明如下：

（一）霸凌行為之影響

霸凌行為的相互關係人是指霸凌者、受害者、旁觀者三者之間的行為。霸凌行為本身就是一種人與人之間的互動關係，而這種互動關係是存在著權力、人際關係的不均現象。茲將霸凌者及其影響、受害者及其影響、旁觀者及其影響之探討臚列如下：

1. 霸凌者及其影響

校園霸凌者有幾個特點：(1)強壯、自信且衝動；(2)與受害者同齡或稍長；(3)對任何人都具攻擊性，包括同學、家長、老師和兄弟姐妹；(4)出身於充滿敵意、忽略孩子或效率低的家庭；(5)父親有攻擊傾向或十分冷漠；(6)身邊都是同類朋友；(7)毫不同情受害者；(8)為了刺激、權勢和控制慾而欺負別人。

霸凌者本身有以下的特質，包含：(1)心態較堅強、無同情心、以傷害他人為樂；(2)濫用權力、掌控他人、支配他人需求度高；(3)個性具攻擊性、充滿敵意、衝動、報復性高。

一般霸凌者的影響，主要包括以下要項：(1)兒童時期對於霸凌行為未加控制，成人後易發生刑事案件；(2)學習時期對於霸凌行為未加控制，進入社會後易使用相同手法來與人相處；(3)短期影響是更有權力與勢力；長期影響則是出現反社會行為。

2. 受害者及其影響

邱珍琬（2001）認為受害者除在體格上較為瘦弱表現外，也孤單、安靜、少朋友、較神經質、較不會為自己出氣、看法較悲觀等。

林進材（2016）指出受害者的特質有：(1)性格上傾向於敏感、退縮、謹慎；(2)缺乏果斷力；(3)社交能力較差；(4)低自尊；(5)男性相較於同儕較弱與個頭較小；(6)女性在生理外表上則較無法吸引同儕；(7)害羞，朋友較少；(8)與大人的關係較同儕好；(9)有些不同於正常方式：學習能力差、性取向、種族、生理上的畸形；(10)過度保護的父母親。綜上所述對霸凌受害者本身，包括以下特質：(1)受害者的外表上較為弱勢、性格上較神經質、安靜、悲觀；(2)低自尊、有過度保護的家庭；(3)不預期的失常態度、缺課、對學校活動參與度低。

此外，研究發現霸凌受害者的長期影響包括：低學業成就表現、缺課、藥物與酒精濫用和自殺行為的發生，都已經和在學校場域中的被霸凌的受害者有關（Sharp, 2008）：(1)身體的傷害；(2)中輟不去學校；(3)翹家；(4)有人因此討厭家人；(5)怪罪同學沒有出手幫忙而討厭同學；(6)覺得自己很差勁；(7)消極地任人霸凌。

五、不同霸凌類型行為之因應策略

霸凌行為存在於校園之際的當下，就應有相對應的策略來因應。學校的所有成員，無論是行政管理人員、科任及級任教師、學生，包括霸凌者、旁觀者、受害者等，都應為友善校園盡一分心力。因此，茲將各類型霸凌行為之因應策略及針對學校在行政與文化、班級導師的班級經營及學生相對因應策略加以探討並臚列如下：

1. 就霸凌行為類型而言

(1)關係霸凌因應策略

林進材（2016）研究指出，受到同儕歡迎，學業成績良好，有高自尊，在團體中是領導者的霸凌者，較常使用關係霸凌。女性較為喜歡使用這樣的霸凌方式，因為它不容易被教師發現。這樣的霸凌方式主要是來自於耳語和社會關係的孤立。就是因為如此，在研究報告中顯示出女性被霸凌的數字比男性要來得少。因此，在關係霸凌之應因策略上，身為班級導師應該去真正瞭解到學生們身處於班級內時，是否有被其他同學孤立的現象。

(2)言語霸凌之因應策略

言語霸凌是最常發生的霸凌行為，但是，班級導師卻是最少回應的。因此，面對這樣言語霸凌行為，像是嘲笑或是謾罵，身為班級導師應立即制止。

在言語霸凌之因應策略上，當班級導師發現學生無論是開玩笑或是故意採用不當語言來嘲笑他人時，應立即制止，建立言語規範的界限，寧可嚴肅去看待學生之間的不合宜玩笑，也不要因為長期放任學生使用嘲笑的言語而給予學生形成言語霸凌的機會。

(3)肢體霸凌之因應策略

有些受害者會認為自己是作錯事情，所以才會被欺凌。而這樣的想法造成受害者一再被霸凌，甚至如果沒有被霸凌，反而會認為自己在班上不受歡迎。而這樣的受害者，反而會在停止霸凌後，開始有自我傷害的念頭。當班級導師面對這樣的受害者時，處理的焦點應放置在受害者的想法

上，因為任何人都不應使用霸凌的方法來處罰另一個人。

因此，在肢體霸凌之因應策略上，不該出現在班級上的行為舉止，班級導師皆應立即制止。打鬧與玩笑，甚至衝突，都不應在教室內發生。一旦發生之際，班級導師應公平而一致性的處理。賞罰分明的班級導師，是有效制止肢體霸凌的介入者。

(4)性霸凌之因應策略

性霸凌的具體行為包括：(1)性或身體部位的不雅玩笑、嘲笑或評論；(2)性取向或性行為的嘲笑；(3)散播或傳遞有關性的不實紙條或謠言；(4)侵犯身體的動作。因此，在性／性別霸凌之因應策略上，無論是在言語及肢體上，班級導師都應以身作則形成學生的模範，不應使用相關性／性別不平等之言語來教學，也不應學生之性別而產生不對等的教學策略，以形成潛在平等的教學氛圍。

(5)反擊型霸凌之因應策略

林進材（2016）指出，因為班級導師的漠視受害者於學校所受到的霸凌，致於受害者感到無力感，因而做出極端而無法挽救的行為，例如：從一般的威脅轉向到校園槍擊事件。這些犯案者，都是校園霸凌的受害者。

因此，在反擊型霸凌之因應策略上，班級導師平時就要多關心學生，用心去觀察一定可以有效預防霸凌行為的發生。學生們之打鬧或許不容易區辨，但是，班級導師在無法區辨行為之餘，若能採取寧可即刻制止打鬧行為，也不讓打鬧行為演變成霸凌行為的作法，勢必可以有效阻斷霸凌行為的前兆。

(6)網路霸凌之因應策略

網路霸凌之所以非常難以控制與預防，是因為它通常是發生在學校及教室之外，而且，多數使用網路霸凌者自認為不會被抓。因此，這樣的霸凌手法對於學校教育者而言，是很棘手的問題。

林進材（2016）提出反網路霸凌的作法：(1)平時於課程上就應教導學生使用網路時應遵守的規範；(2)建立反網路霸凌的班級氣氛，例如：禁止散播謠言及不雅圖片或影片；(3)學校政策上則應鼓勵學生舉發網路霸凌者；使用學校電腦時，學校應掌控學生傳輸內容；(4)教師應宣導網

路霸凌是直接與間接欺凌之一，使用網路霸凌甚至是違法行為；(5)明確定義網路霸凌並告知可能的傷害；(6)學校領導者應鼓勵教師與家長一起執行反網路霸凌的政策。

網路霸凌是一件非常棘手的問題，因為它的複雜程度是涉及所有的霸凌行為，同時，它發生的地點不只是在學校教室裡，它可能隨時隨地都在發生，卻不容易控制。多數學生認為它不容易被抓到，就算被抓到也沒有證據證明這樣作有任何的傷害。但是，網路霸凌的傷害絕對不是天真好玩，也不亞於任何一種形式的霸凌。

六、學校在行政與文化之因應策略

學校的反霸凌政策是非常重要的，因為多數的霸凌事件是發生在班級之外。學校的反霸凌政策建議如下：1.建立反霸凌的環境與氛圍，校園霸凌事件是不可接受的；2.所有相關人員都必須要接受反霸凌的教育訓練；3.再製新的觀點，任何人都不應該被霸凌；4.清楚的定義並規定反霸凌政策，讓全體師生皆可清楚理解；5.父母親也需要清楚知道學校反霸凌的政策，學生必須清楚明白犯下霸凌的後果是什麼；6.所有的家長及師生都必須要知道霸凌後果的嚴重性。

綜上所論，學校行政組織與文化上必須建立反霸凌的條約並且賞罰分明，建立學校反霸凌的文化。行政人員必須幫助教師去區辨霸凌與玩鬧之間的區分，甚至幫助教師去蒐集相關資料，為教師教學上的反霸凌教材。有效的反霸凌政策是需要時間，行政人員應給予教師與學生在反霸凌上的支持與支援，讓整體學校文化是藉由學生本身與教師教學上的集體合作，達到公平而有安全的學校環境。

七、班級導師在班級管理之因應策略

林進材（2016）提出了有關於班級管理中，班級導師的反霸凌策略明細：1.建立彼此尊重的班級氣氛；2.鼓勵學生學生遵守反霸凌的班規；3.在課堂中隨時隨論如何尊重他人；4.建立同儕反霸凌的決心；5.在課程內設計反霸凌教案；6.角色扮演、創意寫作、合作學習等焦點放置在同理

心與同儕關係的建立上；7.反霸凌及網路霸凌的政策請家長協助；8.學校應明定霸凌之定義及無法接受的範圍；9.反霸凌策政中應建立對新同學的友善歡迎及提供相關的諮詢途徑與手冊；10.霸凌者與受害者提供一對一的協助與輔導；11.對受害者提供人際關係的建立技巧；12.全體成員隨時對反霸凌提供建議；13.教師應教導學生如何面對霸凌事件。

Ben Whitney（2004）認為：1.資深的教師應有能力去觀察到學生非意外性的受傷或是表現出沮喪；2.在處理事件上，不要一次問受害者太多問題，友善地給予支持，必要時交付專業人員輔導；3.在關懷上要小心謹慎，避免受到誤解。總是保持最大的關心，在自己能力所及之處；4.任何不適合的碰觸，對於孩子而言都有可能是一種霸凌，類似這樣的行為都可能構成一種犯罪的行為；5.教師勿處罰孩子；必要時交給專業人員處理；6.觀察到任何的狀況，都應與同事分享，以確定事實；7.告訴家長，與家長一起關心。

林進材（2016）提到旁觀者是有義務及責任去預防及制止霸凌事件，在處理霸凌事件上，不要把重心擺放在霸凌者向受害者道歉上，這樣的作法，不但沒有效果，反而很容易在教師不在現場時，讓受害者再次被霸凌者傷害。

綜上所述，班級導師在課程與教學的設計上，應包含社交技巧的訓練，像是角色扮演、創意寫作、班級開會、閱讀有關於同理心、情緒控制、衝突管理等文章。這些課程主要是幫助學生建立新的態度和建構班級人際關懷的氣氛。因為，同儕關係才是反霸凌政策是否能夠成功的主要關鍵。而旁觀者的角色，更是反霸凌成功的核心。班級導師在班級管理上，應該建立友善的班級氣氛，對於學生彼此之間的相處上，就應以合作與和平為主，一旦有任何學生超越此界限，則應立即有效的制止，才不會姑息養奸、養虎為患。

八、結論

處理霸凌事件上，預防勝於治療。許多學生並不清楚何謂霸凌，大部分的學生都以為，只有被打或是有受傷害，才稱之為霸凌。但是，事實

上，霸凌不只有肢體霸凌而已。班級導師應教導學生認清各種霸凌之形態與內容，而非把預防霸凌或是制止霸凌行為的重責大任，加在自己或是所有教育者及行政人員身上。

　　學生之間的玩笑在無法分辨時，應適時制止，避免擦槍走火，從開玩笑演變成為言語霸凌或其他形式的欺凌行為。對於霸凌者，確立懲罰機制並賞罰分明；對於旁觀者，應建立正義感及合作感，對於觀看霸凌行為而未通報者，應連帶受處份；真正行為不當是霸凌者而非受害者。因此，對於受害者的保護，必須有專業而有效的策略，避免受害者再次受傷。

　　（本文曾發表於湖南師範大學《教育科學學報》第16卷第1期）

▌第十五章▐

面對未來班級的想像與塑造

　　本章針對未來班級發展的想像與塑造，對傳統觀點與發展觀點的班級特色進行比較。引領班級導師在面對未來的班級發展時，從班級經營信念的調整、班級導師職責與角色的重新省思、知識資訊的重新建構、教與學形式的更新、教與學空間的再造和親師角色的更新等方面考慮未來班級的經營塑造。

一、前言：教育的「不變」、「變」與「萬變」

　　資訊科技的瞬息萬變，改變了人類的思維，引領了社會的發展，同時也影響教育方面的革新。教育上的研究，不管是大資料方面的綜合、理論性方面的探索、知識性方面的應用、實務性方面的歸納、策略性方面的分析等，在在提出學校教育方面的「不變」、「變」與「萬變」方面的議題。在教育迎向前所未有的轉型發展關鍵期，教育工作者是否能掌握為教

育的動向核心，及時改變自己的思維，調整教育的步調，決定了教育改革的成敗。

學校教育的核心關鍵在於課程教學，課程教學的成敗關鍵在於教師，教師教學的良窳在於專業能力的開展，而專業能力是否順利開展，則依賴在於班級導師的信念與專業能力。如果上述教育人員，對於教育革新秉持著以「不變」應「變」的心態，或以「不變」應「萬變」的心態，則教育改革成功的日子遙遙無期，無法收到預期的效果。教師的教學效能與學生的學習品質，永遠無法在班級生活中提升，也無法在整體教育系統中，得到應有的成效。

英國新堡大學教授Sugata Mitra在最觸動人心的演說「建立一所雲端的學校」，明白揭示了科技對未來世代、以及對當代學校體制的衝擊，在這個特殊時期，能否把握住未來教育的核心動向，決定了教育改革的成敗。該篇演說中提出未來世代必須具備的四大能力：「動機與探索」、「閱讀思考力」、「自律學習力」與「扎根品格力」，透過該演說的解讀，身為教育工作者的我們，應該持續性、系統性地思索「我們的學生該學些什麼？」、「我們應該提供學生什麼樣的學習環境？」以及「學校應該有哪些必要的改變？」等議題。

研究者綜合國內外相關的教育革新研究，指出個別化教育、倫理型教師、數位化技術、全民性閱讀、社會化融合、體驗式校園是未來教育發展的六大動向。有鑑於資訊科技的瞬息萬變，教育核心動向的調整，班級導師專業能力與信念的建立，本文針對未來班級的想像與塑造議題，說明未來的班級特色與想像、未來的班級塑造、班級導師在班級生活中的可為與應為等，提供學理性得分析與建議，引領班級導師從班級生活中建立專業的形象，透過班級管理技巧與方法、學理與經驗、理想與實務等的淬煉，成為更專業更成功的班級導師。

二、未來的班級特色與想像

班級導師與學校教育、班級生活、教師教學、學生學習等方面的關係是相當密切的（林進材，2016；林香河，2016）。班級導師對於學校教

育系統應該具備相當程度的專業知能，對於班級生活形態應該有深入的認識，教師教學與學生學習活動的進行要有足夠的能力，才能在班級導師的工作與職責中勝任愉快，才能在班級管理與學生輔導方面負起專業責任。

　　班級導師在班級管理時，應該針對資訊科技的快速變化，學校教育的瞬息萬變，班級生活形態的發展等，隨時調整自己的步履，修正班級管理的技巧與方法，才能在未來的班級中，輕輕鬆鬆擔任班級導師。有關未來的班級特色與想像，本文從傳統觀點與發展觀點（參見表15-1），依據班級生活的立論基礎、型態、知識的獲取、教師教學、學生學習等，簡要分析如下，提供班級導師在班級管理上的參考：

表15-1　**傳統觀點與發展觀點的班級比較**

觀點＼特徵	傳統觀點的班級特色	發展觀點的班級特色
1. 班級型態	知識殿堂	學習組織
2. 班級定位	教師中心	學生中心
3. 班級導師角色	被動／工作	主動／專業
4. 班級主體	教師中心	學生中心
5. 知識訊息獲取	被動吸收	主動建構
6. 學習型態	個別學習	合作學習
7. 教學方式	教師傳遞	師徒相授
8. 學習教材來源	單一固定	生活多元
9. 學習空間	班級封閉	開放延伸
10.學習內容	傳統單調	活潑多元
11.學習過程	靜態接受	動態探索
12.教具媒體來源	平面靜態	立體動態
13.教學評量方式	靜態評量	動態評量
14.親師角色	主動／被動角色	協同／合作角色

（一）知識導向轉為能力導向

傳統的班級生活是知識導向的，教師在班級生活中，以傳授知識為主要的職責，學生以學習知識為主要的任務，知識的學習與成效，決定班級生活的成功與失敗；發展中的班級生活，除了知識的學習外，更為重視能力的培養，在班級生活中，教師以能力的培養為主要職責，學生以能力培養為主要導向，判斷班級生活的成敗，以能力的養成為主。

（二）班級定位由知識殿堂轉為學習組織

傳統的班級生活定位在知識的殿堂，教師的教學與學生的學習，大部分圍繞在知識的傳授與學習，知識的獲得多寡，決定班級生活的成敗；發展中的班級定位，將班級生活定位於學習組織，透過學習組織的形成，將班級視為學習型的組織，在這個組織中，教師與學生的互動，奠基於學習上。

（三）班級導師角色由被動／工作轉為主動／專業

傳統的班級生活，班級導師的角色是一種「工作／被動」的概念，班級導師的職責與角色，是被動的、被要求的、被規範的，是一種身為教師應該盡的工作義務；發展中的班級導師角色，從被動工作的角色，轉而為「主動／專業」的角色。擔任班級導師工作，是一種教師專業能力的展現，是教師本身將班級導師視為專業的榮耀，教學工作的典範。

（四）班級主體由教師中心轉為學生中心

傳統的班級生活在班級主體是以「教師中心」而建構出來的，班級教師決定班級生活的一切，包括班級型態、班級氣氛、班級特色、班級常規等，都決定在班級導師的信念中，所有的班級事務都是班級導師一手操辦，班級導師自行決定；發展中的班級主體是「學生中心」，班級的各項事物構成，都是以學生為中心而建構出來的。學生是班級生活的主角（靈魂人物），班級的各種事物都圍繞在學生的需求為基礎。

（五）知識訊息的獲取由被動吸收轉而主動建構

傳統的班級在知識訊息的獲取方面是被動的，乃由班級導師決定的，學生在班級生活中，負責學習「既定知識」，同時也透過知識的獲取方式與成效，決定班級生活的成敗；發展中的班級生活知識訊息的獲取是主動建構的，這些知識的範圍與類型，是由教師與學生（或家長）共同選擇，共同決定的。因而，知識訊息的獲取，是由學生主動建構的，而非被動吸收的。

（六）學習型態由個別學習轉為合作學習

傳統的班級生活中，強調個別發展的重要性且知識內容是既定的，因而學習型態偏向個學習，強調的是個別學生的學習，重視的是個別競爭與成長；發展中的班級生活，在學習型態方面，重視合作學習的重要性，班級學生在學習過程中，必須和同儕進行學科學習方面的合作與分享，才能達到預期的目標。

（七）教學方式由教師傳遞轉為師徒相授

傳統的班級生活，教師的教學方式是單向的、灌輸的、傳統的，由教師扮演知識的傳遞者，學生負責知識的學習；發展中的班級生活，重視的是教師教學與學生學習的雙向互動，雙向的交流活動。教師的教學方式，強調的是師徒相授的方式，重視的是教學與學習的雙向回饋過程。

（八）學習教材由單一固定轉為生活多元

傳統的班級生活，學生的學習教材是由國家統一制訂的，學校統一規範的，教師統一決定的。學習教材來源是單向的，由上而下的，教師決定學習教材的來源，以及學習教材的教學方法；發展中的班級生活，學習教材從單向、固定、傳統方式，轉而為生活多元的形式，將自己的生活經驗、社區的發展、社會事件等經驗，融入學習教材中，讓學生可以瞭解自己、接觸社會、延伸國家，拓展國際等。

（九）學習空間由班級封閉轉為開放延伸

傳統的班級生活在學習空間方面，僅限定於班級教室中，讓學生的學習活動全部侷限在教室中，如果需要到教室之外學習，必須經過申請或改變限制等，因而班級學習空間是封閉的、傳統的、限制的；發展中的班級生活，學習空間由教室延伸到戶外，甚至拉到社區、校外等，學生可以在課程教學實施中，學習相關的理論，也能拓展經驗到校外。

（十）學習內容由傳統單調轉為活潑多元

傳統的班級生活，在學習內容方面，偏向於「傳統單調」的題材，學生的學習被限制在教科書中，窄化在課本與補充教材中。因而，學生的視野是被限制的，學習經驗是有限的；發展中的班級生活，在學習內容方面，加入新的元素，將各種社會經驗、社區題材融入學生的學習內容中。

（十一）學習過程由靜態接受轉為動態探索

傳統的班級生活，在學生學習過程中，偏向教師中心的教學，屬於靜態接受方式的學習，學生的學習屬於單向吸收，是「教師講／學生聽」的學習型態；發展中的班級生活，學生學習過程，偏向「學生中心」的學習，屬於動態探索的學習，學生必須隨時參與學習，隨時積極投入，才能在學習中獲得成功。

（十二）教具媒體由平面靜態轉為立體動態

傳統的班級生活，教師教學在教具媒體的採用，比較偏向「平面靜態」的形式，透過教師的講解與圖解說明，配合各種媒體的使用，加強學生的學習效果；發展中的班級生活，教師的教學由教室延伸到戶外，甚至於拉到各社區場館，因此在教具媒體方面是屬於立體動態的形式。

（十三）教學評量由靜態評量轉為動態評量

傳統的班級生活，教師在教學評量形式實施時，偏向採用「紙筆測

驗」或「靜態評量」方式，受限於場地、教學媒體等因素，僅能採用傳統的評量方式；發展中的教室生活，由於教學場地的改變，教學媒體的應用、教學場館的增加，因而在教學評量方面，偏向動態評量的形式，可以免除學生害怕評量的心態。

（十四）親師角色由被動／主動角色轉為協同／合作角色

傳統的班級生活，教師與家長的角色互動關係是屬於「被動／主動」的型態，班級生活中的各種動態，家長是「被動告知」的型態，教師和家長的關係是分離的、對立的、矛盾的；發展中的教室，教師與家長的角色互動關係是屬於「協同／合作」的型態，教師和家長共同進行班級管理工作，在學生的學習歷程中，家長與教師是共同參與的，透過協同與合作的角色，可以降低班級導師的壓力，同時提升家長對學校的信任感。

有關未來班級特色與想像，本文以傳統觀點的班級特色與發展觀點的班級特色，作為比較與分析的立論基礎，並無貶抑傳統觀點的班級生活，也無行銷發展觀點的班級特色之意，而是透過不同型態的分析比較，提供班級導師在班級管理與執行班級導師職責中的參考，期盼所有的班級導師可以透過上述的分析與比較，回首省思自身在班級管理時，所採用的策略與方法，是否需要隨著科技資訊的快速改變，班級生活形態的轉型，而有所改變或有所調整。

三、未來的班級塑造

有鑑於傳統觀點的班級生活與發展中的班級生活之差異與成效，班級導師在面對班級管理時，在專業能力的開展、管理策略與方法的運用、學生行為的教導與輔導、班級事務的管理等，需要進行自我反省與學習成長。有關未來的班級塑造，僅提供數點引領班級導師進行思考。

（一）班級管理信念的調整

由於傳統觀點的班級生活與發展觀點的班級生活比較，在班級型態、定位、主體等皆有所不同。因而，傳統的班級管理信念方面，應該針對班

級管理的內涵、知識體系、策略與方法、理論與實際、科研與實務等,進行專業上的調整,讓班級導師對於發展中的班級生活有所瞭解,引領班級導師從瞭解中,進行各種專業能力方面的更新與省思。

(二)班級導師職責與角色重新省思

在面對發展中的班級生活時(或未來的班級想像與塑造),班級導師應該針對二者差異,對照自身的專業能力與實務經驗,進行班級導師職責與角色上的重新省思,透過專業反省與實際,更新自己的專業能力。同時,透過班級導師職責與角色的重新省思,以經驗傳承與分享的方式,協同新的班級導師進行專業反思,以提升班級導師的能力。

(三)知識訊息的重新建構

傳統的班級生活與發展中的班級生活,在知識訊息的獲取與建構,所持的觀點是有差異的。有關知識訊息的建構,從「被動吸收」到「主動建構」,從「單向學習」到「雙向互動」等。因此,班級導師應該針對知識訊息的獲取與學習方式的不同,重新建構知識的來源、分類,並修正自身的教學方式。

(四)教學與學習形式的更新

發展中的班級生活形態,不管在教學方式的應用、學習形式的更迭、學習內容的多元等,和傳統的班級生活型態,有相當大的差異。此種差異不僅僅代表學生學習型態的改變,同時也意味著班級導師的領導與教學方式,需要進行大幅度的更新。

(五)教學與學習空間的再造

發展中的班級型態與傳統的班級型態,在教學內涵與學習形式的改變,教學空間的多元延伸與學習空間的彈性更新,都關係到班級導師對於教學與學習空間的認知,以及教學氣氛與學習氛圍的營造能力等。因而,班級導師在面對未來的班級型態時,應該在教學與學習空間的再造方面,盡心

盡力且強化自己的教學與學習空間再造能力，進而嘉惠班級學生的學習。

（六）親師角色的更新調整

不管是傳統的班級型態或是發展中的班級型態，在親師關係方面都有了微妙的改變，此種改變正意味著班級導師與家長角色關係的改變。從「被動／主動角色」到「協同／合作角色」的更迭，正意味著班級導師角色與職責上的變動，同時也提醒身為班級導師應該配合調整的訊息。

四、未來班級的班級導師

未來班級的班級導師工作，不僅僅只是學校教育工作者的角色，同時是一種責任、專業與榮耀的象徵。面對過去、現在、未來的教育發展，班級導師應該在專業能力上改變，在教育信念上更新，在教育技巧與策略方面修正，才能在未來的班級生活中，輕鬆勝任班級導師工作，使班級導師工作成為「工作、職責、專業、榮耀、典範」。

（一）多元身分的表現者

未來班級的班級導師工作，應該是多元身分的表現者，此種多元身分涵蓋「引導、指導、誘導、輔導、教導」的角色。透過上述五導的歷程，在班級經營方面表現出色，在學生輔導方面盡心盡力，在家長溝通方面成效加倍。

（二）創造思考的培養者

由於未來班級型態，在教師教學方面的改變，學生學習方面的更新，因而班級導師本身應該扮演思考的培養者，透過創造思考教學活動的實施，引導學生進行各種議題方面的思考，同時也提升學生在學習方面的思考能力。

（三）課程與教學設計的領導者

未來班級的型態，在課程與教學方面的重要性，隨著資訊科技的發展

與教育改革運動的興起，而扮演重要且關鍵的角色。班級導師應該扮演課程與教學設計的領導者，充分發揮課程與教學設計的能力，引領教師與學生，進行課程與教學內容的更新，以落實課程與教學成效。

（四）教學社群的合作者

未來的班級型態，不僅僅是立論方面的改變，教師教學與學生學習型態的改變、教學評量方式的更新等，都需要教師針對教學活動設計，進行各種革新的教學實施。因此，班級導師應該在未來的班級中，應該扮演教學社群的和作者（或主導者），主動針對課程與教學議題，召集相關學科的帶頭人（或專家教師），進行教學設計與革新工作。

（五）終身學習的實踐者

未來的班級生活形態與發展中的班級生活形態，不管在形式上、理念上、策略上、方法上、程序上，都存在著專業上的差異。不同專業能力（經驗）的班級導師，在面對此種差異時，應該避免「未做先排斥」、「未改革先批評」、「未投入先攻擊」的不當心態，透過終身學習的途徑，深入瞭解差異存在的積極意義，秉持著終身學習的實踐者理念，採用專業成長的途徑，以專業實踐者的精神，積極迎向未來的班級生活形態。

五、結論

鏡中自我理論揭示「班級導師如何看待自己，社會就會如何看待班級導師」的哲理。身為班級導師應該以積極的態度，面對未來的班級生活挑戰，迎向複雜多變的班級生活，透過專業的省思、專業能力的開展、專業經驗的分享與傳承，將自身的專業知識，透過傳承、透過分享方式，以「1+1=3」的效果，將優質的班級導師經驗、典範的班級導師方法，從各種管道、各種途徑，散播給每一位需要成長的班級導師，給每一位在工作崗位的班級導師，才能在班級導師工作中學習與成長，才能在未來的班級導師工作中，成為榮耀、成為典範。

第十六章

稱職教師的角色與義務

在教師教學生涯中，要當一位負責盡職的教師容易，但要擔任一位受歡迎的教師不容易。由於教學生涯相當漫長，因此教師在生涯發展中，必須瞭解學生、家長、社區人員對教師的看法，才能不斷調整自己，修改自己的教學步調，成為高效能且受歡迎的教師。

一、受歡迎教師的特質

依據相關的實證研究指出，受歡迎教師的人格特質應該是多元動態的。因此教師應該瞭解，一般人員對教師工作本身的期許。

（一）受歡迎教師的人格特質

1. 有幽默感、有耐心
2. 有創造力、具親和力
3. 以身作則、主動學習

（二）受學生歡迎教師的特質

1. 愛學生、認同個別差異
2. 教學有趣多樣、與學生亦師亦友
3. 對學生多讚美與鼓勵

（三）受學校歡迎教師的特質

1. 能掌握班級、教學有趣多樣
2. 有明確的教學目標、展現高度熱誠，熱愛教學
3. 明確制定常規、並徹底執行、
4. 與其他教師、學校行政人員關係良好
5. 能配合學校課外活動和委員會的工作

（四）受家長歡迎教師的特質

1. 親師溝通良好、主動釋出善意
2. 發現孩子的潛力、營造良好的上課氣氛
3. 做到公平、公正、公開
4. 將孩子的小事當成大事

（五）實證研究

一項教師對「如何做一位受歡迎教師應具備特質」的問卷中，教師被要求在三十四項特點中依序圈出，他們認為最具體的特質（最高5分，最低1分）之前十項百分比整理如下，提供讓教師參考。

1. 赤子之心、越挫越勇
2. 博學多聞、跟得上潮流
3. 理性與感性兼具、自我期許高
4. 善於啟發、以身作則
5. 樂在教育，多學習、多成長
6. 以愛為出發點，勤於學習、追求成長

7. 個性活潑外向，表情動作豐富

8. 能與學生打成一片，但不失分寸

二、成功教師的特質

有關成功教師的特質，國內外的相關文獻截至目前為止，尚未有明確的定論。一般比較為大家所接受的特質，如幽默、風趣、考試少、分數高、口才好、具專業能力等。隨著時代的進步，及民眾知識水準的提升，對教師的要求也不再和從前一樣，教師自然不可再用過去的教法及心態來教導現代的小孩，新時代好老師的標準不易定義，因此仍有研訂之必要，以供教師自我檢視省思之參考。

（一）國內的調查

為了確實瞭解在老師心目中真正的好老師應具有的特質，以南部縣市數所國民小學，經過統計資料處理，得到以下的結果：

1. 整體統計分數

特質總分	10年以下	10-20年	20年以上
1. 有明確的教學目標 12.95	4.26	4.52	4.17
2. 她（他）的學生考試表現優秀 9.98	3.11	3.04	3.83
3. 參與學校課外活動 10.25	3.58	3.67	3.00
4. 願傾聽學生想法 13.84	4.58	4.59	4.67
5. 指派回家作業 10.45	3.58	3.70	3.17
6. 堅持 10.79	3.79	3.67	3.33
7. 有助於學習 13.03	4.16	4.37	4.50

（續上表）

特質總分	10年以下	10-20年	20年以上
8. 有耐心 13.75	4.53	4.56	4.67
9. 真誠、誠實 13.97	4.58	4.56	4.83
10.機智 13.15	4.21	4.44	4.50
11.認同個別差異、瞭解全班同學 13.83	4.74	4.59	4.50
12.有教養 13.08	4.32	4.26	4.50
13.仁慈 12.52	4.37	4.15	4.00
14.有愛心 13.83	4.74	4.59	4.50
15.自主、明是非 14.04	4.58	4.63	4.83
16.展現高度熱誠 14.00	4.74	4.59	4.67
17.風趣 13.43	4.53	4.41	4.50
18.親切 13.77	4.84	4.59	4.33
19.講課淺顯易懂 14.04	4.63	4.74	4.67
20.多鼓勵與讚美 14.31	4.84	4.63	4.83
21.敬業 13.75	4.79	4.63	4.33
22.適切的穿著打扮 12.58	3.95	4.30	4.33
23.果斷、守時 12.27	4.21	4.22	3.83

（續上表）

特質總分	10年以下	10-20年	20年以上
24. 多跟家長溝通 13.30	4.63	4.33	4.33
25. 民主 12.10	4.16	4.11	3.83
26. 敏感 11.02	4.05	3.63	3.33
27. 留給學生自尊心 13.73	4.84	4.56	4.33
28. 健康 12.50	4.37	4.30	3.83
29. 教室布置吸引學生 11.30	3.53	3.78	4.00
30. 教學生動 13.79	4.53	4.59	4.67
31. 公平無私 13.04	4.26	4.44	4.33
32. 口齒清晰、聲音甜美 12.79	3.79	4.33	4.67
33. 教學不斷創新 13.82	4.63	4.52	4.67

2. 說明

(1) 10年以下年資的老師認為好老師的重要特質依序為

①親切、多鼓勵與讚美、留給學生自尊心（三項得分相同）

②敬業

③認同個別差異並瞭解全班同學、有愛心、展現高度熱誠（三項得分相同）

④講課淺顯易懂、多跟家長溝通、教學不斷創新（三項得分相同）

(2) 10-20年年資的老師認為好老師的重要特質依序為

① 講課淺顯易懂

② 自主且明是非、多鼓勵與讚美、敬業（三項得分相同）

③ 願傾聽學生想法、認同個別差異並瞭解全班同學、有愛心、展現高度熱誠、親切、教學生動（六項得分相同）

(3) 20年以上年資的老師認為好老師的重要特質依序為

① 真誠且誠實、自主且明是非、多鼓勵與讚美（三項得分相同）

② 願傾聽學生想法、有耐心、講課淺顯易懂、展現高度熱誠、教學生動、口齒清晰聲音甜美、教學不斷創新（七項得分相同）

(4) 依總分而言，老師們心目中好老師的重要特質依序為

① 多鼓勵與讚美、自主且明是非、講課淺顯易懂（三項得分相同）

② 展現高度熱誠

③ 真誠而誠實

④ 願傾聽學生想法

⑤ 認同個別差異並瞭解全班同學

⑥ 有愛心

⑦ 教學不斷創新

⑧ 教學生動

（二）國外的研究

以美國的研究為例，曾有學者針對老師及校長做過類似的調查：

1. 56位老師所選出的好老師十大要素

(1) 認同個別差異

(2) 嚴格要求學生但不嚴厲

(3) 愛學生

(4) 有幽默感

(5) 教學有趣多樣

(6) 有耐心

(7)有創造力

(8)魄力

(9)展現高度熱誠

(10) 對學生多讚美與鼓勵

2. 61位校長所選出的好老師十大要素為

(1)認同個別差異

(2)教學有趣多樣

(3)有明確的教學目標

(4)愛學生

(5)展現高度熱誠

(6)有創造力

(7)嚴格要求學生但非嚴厲

(8)對學生多讚美與鼓勵

(9)有幽默感

(10) 有耐心

三、成為精練教師的方法

想要成為專業且精練的教師，不僅在專業能力的培養方面、教學實務經驗的累積方面需要用心，在教學專業檔案的建立方面也應該積極。以下提供幾項成為精練教師的方法供參考：

（一）具備教室中的主角是學生的認知

教師在教室生活中，應該以專業的能力和精神，引導學生進行學習與探索，不可以在教學中，本末倒置地將自己視為最佳主角，千萬別忘了學生才是學校教育的主角。誠如國外學者所言「對某些老師而言，讓他們瞭解自己並不是教學上的主角，是一件非常困難的事。」「這有點直覺上的反抗，並不表示老師本身不重要，與其問老師自己『我今天要做什麼？』，不如問『我的學生今天該做什麼？』。」

（二）凡事用心才能更新

當稱職的教師在專業方面的每一個細節，都應該要用心才能獲得肯定。教師在面對學生時，應該花時間在瞭解學生上，尤其是研究學生的才能、先前經驗以及學習方面的需求，才能在教學中展現教師的專業能力。凡事用心的教師，可以在複雜的教學活動中，運用豐富的經驗處理瞬息萬變的教室事件。

（三）提供安全的環境讓學生冒險

教師要能提供安全且具風險的環境，學生才能勇敢將自己的想法說出來或作出來。從「學習需要承擔風險」角度而言，學生要能承認他們所不知的並承受其中的風險，然後再重新思考他們認為自己已經瞭解的。教師要在學習環境中。評估各種學習活動的風險，營造一個具有刺激性的環境，提供學生滿足各種學習需求的心理特質。在教學活動進行時，引導學生降低對各種新鮮事務的恐懼感，提高學生對各種學習的好奇心，給予學生在情緒上、智力上及心理上有安全學習環境感。

（四）散發教學熱忱與教學目的

教師的教學熱忱應該在班級師生活中，透過對學生的關懷、對教學的熱愛、對職責的堅持，而散發出來且讓學生可以感受到。如果教師對教學散發熱忱的話，學生就願意在教師的引導之下進行學習。

（五）明確的教學目標與專業的引導

教師應該提供學生明確的教學目標，讓學生瞭解每天學習的重點何在，隨時提供學生專業方面的引導，讓學生在學習過程中有恃無恐，教師可以隨時提供專業方面的協助，讓學生的學習活動可以順利進行。

（六）有效轉化各種複雜的概念

教學概念的轉化是教師專業重要的一環，在教學活動進行時，如何將

複雜或抽象的概念具體化，並且轉化成為學生可以理解的方式，是相當重要的。因此，教師要能隨時和外界變化接軌，將各種生活經驗透過整合融入教學活動中，可以有效結合理論與實務，讓學生進行學習。

（七）承認教師的不足並願意向學生學習

教師本身要能瞭解「教師並非萬能」的事實，隨時反省自己的教學，提供學生雙向回饋的機會。因此，教師也要向學生表明自己的不足，以及願意和學生學習的精神態度。

（八）教學可以順應自身的價值觀和特質

瞭解自身的價值觀和特質，對教師教學活動的進行是相當重要的。理解自己的特質，才能掌握自己的教學特色，進而願意接納學生各種不同的想法，透過對自己的瞭解，可以使教師在專業能力方面不斷地成長。

（九）提供明確的學習方向和策略

效能的教學可以提供學生明確的學習方向，讓學生在遇到學習困難時，知道如何突破各種學習方面的障礙，進而解決問題形成學習。此外，教師要能針對學習困難的成因，提供學生有效學習的策略，讓學生在學習過程中，遇到困難時可以隨時運用學習策略促進學習效果。

（十）適時反問學生：How？What？Why？

教師在教學進行中，適時地反問學生How？What？Why？的問題，有助於幫助學生澄清各種學習方面的疑問，提供學習概念的澄清機會。傳統的教師在教學中，有過於偏向「教師中心」教學型態的趨勢，學生很難在學習困難時，有機會向教師請教。

（十一）隨時重視指導學生學習的策略

學生學習的指導在教學過中，是相當重要的階段。缺乏教師的學習指導，容易在學習過程中出現學習障礙，導致學生對學科學習的挫折。教師

在教學進行時，應該運用對學習策略的瞭解，針對學生的學習反應，隨時提供有效的指導策略，促進學生的學習效果。

（十二）避免說教，恢復雙向互動溝通

教師在教學中應該避免對學生說教，影響學生的學習興趣。應該在教學中少說教、多溝通，少灌輸、多分享，提供教師與學生雙向互動溝通的機會，讓學生勇敢地將自己的想法說出來。此外，在班級生活中，教師應該放下自己的身段，隨時和學生保持密切的溝通，讓學生隨時有興趣學習。

（十三）隨時傾聽學生的聲音

傾聽學生的聲音有助於教師瞭解學生的內心世界，從傾聽中理解學生對學校生活的看法，作為班級經營的參考。教師可以考慮在班級設置一個「我有話想說」信箱，讓學生可以隨時將自己的想法寫出來，由教師針對學生的問題給予指導。

（十四）鼓勵學生「三角學習」──老師、同學、自己

教師、同儕、自己三角學習的進行，有助於學習效果的提升。教師可以鼓勵學生在學習中，隨時運用三角學習的概念，提高自己的學習效果。

（十五）秉持因材施教的理念

教師在班級教學中，應該秉持因材施教的理念，儘量降低自己對學生的刻板印象，對學生一視同仁，不可以因為學生的各種先在特性（例如：家庭社經地位、學習成就、父母職業）的不同，而給予不同的待遇。對於學習不利或文化刺激不利的學生，教師應該提供多元且充足的學習機會，教學顧及每一位學生。

（十六）永不放棄任何一個學生

教師對每一位學生都應該秉持相等對待的觀念，對每一位學生都給予

全心全意的照顧，不可以輕言放棄任何一位學生。在教室生活中，對每一位學生的關懷與照顧都應該是相等的，對每一位學生的表現都應持著欣賞的角度，給予學生的鼓勵與支持都應該是對等的。

四、教師對學生的看法與期望

教師對學生的看法與期望，將影響教師在教學中對學生的觀點。下文提供教師對低年級、中年級、高年級學生的看法和期望，讓教師瞭解不同階段的作法。

（一）教師對低年級學生的看法

1. 對父母的依賴性強。
2. 天真、活潑、可愛。
3. 喜歡發問，大驚小怪。
4. 高分貝的自說自話，無視他人的存在。
5. 旺盛的精力與強烈的好奇心。
6. 期待被重視。
7. 需要父母、師長在一旁鼓勵、鞭策。
8. 低成就者，得不到成就，無法專注於所要求事務上。
9. 要求高度安全感。
10. 生活自理能力需再加強。
11. 團體生活常規需再訓練。
12. 需不厭其煩、再三叮嚀重複。

（二）教師對低年級學生的期待

1. 群體生活適應良好，培養基礎生活技能。
2. 能生活自理。
3. 先關注自己，別急著指證別人的錯誤。
4. 集中注意力。
5. 喜愛學習與探索知識領域。

6. 培養出對上學充滿期待。

7. 在遊戲中學習成長，在歡樂中求知茁壯。

8. 聽懂老師說的話，知道該做的事。

（三）教師對中年級學生的看法

1. 處於在家依賴父母，在學校又要表現獨立人格的過渡模糊階段。

2. 學習能力的最佳塑造期。

3. 因開始重視同儕關係，所以易形成小團體。

4. 慢慢有自己的看法和見解顯現於外。

（四）教師對中年級學生的期待

1. 從學校群體生活中，培養出獨立自主的生活態度。

2. 在團體相處中，能保有自我的特質。

3. 能學習團隊合作的精神。

4. 不要斤斤計較，懂得團體生活中應有的包容心。

5. 上課專心，下課開心。

6. 快快樂樂上學，平平安安回家。

7. 能脫離一個口令一個動作的機械命令。

8. 有判斷力，不跟同儕起舞。

（五）教師對高年級學生的看法

1. 大部分心思都花在電腦遊戲光碟。

2. 愛看電視，不愛讀書。

3. 好爭吵打鬥。

4. 處在訊息萬變的資訊時代，常有無所適從的徬徨。

5. 精神生活貧乏。

6. 低成就者，到此階段更無信心。

7. 多輔導，頑石還是能點頭。

8. 不善於安排自我的時間。

9. 自我中心思想較重。

10.以身教代替言教，教學相長。

11.正邁入青春期，對兩性關係既好奇又期待。

12.重視同儕的友誼。

13.渴望在同儕中獲得高度的肯定及認同。

14.與老師較無距離，較能打成一片。

15.脾氣較無法控制。

16.自我反省能力欠佳。

17.思考敏捷，但對於困難的忍受力太差。

18.凡事的處理都很暴力。

（六）教師對高年級學生的期待

1. 培養良好的閱讀習慣。

2. 品德重於一切。

3. 足夠的挫折容忍力。

4. 品行端正善良，有恆心、有耐心。

5. 具備基本學識。

6. 擁有一技之長，貢獻於社會。

7. 友愛同儕。

8. 熱心服務。

9. 自動自發。

10.具有責任心，積極、樂觀進取的人生態度。

11.凡事用心，有一顆包容的心。

12.對人、事、物，都能有體貼的心。

13.善於觀察。

五、教師穿著問題

　　一般學校對教師的穿著，並無明文的規範。教師在平日的教學中，應該針對各種場合、教學上的需要，調整自己的穿著，才能提高學生的學習

動機。如同服裝顧問法蘭克有言：「從衣櫥中取出衣服前，要先問你的顧客期待你穿著哪一套衣服。」因此，教師在穿著方面應該配合學校的各種活動，作各種的調整因應。

（一）牛頭要對馬嘴

教師的穿著應該要針對學科教學與學校活動性質，作為穿著搭配的依據。如果學校舉辦動態的活動，教師就可以穿著比較輕鬆的衣服。

（二）學生也懂得欣賞

教師的穿著除了配合學校的節日之外，也應該瞭解學生也懂得欣賞的心理，提供機會讓學生評比自己的穿著，以及教師的穿著，作為生活教育的一部分。

（三）避免穿幫

女性教師在穿著方面，應該儘量避免穿幫以免引起學生的好奇心。尤其，高年級的學生對教師的一舉一動都充滿好奇心。

（四）以合禮儀為主

教師的穿著應該以合禮儀為主，不可以過於隨便或是過於嚴肅。在穿著的搭配方面，可以考慮季節的變化以及各種禮儀需要，例如：班親會、家長參觀教學日等，教師在服裝儀容方面應該有所因應。

（五）樣式可以隨意變化

教師的穿著可以在樣式方面進行隨意變化，但仍以清爽自然為主。避免過於花俏、不莊重等的樣式變化。

六、師生介紹活動

（一）教師自我介紹

教師向學生自我介紹時，在內容方面可以考慮運用名字的典故，將自己的經歷、興趣、星座、對學生的期許，一一向學生說明。此外，在態度方面可以運用真誠、關懷、幽默、自信的方式，向學生表達自己很喜歡這一個班級，在未來的日子裡需要大家的協助。

（二）學生自我介紹

在學生自我介紹方面，教師可以運用相互訪問的方式介紹學生的姓名、興趣、星座、家庭生活概況、喜歡的偶像等。此外，在教室中重要的地方可以張貼學生的大頭照，在學生的座位上面可以黏貼學生的名字，學生可以在胸前配掛識別牌。

（三）如何快速認識學生

1. 運用座位表

教師在接新班級初期可以運用學生的座位表，作為快速認識學生的依據，尤其是科任教師應該請級任教師提供學生的座位表，並且將座位表黏貼在教科書上面，教學進行時，依據班別可以快速認識學生。

2. 記住學生的特性

教師也可以運用學生的特性快速認識學生，或是透過學生的乳名拉近與學生的距離。

3. 向教師作簡報

教師可以請班長在上課前，向教師進行班上同學的簡報，透過簡報的進行，可以讓教師快速地認識並瞭解學生。

4. 問問題

上課時間運用問問題的方式，教師可以快速地認識學生。因此，教師可以製作學生各項資料統計表，如果問過問題的學生，就在資料表上面作記號，有助於教師認識學生。

5. 軼事記錄法

此法的運用是教師透過對學生的回應，將各種學習的特性記錄下來，請學生提供一張生活照片，張貼在軼事記錄表上面，可以讓教師隨時核對學生的資料，加深教師對學生的印象。

七、新手與老鳥的座右銘

不管新手或專家教師在專業成長過程中，難免遇到各種來自內外在的壓力，形成專業成長方面的挫折。教師在生涯發展階段中，如何面對這些壓力和挫折，促使自己不斷學習與成長，是相當重要的議題。

（一）新手座右銘

1. 以成長取代抱怨

新手教師教學生涯中，由於教學甫起步，難免因為各種情境而導致沮喪挫折，新手教師應該在遇到挫折時，以不斷成長的心情取代不斷的抱怨，不可以將各種挫折歸咎於他人的理念或是學校教育的問題。

2. 以專業取代口水

當新手教師展開教學時，往往因為經驗方面的不足，導致學校教師、主管甚至家長對教師教學的質疑，此時儘量以專業知識角度，向相關人員作詳細的說明。才能化危機為轉機，將教育專業精神發揮地淋漓盡致。

3. 以虛心取代無禮

新手教師在教學生涯展開時，難免因為各種經驗不足，導致各種無禮的質疑和指責。建議新手教師應該以虛心學習的態度取代各種無禮的狡辯，或是非要在論辯中爭個道理出來不可。

4. 以冷靜取代衝動

新手教師在教學初期，很容易因為理念與經驗上的問題，導致教學受到質疑，因而形成教學上的挫折。在遇到教學挫折時，應該儘量以冷靜取代衝動，透過專業對話方式，讓對方瞭解自己的教學理念，進而建立共識。

5. 以學習取代挫折

新手教師來自教學與生涯發展方面的挫折，足以讓教師懷疑自己的專業知能。以不斷學習與成長的精神，取代因為經驗與專業方面的不足而產生的挫折，更有助於教師專業方面的成長。

（二）專家座右銘

1. 以提攜面對請教

專家教師經過新手教師階段，不管在教學經驗方面或是人際關係經營方面，都比新手教師擁有更豐富的知能。在面對新手教師時，應該秉持著提攜後進的的精神，將教學經驗傳授給新手教師，以減少新手教師在教學方面嘗試錯誤的機會。

2. 以能力面對傲慢

專家教師在面對家長、面對外界壓力時，應該以專業的精神與能力，提供各方面的經驗和知能，儘量以專業能力解決教學上的各種問題，避免以「倚老賣老」的態度面對外界的質疑。

3. 以學習面對沮喪

專家教師在教學多年之後，往往因為教學理念問題而被質疑，導致教學產生挫折感而萌生「不如歸去」的想法。當專家教師遇到教學方面的挫折時，應該以「終身成長」的方式，面對各種沮喪。

4. 以經驗面對指責

專家教師另外要面對的是家長對自己教學方法的質疑，尤其在瞬息萬變的社會中，教學理念與方法能否創新、面對訊息的改變等。專家教師可以透過教育經驗的累積，以經驗面對各種指責。

5. 以專業面對質疑

教師的風采往往來自教育專業，因此專家教師在生涯發展中，應該透過專業方面的成長，以及專業能力培養，面對各界的質疑。此外，在教學多年之後，不可自認為專業能力足以解決來自教育上的各類問題，應該針對專業能力不斷持續成長與改變，以創新的精神面對瞬息萬變的社會。

老師只要對工作付出愛，他就可能成爲好老師……比那些教完所有的書本卻不對工作和學生付出愛的老師，更有可能成爲出色的老師。

《托爾斯泰》

本章討論問題

一、請說明受歡迎教師的特質有哪些？

二、請說明成功教師的特質有哪些？

三、請說明如何成為精練教師的方法？

四、請以教師的角色說明對學生的看法與期望。

五、請說明教師的穿著問題。

六、請擬定一份給新手教師的座右銘。

參考文獻

中文部分

王文科（1996）。有效的班級經營模式。**載於教育實習輔導，第2卷，第3期，頁3-8。**

王俊明（1982）。國小級任教師之領導行為對班級氣氛的影響。**國立臺灣師範大學輔導研究所碩士論文。**

王雅觀（1999）。高級中學班級組織型態及其班級氣氛與學習狀況之研究。**國立臺灣師範大學教育研究所碩士論文。**

吳武典（1987）。國民中學班級氣氛問題。**臺灣教育，第329期，頁46-51。**

吳清山（1997）。**初等教育。**臺北：五南。

吳清山等（1992）。**班級經營。**臺北：心理。

林香河（2016）。臺灣地區學習議題研究趨勢與發展──以2011-2015學位論文為例。發表於南京師大「2016班主任與學生核心素養建構論壇」。

林朝夫（1995）。**偏差行為輔導與個案研究。**臺北：心理。

林進材（1992）。**佛洛依德的精神分析論。**在於郭為藩主編，現代心理學說。臺北：師大書苑。

林進材（1999）。**班級經營──理論與策略。**高雄：復文。

林進材（2016）。**臺灣地區中小學欺凌行為及因應策略之研究。**專案研究報告：未出版。

林進材（2016）。臺灣地區班級經營臺灣地區班級經營議題研究之回顧與前瞻──以2011-2015年學位論文為例。**發表於華東師範大學「班級、學校、社會與學生發展國際研討會」。**

邱珍婉（2001）。**國小校園欺凌行為與對應策略。**臺灣屏東師範學院。臺灣：屏東。

洪若馨（2003）。國小一年級級任教師常規建立之行動研究。**國立屏東師範學院國民教育研究所碩士論文（未出版）。**

夏林清（1996）。**變，一個問題的形成與解決**。臺北：張老師文化。

張秀敏（1998）。**如何做好班級經營**。載於國立臺南師範學院主編，班級
　　經營：理論與實務。

郭玉霞（1997）。**教師的實務知識**。高雄：復文。

郭明德（2001）。**班級經營**。臺北：五南。

陳幸仁（1996）。淺談國小教師領導風格、班級氣氛與學生疏離感之關
　　係。**教育資料文摘**，第37卷，第4期，頁138-152。

陳奎熹（1977）。**教育社會學研究**。臺北：師大書苑。

陳奎熹、王淑俐、單文經、黃德祥（1996）。**師生關係與班級經營**。臺
　　北：三民。

陳密桃（1981）。國小級任教師的領導類型對學習狀況及學生學習的影
　　響。**高雄師院教育學刊**，第3期，頁161-207。

單文經（2002）。**班級經營**。臺北：師大書苑。

黃政傑、李隆盛（1993）。**班級經營**。臺北：師大書苑。

黃德祥（1997）。**青少年發展與輔導**。臺北：五南。

楊宜學（2009）。**臺南市國小高年級學生校園霸凌行為之研究**。臺灣臺南
　　大學教育經與管理研究所。碩士論文（未出版）。臺灣：臺南。

鄭詩釧（1998）。國民小學班級經營氣氛、教室衝突管理與教師效能關係
　　之研究。**國立臺灣師範大學教育研究所碩士班論文**。

鄭熙彥等（1985）。**學校輔導工作的理論與實施**。彰化：復文。

鍾紅柱（1983）。**高中班級氣氛之研究**。國立臺灣師範大學教育研究所碩
　　士論文。

簡紅珠（1996）。國小專家與新手教師班級經營管理實作與決定之研究。
　　載於教育研究資訊，第4卷，第4期，頁36-48。

西文部分

Ben Whitney (2004). *Protecting children at school : a handbook for teachers and
　　school managers* . Routledgefalmer. USA.

Berliner, D.C.(1983). Development conceptions of classroom environments:

Somelight on the Tin classroom studies of ATI. *Educational Psychologist, 18*, 1-13.

Blair, G. M., Jones, R. S., & Simpson, R. H. (1975). *Educational psychology*. New York: Macmillan.

Doyle, W. (1990). Classroom organization and management. In W. R. Houston (Ed.) Handbooks of research on teacher education. New York: MacMillon.

Driscoll, M. P. (1994). Psychology of being for instruction. Needham Heights, MA: Ally & Bacon.

Frojen, Y. A. (1993). *Classroom management: The reflective teacher*. New York: Merrill.

Goldstein, A. P., Glick, B., Irwin, M. J., Pask-McCatney, & Rubama, I. (1989). *Reducing Delinquency: Intevention in the community*. New York: Pergamon Press.

Lewin, K., Lippitt, R., & White, R. K. (1939). Patterns of aggressive behavior in experimentally created social climates. *Journal of Social Psychology*, 10.

McCown, R., Driscoll, M., & Roop, P. G. (1996). *Educational psychology: A learning Centered approach to classroom practice*. Boston: Ally & Bacon.

Meyer, Elizabeth J. (2009).*Gender, bullying, and harassment : strategies to end sexism and homophobia in school*. Teacher College, Columbia University.

Olweus, D. (1993). *Bullying at school: What we knowand what we can do*. Oxford: Blackwell.

Sharp S. (2008). *School Bullying :Insights and Perspectives*. London: Routledge.

Tom V. Savage. & Marsha K. Savage. (2009). *Successful classroom management and discipline: teaching self-control and responsibility*. SAGA Publishing Inc.

Trickett, E. J., & Moos, R. H. (1971). *Assessment of the Psychological Environment of the High School Classroom*. Stanford, CA: Stanford University, School of Medicine.

Veenman, S. (1984). Perceiced problems of beginning teachers. *Review of Educa-*

tional Research, 54, 143-178.

Walker, P. (1988). *The sociology of teaching*. John Wiley & Sons.

Woodfolk, A. E. (1995). Educational psychology. Needham Heights, MA: Allyn & Bacon.

Woods, P. (1983). Sociology and the school. London: Routledge and Kegan Paul.

Yinger, R. J. (1980). A study of teacher planning. *Elementary School Journal, 80*, 107-127.

■附錄一■■

歷年教師資格檢定
考試班級經營試題含解答

94年度教師資格檢定考試：國小課程與教學組

一、選擇題

（ C ）　1. 教師在進行班級內部學生分組時，下列哪一項意見是教師可以參考
　　　　　的？

　　　　　(A) 各小組的人數一定要一樣，以達公平

　　　　　(B) 分組教學可以免除對學習困難學生之額外指導

　　　　　(C) 為避免貼標籤效應的影響，不同科目宜有不同的分組

　　　　　(D) 分組之後，就可以完全放手讓學生自行學習

（ C ）　2. 依據學生過去的成就或智力測驗的成績來進行常態編班，屬於以下
　　　　　哪一種班級團體編制？

　　　　　(A) 同質編制　　　(B) 隨意編制　　　(C) 異質編制　　　(D) 特殊需求編制

（A） 3. 老師在上課前告知學生：「如果這一節大家認真上課，下課前就說一段你們愛聽的歷史故事。」這是利用何種策略提高學生學習動機？

(A)提供行為後果的增強　　　　(B)啟發興趣並激發好奇

(C)提示努力之後的情境　　　　(D)增進學生的學習信心

（B） 4. 班級經營中有關獎懲的原則，下列何者不正確？

(A)實施代幣制獎勵，可由同學依自己的需求，選擇不同的原始增強物

(B)「口頭斥責」比「剝奪學生喜歡的活動」，對學生的傷害較小

(C)避免太常獎賞，以免有些學生若未被獎賞就會不安

(D)對年紀小的孩子，物質性獎賞較有效；但應逐漸減少，改為社會性獎賞

（A） 5. 在班級常規的目的中，下列何者是最基本也是最消極的目的？

(A)維持秩序　　(B)培養習慣　　(C)增進情感　　(D)發展自治

（D） 6. 學生行為讓老師的教學感到困擾時，教師可以發出「我—訊息」（I-message），引導學生深思熟慮自己的行為。下列何者不是「我—訊息」中應包括的內容？

(A)學生的「行為」造成了什麼問題

(B)由於該行為所產生的具體「效果」，故造成了問題

(C)該行為給老師帶來的基本「感覺」是什麼

(D)這種感覺所帶來的「評價」是什麼

二、問答題

1. 教師在班級經營中，常運用的肢體語言有哪些？請簡要說明之。

2. 教師可如何運用媒體和社會資源於教學活動設計中？請簡要說明之。

94年度教師資格檢定考試：中等學校課程與教學組

一、選擇題

(C)　1.　學生日漸表現合於教師期望的行為，請問這是屬於何種效應？

(A)蝴蝶效應　　(B)月暈效應　　(C)比馬龍效應　(D)磁石效應

(D)　2.　下列何者較符合教學情境布置的原則？

(A)以教師想法為據，指導學生完成

(B)以增進認知領域學習成效為考量

(C)教室布置不必經常更換，以免無謂浪費

(D)教室布置應符合班級的特色

(D)　3.　將班上學生的人際關係用社會矩陣法（sociogram）（或稱為社交測量法）畫出，發現學生甲、乙、丙三人互選而成一個三角形，此三人稱為什麼團體？

(A)明星團體　　(B)閒散團體　　(C)孤立團體　　(D)小團體

(A)　4.　有學者將團體發展分為五個階段，依次是形成期、風暴期、規範期、運轉期與結束期。我們一般常用的「大風吹」活動應該最適合在下列哪一個階段實施？

(A)形成期　　(B)風暴期　　(C)規範期　　(D)運轉期

(A)　5.　教師利用口頭讚賞來激發學生的學習動機，是屬於下列何種方式？

(A)外部增強　　(B)內部增強　　(C)自我增強　　(D)替代增強

(B)　6.　在班級團體中，若要平衡角色期望與個人需求，圓滿實現教學目標，最應採用下列何種領導方式？

(A)注重個人情意的方式　　　　(B)注重動態權衡的方式

(C)注重團體規範的方式　　　　(D)注重師生互動的方式

(B)　7.　小美回答問題後，張老師回應說：「妳答得很好，很有創意。」請問張老師使用了哪一種增強的方式？

(A)實物增強　　(B)社會增強　　(C)代幣增強　　(D)活動增強

(A)　8.　金納（H. Ginott）主張以鑑賞的方式稱讚學生。下列何者為鑑賞式稱

讚？

(A) 小明正在練習吉他。老師說：「你的吉他彈得很好，一定下了不少功夫。」

(B) 小華參加野外求生營，贏得榮譽狀。老師說：「你很了不起，是同學的好榜樣。」

(C) 小高答對一道很難的數學題目。老師說：「你真是數學高手，本班這次段考的數學狀元就非你莫屬了。」

(D) 小李完成了打掃任務。老師說：「你認真負責，是個令人喜歡的好學生。」

二、簡答題

1. 教師如何透過班級經營，營造良好的班級氣氛？試簡述之。

95年度教師資格檢定考試：國小組

一、選擇題

(D) 1. 以下何者為正確的班級教學發問技巧？

(A) 教師提問後，要求學生立即回答

(B) 師生間應進行一對一的問與答

(C) 教師先指名，再提出待答的問題

(D) 鼓勵學生踴躍回答，勿太早下判斷

(D) 2. 強調學習意願與動機，教學貴能切合學生學習能力，這種論點屬於下列哪一個教育規準？

(A) 認知性　　　(B) 價值性　　　(C) 釋明性　　　(D) 自願性

(A) 3. 「學生不舉手就隨口發言，老師請他重行舉手再指定其發言，而且讚美此舉手行為。若下次該生記得先舉手，就一定請他發言，而且給予鼓勵，以增強舉手後發言的好行為。」這屬於下列哪一種處理擾亂行為的策略？

(A) 交互抑制　　(B) 排除刺激　　(C) 消極注意　　(D) 適度懲罰

（A）　4. 下列何種分組方式較能激發學生學習動機和探索態度？

(A) 興趣分組　　(B) 能力分組　　(C) 隨機分組　　(D) 社經背景分組

（A）　5. 在維持班級秩序的技巧中，下列何者屬於「支持自我控制」性質？

(A) 增強良好的行為　　　　　　(B) 讓學生遠離違紀行為的情境

(C) 輕聲和學生對談　　　　　　(D) 和違紀學生建立師生行為公約

（D）　6. 下列何者是最有效的預防型常規經營策略？

(A) 隔離愛講話的學生　　　　　(B) 剝奪學生下課自由活動的時間

(C) 學生做好清潔工作時給予鼓勵　(D) 教學風格生動活潑而且有趣

（B）　7. 主張教師應明確訂定學生該遵守的行為規範和違規的後果，並在爭取學校行政人員及家長的支持之後貫徹執行。這屬於下列哪一種班級經營模式？

(A) 有效動力經營模式　　　　　(B) 果斷訓練模式

(C) 教師效能訓練模式　　　　　(D) 現實治療模式

（C）　8. 游老師發現志偉放學後經常抽菸，於是告訴他，如果每次想抽菸時，就立刻想到：「抽菸會得癌症！」這屬於以下哪一種行為輔導策略？

(A) 消弱法　　(B) 飽足法　　(C) 嫌惡法　　(D) 系統減敏法

二、問答題（請以黑色或藍色原子筆或鋼筆於答案卷上作答）

1. 有關學生作業的內容與規劃，請列出所應注意的原則。

2.

> 櫻櫻是小五的學生，在班上的英文程度頗佳，尤其口說能力很強，但是人緣不怎麼好。此次舉辦五年級班級英語演講競賽，櫻櫻與媽媽都覺得櫻櫻應該可以代表班上參賽，然而櫻櫻卻落選了，因為代表的選舉方式是由老師推薦五個人，上臺演說後由全班同學投票決定。櫻櫻回家後向媽媽哭訴，媽媽氣憤地帶著櫻櫻來找老師談。

請就上述情境，說明教師應如何與家長進行溝通。

95年度教師資格檢定考試：中等學校組

一、選擇題

(A) 1. 當學生表現良好行為時，教師加以讚美、微笑、回應和期許，這是屬於下列哪一種獎賞方式？

(A) 社會性的獎賞　　　　　　(B) 活動性的獎賞

(C) 代幣性的獎賞　　　　　　(D) 物質性的獎賞

(D) 2. 張老師說：「為人師表者不但自己的言行要成為學生的楷模，而且應常常在教學中舉出優良的學生行為，作為其他學生之典範。」請問張老師之觀點最符合哪一位學者之理論？

(A) 布魯納（J. S. Bruner）　　　(B) 皮亞傑（J. Piaget）

(C) 蓋聶（R. M. Gagné）　　　(D) 班都拉（A. Bandura）

(B) 3. 方老師與班上同學訂定學習契約書，允許學生自己設定學習目標與訂定學習計畫。請問此一作法主要應用了哪一學派的學習理論？

(A) 行為學派　　(B) 人文學派　　(C) 認知學派　　(D) 心理分析學派

(B) 4. 王老師若希望將每位學生在組內討論的表現納入平時評量時，下列哪一種評分方式，最為理想？

(A) 每位同學依評分向度進行自評

(B) 組內同學依評分向度進行互評

(C) 老師依各組上臺報告內容進行評分

(D) 教師到各組依評分向度進行觀察評分

(B) 5. 有關班級經營的理念，下列敘述何者最為正確？

(A) 班級經營的起始點是在開學之後才開始

(B) 班級經營集科學、藝術及哲學精神於一身

(C) 班級經營要有愛心與耐心即可完成任務

(D) 班級經營強調外在的教室整潔與秩序管理

(C) 6. 下列有關教師領導風格影響班級氣氛的陳述，何者最正確？

(A) 教師的領導風格是放任式的，學生比較被動

(B) 教師的領導風格是權威式的，班級文化氣氛比較疏離

(C) 教師的領導風格是權威式的，班級師生關係比較緊張

(D) 教師的領導風格是放任式的，學生比較容易產生焦慮

(C) 7. 下列對成就動機（achievement motivation）的敘述，何者正確？

(A) 成就動機越低的人越努力避免失敗

(B) 越簡單的作業越能激發學習者的成就動機

(C) 學生的努力程度和成就動機的強度間有正相關

(D) 成就動機越高的學生越會認為成功與否操之他人

(B) 8. 李老師認為班上成績好的學生亦會有較佳的生活常規表現。前述現象是屬於哪一種效應？

(A) 霍桑效應　　(B) 月暈效應　　(C) 蝴蝶效應　　(D) 比馬龍效應

(D) 9. 請問下列何者是高登（T. Gordon）的教師效能訓練中所建議使用的技巧？（甲）積極聆聽（乙）我─訊息（丙）暫停（丁）破唱片法

(A) 甲丁　　　　(B) 乙丙　　　　(C) 丙丁　　　　(D) 甲乙

(D) 10. 教師逐步塑造學生良好行為的步驟包括：（甲）選擇有力的增強物（乙）分段依次增強（丙）確定目標性行為（丁）連續地增強目標行為（戊）間歇地增強目標行為，其依序為何？

(A) 甲→乙→丙→丁→戊　　　　(B) 丙→丁→乙→甲→戊

(C) 甲→丙→戊→丁→乙　　　　(D) 丙→甲→乙→丁→戊

96年度教師資格檢定考試：國小組

一、選擇題

(B) 1. 「小明在教室裡幾乎每天都會嘔吐，每次嘔吐之後，就會被帶到保健室休息。專家認為離開教室的處理方式，有可能增強其嘔吐行為，因此建議教師以後遇到同樣情形，就讓其留在教室裡。」這屬於下列哪一種行為改變技術？

(A) 懲罰　　　　(B) 消弱　　　　(C) 正增強　　　(D) 反向連鎖

(C) 2. 詹老師和五年甲班的同學共同討論訂定班級的行為規範，下列哪一條班規較為適當？

(A) 破壞班級榮譽者，罰站十分鐘

(B) 上課說話的同學，剝奪下課時間

(C) 上學遲到者，罰放學後關鎖教室門窗

(D) 被學校糾察隊每登記一次，罰款五元，充作班費

(D) 3. 林老師發現小美的學習不佳。她先幫小美做智力測驗，結果智力中等，所以排除了智力的因素。接著她找了成績好的學生與小美分享學習的方法，效果也不怎麼好。此時應採用哪一種評量方式來診斷小美的學習困難？

(A) 總結性評量　(B) 安置性評量　(C) 形成性評量　(D) 動態性評量

(A) 4. 王老師發現小偉和小立兩人偷偷在桌面下傳遞紙條，他一面上課，一面走到兩人座位旁拿走紙條，未停止上課，也未對兩人說任何話。此屬於下列何種班級經營技巧？

(A) 全面掌控　　(B) 團體焦點　　(C) 動作管理　　(D) 團體警覺

(D) 5. 下表是運用教室觀察工具，觀察同年級甲、乙兩班學生在相同科目、相同時段的一節課中，「投入行為」和「非投入行為」的統計結果。

觀察行為（%）	班級		甲	乙	
投入行為			61	72	
非投入行為	轉換活動	0		10	
	社交行為	19	39	2	28
	訓導行為	3		13	
	無事做	17		3	

以下對甲班的敘述，何者最適切？

(A) 訓導行為較少，表示學生乖

(B) 社交行為較多，顯示同學間關係較好

(C) 社交行為較多，訓導較少，表示是開放的討論課

(D) 社交行為和無事做較多，顯示老師教學較難引起學生的學習興趣

（D）　6. 「教師提升學生的信心時，應多使用鼓勵，少用稱讚。」下列何者較具有「鼓勵」性質的意涵？

(A) 你真是聰明！十分鐘就把數學第一部分題目做好了！

(B) 你十分鐘就把數學第一部分題目做好了，真是不簡單呀！

(C) 只有數學高手才能在十分鐘內把數學第一部分題目做好！

(D) 看到你把第一部分數學題目做好了，希望你繼續保持，加油！

二、問答題

1. 有一個被認為有問題的六年級班級：上課沒有常規、學習態度不好、經常有違規犯過行為、且調皮搗蛋、男女對立、同學間疏離不合作、學習表現低等。你臨危授命擔任此班導師，應如何有效導正和經營這個班級？

96年度教師資格檢定考試：中等學校組

一、選擇題

（D）　1. 在上課時，林老師鼓勵同學說出自己所經驗過的或擁有的價值與情感，並且公開表露個人價值觀，讓學生知道自己是如何瞭解、思考、評價和感覺。請問這是屬於價值澄清教學法中的哪一個時期？

(A) 了解期　　(B) 關聯期　　(C) 評價期　　(D) 反省

（B）　2. 學生認為老師是「重要他人」（significant others）之一而向他學習，或接受他的指導。這屬於師生人際關係中哪一項的影響力？

(A) 專家　　(B) 參照　　(C) 法理　　(D) 強制

（B）　3. 德瑞克斯（R. Dreikurs）認為：稱讚與鼓勵不同，因為稱讚乃是在學生將工作做得很好時才給予的。下列哪一句話最符合德瑞克斯所謂的「稱讚」？

(A) 我可以感受到你很認真

(B) 你剛剛彈的那首曲子真的很動聽

(C) 一起參加週會的感覺很好

(D) 我發覺你真的很喜歡彈吉他

(C)　4. 教師在開始教學時，常設法給學生一份驚喜，以激發其學習動機。請問這屬於下列教學原則中的哪一項？

(A) 類化原則　　(B) 自動原則　　(C) 興趣原則　　(D) 精熟原則

(D)　5. 下列何種教室座位安排比較適當？

(A) 依照能力的高低　　　　　　(B) 採男女分排座法

(C) 按固定身高排列　　　　　　(D) 異質分組式排列

(C)　6. 原生性因素（etiological factor）是導致班級學生行為問題的原因之一。下列何項屬於原生性因素？

(A) 家庭結構改變　　　　　　　(B) 生育率下降

(C) 染色體異常　　　　　　　　(D) 職業婦女增加

(A)　7. 教師在進行班級經營或教學時，因有其他教師或觀眾在場，師生的表現易受影響。此種現象一般稱為何種效應？

(A) 霍桑效應　　(B) 月暈效應　　(C) 同理心效應　(D) 漣漪效應

(B)　8. 教師在課堂上宣揚自己的宗教信仰，並強制學生配合進行相關的活動。請問此舉最不符合下列何種教育規準？

(A) 認知性　　　(B) 自願性　　　(C) 繼續性　　　(D) 價值性

(C)　9. 教師進行班級教學經營時常涉及教學評量的問題，而「雙向細目表」常常是編製測驗的參考架構。請問「雙向細目表」除「教材內容」此一向度之外，另一向度為何？

(A) 課程綱要　　(B) 教學進度　　(C) 教學目標　　(D) 評量方式

(A)　10. 下列哪一個班級經營模式建議教師使用增強原則和程序，以教導學生的學習活動？

(A) 行為塑造型　(B) 溝通互動型　(C) 果斷紀律型　(D) 合理邏輯型

(B)　11. 「有系統的忽視（systematic ignoring）」旨在使學生無從獲得原本所期待的注意，因而其不當的行為也將因失去背後的動機而日漸消

失。請問下列哪一種不當的行為最適合採用此一策略？

(A) 小安上課常偷看漫畫　　　(B) 小明經常找老師抬槓

(C) 小華往往不交作業　　　　(D) 小雄常常上學遲到

（A）12. 在解說牛頓三大定理後，班上學生小真舉手詢問：「公車行駛途中
突然煞車，車上乘客會先往前傾的現象」是屬於哪一種定理？教師
不直接回答，而是將小真的問題 再提出問班上其他學生的方法，是
屬於哪一種提問技巧的運用？

(A) 轉問（relay）　　　　　　(B) 深入探究（probing）

(C) 再次指示（redirection）　　(D) 反問（reverse）

（D）13. 上課時，阿華時常無法集中注意力，坐立不安，會擅自拿取同學的
文具，林老師是他的導師。當阿華表現這類不當行為時，下列何者
是林老師最恰當的處理？

(A) 以懲罰的方式來消除不當行為 (B) 採用消極的態度與作法來面對

(C) 與其他的普通學生同等地對待 (D) 瞭解行為成因並尋求解決方法

97年度教師資格檢定考試：國小組

一、選擇題

（B）　1. 下列何者屬於教師調整學生學習速度的策略？

(A) 教師設法改變學校課程標準

(B) 教師允許能力較高的學生學習進度超前

(C) 教師決定學習較遲緩者放棄部分學習內容

(D) 教師發揮專業自主，決定一種適合所有學生的學習內容

（B）　2. 「營造沒有威脅性的學習氣氛」、「學習過程中給予學生充分的自
由去滿足好奇心及興趣」，此班級經營理念偏向下列哪一學派的立
論？

(A) 行為學派　　　　　　　　(B) 人本學派

(C) 認知學派 　　　　　　　　(D) 社會學習學派

(C) 3. 下列哪一項不是班級實施「家長志工制度」的優點？

(A) 具有社會教育的功能 　　　(B) 豐富班級的教學資源

(C) 增加班級教師的工作量 　　(D) 解決班級人力不足的問題

(C) 4. 下列何種發問技巧最能啓發學生的思考能力？

(A)「電燈是誰發明的？」 　　(B)「愛迪生還發明了什麼？」

(C)「電燈有哪些用途？」 　　(D)「電燈是什麼時候發明的？」

(C) 5. 張老師在下課時無意間發現小明很喜歡在黑板上塗鴉。下列何者是
較適當的處理方式？

(A) 劈頭便罵，要小明不要在黑板上面亂畫

(B) 不以爲意，因爲那只是小明的個別喜好而已

(C) 瞭解塗鴉的內容，將他的興趣與學習內容結合

(D) 走到黑板前看清楚，只要沒有寫罵人的語句就可以了

二、問答題

1. 試寫出兩項班級經營的重要內涵，並加以說明。

97年度教師資格檢定考試：中等學校組

一、選擇題

(D) 1. 美國學者肯特（L. Canter）及其夫人瑪琳肯特（M. Canter）提倡「果
斷管教法」（assertive discipline）。其基本理念有三，應排除以下哪
一項？

(A) 教師在教室裡，必須有相當大的影響力

(B) 有決斷能力的老師，才算是個具有影響力的老師

(C) 老師在教室裡所表現的決斷能力是可以培養的

(D) 教師以威權的方式，主導並控制學生行爲

(A) 2. 林老師在教學時準備了許多生動的圖片，引發學生的學習興趣，讓

學生認為此門課程是有趣的,這符合動機理論中的何種概念?

(A)好奇心 　　(B)好勝心 　　(C)認同感 　　(D)互惠感

(B) 3. 如果在學校裡教導學生窺探他人隱私,與社會規範相悖離。請問這不符合下列何項教學規準?

(A)認知性 　　(B)價值性 　　(C)自願性 　　(D)合理性

(B) 4. 吳老師為了幫助學生提升學習成效,經常在教學中運用心像法、字鈎法及聯想法等學習策略。請問此種教學法偏向何種學習理論?

(A)行為學派理論 　　　　　(B)認知學派理論

(C)人本學派理論 　　　　　(D)多元智慧理論

(C) 5. 班級秩序的維護一直困擾許多新進教師。請問下列哪一作法最為適當?

(A)課堂設計許多活動與作業,降低學生違規機會

(B)訂定嚴謹的班規,並確實執行

(C)發展學生的班級自治能力

(D)使用獎懲手段

(D) 6. 老師轉身寫黑板,蔡一林就開始和同學聊天。此時,不見老師轉過身來,老師一邊抄黑板,一邊說著:「蔡一林趕緊抄聯絡簿,不要再聊天了!」請問老師所展現的班級經營技巧為何?

(A)引導想像 　(B)後設分析 　(C)公平公正 　(D)全面掌控

(B) 7. 有關班級經營的敘述,以下何者較為適當?

(A)有關班級經營的決定應全交由教師做決定

(B)班級經營重要功能應包括營造良好的學習環境

(C)學生表現優良時,教師以口頭稱許,這是屬於物質性增強

(D)為了公平性,教師在班級經營時,宜以相同策略,對待全班學生

二、問答題

1. 認識學生、記住學生的名字是班級經營的重要工作。試列舉五種在開學兩週內認識學生的有效方法。

2. 教師對自己的教學內容和方法加以檢視,蒐集教與學兩方面的資料,不斷修

正教學並促進專業成長。請問教師在教學過程中，如何進行教學省思？

98年度教師資格檢定考試：國小組

一、選擇題

(A) 1. 朱老師在教室後面放五個籃子，每個籃子裡都有不同難度的數學回家作業，學生可以從中自由選擇適合自己程度的作業。如果順利完成，可以挑戰更高難度的作業。此一方式較能激發學生下列何種動機？

(A)內在動機　　(B)外在動機　　(C)競爭動機　　(D)合作動機

(C) 2. 王老師在上課過程中，發現有位學生在玩玩具。於是王老師走到該生座位旁，拿走玩具並用眼神暗示他專心學習。此屬於下列哪一種常規管理原則？

(A)忽視原則　　　　　　　(B)消弱原則

(C)同時處理原則　　　　　(D)避免瑣碎原則

(A) 3. 教師邀請知名人士到課堂上分享自己的成功經驗，學生藉此得以仿效該知名人士的成功經驗。此教學策略屬於下列何種學習理論？

(A)楷模學習論　　　　　　(B)人本主義學習論

(C)認知發展學習論　　　　(D)行為學派學習論

(C) 4. 教師為了鼓勵學生踴躍發言，只要舉手發言，就給予一張好寶寶卡；集滿十張好寶寶卡的學生，平時成績加一分。這種教學策略屬於下列何者？

(A)間歇增強　　(B)後效契約　　(C)代幣制度　　(D)祖母法則

(A) 5. 為了培養學生「舉手發言」的習慣，張老師在和學生共訂班規後，應採取怎樣的增強形式，才能在學習初期迅速建立該行為？

(A)立即、連續增強　　　　(B)延宕、連續增強

(C)立即、間歇增強　　　　(D)延宕、間歇增強

（A）　6. 以下有關教室布置的描述，何者正確？

甲、教室布置首應考量學生的安全和健康

乙、教室布置應配合課程和學習需要適時更新

丙、繽紛和變化的布置將妨礙學生的專注，因此教室情境應簡單和不變

丁、為避免窗外人員走動干擾學生專注力，應將靠走廊的窗戶貼滿窗花

戊、讓學生參與教室布置，可刺激其創作和發表意願，並培養負責的態度

(A) 甲乙戊　　　(B) 甲丙丁　　　(C) 甲丁戊　　　(D) 乙丁戊

（C）　7. 下列何者屬於「我─訊息」（I-message）？

(A) 你總是缺交作業，屢勸不聽，我不知道該怎麼辦！

(B) 你怎麼又缺交作業了！這次又是什麼理由呢？請告訴我！

(C) 你經常缺交作業，我沒有辦法瞭解你的學習情形，讓我很困擾！

(D) 我為你的缺交作業想過很多辦法，但你還是缺交，我已經無法可想了！

（B）　8. 下列何者是班級經營的最終目的？

(A) 有效進行教學活動　　　　　(B) 促進學生學習成效

(C) 維持良好的班級秩序　　　　(D) 提高學生的課業投入時間

二、問答題

1. 教師選擇教學資源時，應考量哪些原則？

2. 大雄經常不寫家庭作業，如果你是級任老師，如何運用「行為塑造法」來改進大雄的行為？

98年度教師資格檢定考試：中等學校組

一、選擇題

（B） 1. 班規、同儕關係、教師領導風格、班級的情境布置與氣氛營造等，對學生的學習與成長常有重大影響。這屬於下列哪一個選項的內涵？

(A) 活動課程　　(B) 潛在課程　　(C) 正式課程　　(D) 空無課程

（B） 2. 大明最近常常欺負同學，經教師詢問得知，他是從電玩和電視中學到這些行為。此一現象可用下列何種理論加以解釋？

(A) 操作制約論　(B) 社會學習論　(C) 訊息處理論　(D) 情境認知論

（C） 3. 張老師的班級有許多不同族群背景的學生。下列哪一種班級經營的作法較不適當？

(A) 設計教學活動時要兼顧學生不同的學習風格

(B) 上課時可以採用異質性分組的合作學習方式

(C) 為各種族群背景的學生制定不同的班級常規

(D) 增加對不同文化的理解並提升多元文化知能

（D） 4. 葉老師針對學生的回答說道：「請舉一例支持你的說法並說明理由。」這屬於下列哪一種發問技巧？

(A) 轉問（relay）　　　　　　(B) 反問（reverse）

(C) 理答（responding）　　　　(D) 深入探究（probing）

（A） 5. 在班級經營時，教師運用學生具有高呈現頻率的行為，以提升其僅具有低頻率的行為，並透過師生約定的方式，促其表現出期望的行為。此作法屬於下列哪一種策略？

(A) 條件契約　　(B) 行為制約　　(C) 逐步養成　　(D) 系統減敏

（C） 6. 教師在處理學生的不當行為時，可安排情境，使學生的不當行為與教師認可的行為難以並存。這屬於下列何種行為改變技術？

(A) 消弱法　　(B) 增強法　　(C) 交互抑制法　(D) 排除刺激法

（A） 7. 陳老師鼓勵學生自訂班規、為自己的班級命名；在班級內展示學生

的作品、提供學生參與教學決定的機會。陳老師採用葛拉塞（W. Glasser）的何種班級經營理論？

(A) 選擇理論　　(B) 自我理論　　(C) 團體理論　　(D) 制約理論

（C）　8. 阿翔無法控制自己的情緒，常常和同學爭吵。導師面對阿翔的行為，採取下列何種措施較佳？

(A) 向阿翔詳細說明班級規範，並依班規處罰

(B) 阿翔一有情緒失控行為，即通知家長，等待家長到校處理

(C) 特別注意阿翔行為，並立即處理阿翔與同學間的爭執

(D) 阿翔一有情緒失控行為，即轉知輔導室派專人輔導

（B）　9. 原本學業成績相當好的阿哲，最近經常不交作業，成績也越來越差，甚至對學習活動表現得不在乎。阿哲最可能出現下列哪一種情形？

(A) 起點行為落後　　　　　　(B) 成就動機低落

(C) 智力商數下降　　　　　　(D) 安全依附不足

二、問答題

1. 教師和學生共同訂定班級常規時，應把握哪些原則？試根據前述原則列出五條班規。

99年度教師資格檢定考試：國小組

一、選擇題

（D）　1. 教師觀察小明上課時坐不住，每隔不到10分鐘就會離開座位。有一節課，小明專注地坐在位子上寫作業超過10分鐘，教師見狀給予口頭稱讚。此作法屬於下列何者？

(A) 行為塑造法　(B) 行為契約制　(C) 過度矯正法　(D) 區分性增強

（D）　2. 教師在接一個新班級時，想要和家長就班級各種事務進行討論，在親師溝通上，應該選用何種方式比較適當？

（A) 電話聯繫　　(B) 約見面談　　(C) 家庭聯絡簿　　(D) 班級家長會

（D）　3. 小慧媽媽告訴老師：「小慧學業壓力大，不喜歡上學。希望老師不要以成績來排名次；請老師多與小慧互動，瞭解她的興趣與需要。」這位家長的教育哲學觀，比較接近下列何者？

（A) 自由主義　　(B) 實用主義　　(C) 精粹主義　　(D) 進步主義

（A）　4. 上課時，甲生舉手提問，老師詳細講解並稱讚其提問的勇氣；此時乙生不但理解了該問題的內容，之後也會在發現問題時舉手發問。乙生的學習較符合下列何種理論？

(A) 社會學習理論　　　　　　(B) 激進建構理論
(C) 情境學習理論　　　　　　(D) 鷹架學習理論

（A）　5. 在教學活動中，學生出現反社會或干擾教學的行為時，教師可採取下列哪些策略以改變學生不當行為，增加其注意力而較不會中斷教學？

甲、慢慢趨近出現反社會或干擾教學行為的學生

乙、提高音量或放慢說話的速度

丙、注視出現反社會或干擾教學行為的學生

丁、指名制止出現反社會或干擾教學行為的學生

(A) 甲乙丙　　(B) 乙丙丁　　(C) 甲乙丁　　(D) 甲丙丁

二、問答題

1. 試簡述班級經營中有效的獎懲原則，並舉例說明之。

99年度教師資格檢定考試：中等學校組

一、選擇題

（D）　1. 有關教室布置的敘述，下列何者比較正確？

(A) 教室布置工作應由教師負起全責加以完成

(B) 教室布置是學生的責任，教師不必關心

(C) 為避免勞師動眾，教室布置最好以一年更換一次為宜

(D) 教室布置的空間規劃，宜考量有助於單元教學目標的達成

（A） 2. 教師為明瞭學生的人際關係，因此採用社會計量法來瞭解學生的社交網絡。請問，教師所用的社會計量法是屬於下列哪一種評量方式？

(A) 同儕評鑑 　　　　　　　　　(B) 檔案評量

(C) 標準化測驗 　　　　　　　　(D) 自陳報告量表

（B） 3. 老師對學生說：「如果書面報告寫得很好，可以免除下次的小考」。請問，這種做法屬於下列何者？

(A) 懲罰（punishment）

(B) 負增強（negative reinforcement）

(C) 正增強（positive reinforcement）

(D) 移除增強（reinforcement removal）

（D） 4. 為激發學生創造思考能力，教師鼓勵小組成員儘量提出意見，並對各種意見先不作批評。這是下列哪一種討論技巧的應用？

(A) 拼圖法 　　　(B) 菲立普66 　　　(C) 辯論比賽 　　　(D) 腦力激盪法

（B） 5. 將學校學習場合視為解決生活中真實問題的實驗室，強調學習者透過各種真實事物或事件的思考，運用各種舊有的學習經驗，解決所面臨的各種問題。請問，這種作法比較接近下列哪一種教學理論的主張？

(A) 皮亞傑（J. Piaget）建構主義 　　(B) 杜威（J. Dewey）做中學

(C) 布魯納（J. Bruner）發現學習 　　(D) 凱勒（F. Keller）個別化學習

（B） 6. 學生對學習情境的解釋及其採取的適應策略，息息相關。有些學生往往在新單元教學不久後就表示：「那太難了！」或「這不是我拿手的！」。請問，下列何者最適合用來描述這些學生所採取的適應策略？

(A) 工作取向 　　　(B) 自我防衛 　　　(C) 社會依賴 　　　(D) 真實反應

（C） 7. 李老師在進行班級經營時，當學生出現教師期望的良好行為，即給予記點加分，以兌換其喜歡的增強物。請問，教師的這種作法，比

較接近下列哪一種的獎賞類型？

(A)社會性的獎賞 　　　　　(B)活動性的獎賞

(C)代幣式的獎賞 　　　　　(D)物質性的獎賞

（A）　8. 班級經營成功與否，與教師的管教態度有關。請問，下列哪一種教師的說法較為正向？

(A)「老師希望瞭解作業遲交的原因，也希望小老師可以幫忙督促」

(B)「小義同學，你如果不是不舒服，就坐好，上課時不要趴在桌上」

(C)「小平同學，上課怎麼可以打瞌睡！真是浪費爸媽的辛苦血汗錢」

(D)「段考成績總平均若達不到全學年前三名，全班到運動場做青蛙跳」

（D）　9. 吳老師上英語課時，教導「附屬子句」（subordinate clauses）的用法，學生精熟後，距下課還剩約15分鐘。為了運用剩餘時間，吳老師繼續講解這項主題，但學生卻顯得興趣缺缺，並開始交頭接耳。請問，根據庫寧（J. Kounin）的觀點，這位老師的教學，發生下列何種現象？

(A)全面掌控（withitness） 　　(B)搖擺不定（flip-flop）

(C)支離破碎（fragmentation） 　(D)過度飽足（satiation）

（A）　10. 高登（T. Gordon）所發展出來的「教師效能訓練」（teacher effective-ness training）模式旨在建立良好的師生關係，因此特別重視三種技巧。請問下列何者不包括在內？

(A)介入處理　　(B)主動傾聽　　(C)化解衝突　　(D)解決問題

二、問答題

1. 學校所屬的物理環境、校地大小、建築設備、校園布置等都屬於物質文化之範疇。以上諸因素之良窳，會對學生的「心理平衡」、「價值觀和態度」與「學習方式」等三方面產生哪些影響？請至少各舉出一項加以說明。

100年度教師資格檢定考試：國小組

一、選擇題

（B）　1. 小明學習英語時，如果受到教師的鼓勵，學習就更起勁；但是如果受到教師的責罵，學習就意興闌珊。這是哪一種學習定律？

(A) 準備律　　　(B) 效果律　　　(C) 練習律　　　(D) 交換律

（A）　2. 有關學生問題行為的成因，下列敘述何者正確？

(A) 學生的問題行為可能來自教師的不當管教

(B) 學生不當行為之所以產生，都是為了引起教師的注意

(C) 城市、鄉村和郊區學校的學生問題成因，沒有什麼不同

(D) 家長和教師教養態度不一致時，並不會影響學生的行為表現

（C）　3. 小明上課時故意走動，藉以引起教師注意。教師採取不理睬的態度，經過幾次後，小明就不再有此種行為。教師的此種作法屬於下列何者？

(A) 同化原則　　(B) 調適原則　　(C) 消弱原則　　(D) 增強原則

（B）　4. 下列何者有助於李老師保持全班學生的注意力？

甲、同時讓每個學生都參與活動

乙、嚴厲糾正或懲罰不專心的學生

丙、指名個別學生，再出題命其回答

丁、隨時環視全班並機動調整教學活動

(A) 甲乙　　　　(B) 甲丁　　　　(C) 乙丙　　　　(D) 丙丁

（B）　5. 李老師認為現在的學生學習過於被動，想要設計一個「讓學生主動學習的教學策略」。下列何種作法不適切？

(A) 幫助學生互相認識，進行合作學習

(B) 提出問題，並提供完整的範例與解答

(C) 幫助學生建立對學習內容的興趣與好奇

(D) 瞭解學生的能力與程度，並鼓勵分享知識

（B）　6. 小傑經常控制不了自己的情緒，發作時總會哭鬧著推倒桌椅。輔導

主任建議導師採用「過度校正」的策略。下列何者符合此一策略？

(A)請同學共同要求小傑練習控制情緒

(B)請小傑扶正推倒的桌椅並將全班的桌椅排列整齊

(C)請小傑抄寫「我不亂發脾氣、不再亂推桌椅」10遍

(D)請小傑在全班同學面前大聲唸出「我會控制情緒」20遍

(A) 7. 當學生將要發脾氣時，林老師總是先安撫學生，然後請學生思考以下問題：

甲、除了發脾氣以外，還可以做哪些事情？

乙、如果你做了那些事情，會有什麼後果？

丙、在這些後果中，哪一個最好？為什麼？

丁、如果再發生同樣的情況，你會怎麼做呢？

林老師的作法應用了下列哪一項策略？

(A)認知本位策略　　　　　　(B)行動照顧策略

(C)情緒抒發策略　　　　　　(D)抗拒支配策略

二、問答題

1. 小雄是一位個性害羞的男生，講話聲調比較細柔，動作舉止也較為「女性化」，班上有些同學會笑他「娘娘腔」或「不男不女」。對於這些學生的不當行為，教師應如何進行輔導？

100年度教師資格檢定考試：中等學校組

一、選擇題

(A) 1. 陳老師在上課時，會隨時因應學生的學習速度、提供多樣性的教材內容、調整評量的內容，也會調整教師的角色與任務。陳老師是採用下列何種教學策略？

(A)個別化教學策略　　　　　(B)團體化教學策略

(C)擬人化教學策略　　　　　(D)目標化教學策略

（C）　2. 班級家長會為激勵學生的學習動機，提出「本次段考前三名同學，每人可獲500元獎金」。此一作法最有可能造成下列何種效應？

(A) 會建立精熟的學習目標

(B) 會傳達自我精進的觀念

(C) 會造成班內同學的競爭

(D) 會樹立努力與追求進步的學習楷模

（C）　3. 有關班級常規的經營，以下敘述何者最適當？

(A) 班級常規是由導師制定

(B) 班級常規的執行限定在教室之內

(C) 班級常規的經營會形成潛在課程

(D) 班級常規的經營就是處理學生的偏差行為

（A）　4. 王老師因為甲同學不專心聽課，且頻頻與鄰座的乙同學講話，因此給予甲、乙兩同學罰站，讓其他同學引以為戒。下列何者最符合這種現象？

(A) 漣漪效應　　(B) 自我應驗　　(C) 補償作用　　(D) 投射作用

（D）　5. 謝老師在開學時對全班說：「我已經看過全班同學的資料，發現我們這班的學業性向成績優於其他班級……」並且在學期中多次提到這點。結果，這個班級的平均成績果然優於其他班級。下列何者最符合這種現象？

(A) 以身作則（modelling）

(B) 天花板效應（ceiling effect）

(C) 霍桑效應（Hawthorne effect）

(D) 自我應驗預言（self-fulfilling prophecy）

（A）　6. 教師在處理班級問題行為時，下列何者是合理的？

(A) 覺察→診斷→處方→輔導→評量→追蹤

(B) 覺察→診斷→追蹤→輔導→處方→評量

(C) 覺察→診斷→輔導→評量→處方→追蹤

(D) 覺察→診斷→處方→追蹤→輔導→評量

二、問答題

1. 若您是一位新老師，正好擔任國中（或高中職）一年級新生的導師，您將如何帶領這個班級，讓學生遵守班級規範？

101年度教師資格檢定考試：國小組

一、選擇題

(A) 1. 學生學習後體會到：「陳樹菊女士的善行之所以能夠溫暖人心，並不在於捐款是否令人讚嘆，而在於善舉本身樸實且踏實的本質。」此屬於下列哪一種學習結果？

(A) 態度情意　　(B) 動作技能　　(C) 心智技能　　(D) 認知策略

(A) 2. 一般而言，教師家庭訪問應該特別注意下列何者？

(A) 擬定溝通內容　　　　　(B) 瞭解家庭隱私

(C) 宣導教育政策　　　　　(D) 評論其他教師

(C) 3. 下列何者不是教師管教學生的適切措施？

(A) 調整學生座位　　　　　(B) 要求學生口頭道歉

(C) 取消學生加入社團的權利　(D) 要求學生完成未完成之作業

(D) 4. 下列何者是實施行為改變技術的第一個步驟？

(A) 選擇增強物　　　　　　(B) 確認起點行為

(C) 選擇增強方式　　　　　(D) 確定目標行為

(B) 5. 每當小明考100分時，張阿姨就會送給小明一張他最喜歡的棒球卡，因此在小明的心中，認為張阿姨是全世界最愛他的人。此時的小明應處於柯柏格（L. Kohlberg）道德認知發展理論的哪一個階段？

(A) 避罰服從導向　　　　　(B) 相對功利導向

(C) 尋求認同導向　　　　　(D) 順從權威導向

(B) 6. 下列哪一項作法運用了社會性增強的技巧？

(A) 學生犯錯時，立即給予懲罰

(B) 學生答對時，給予讚美和肯定

(C) 讓成績優秀的學生免除勞動服務

(D) 獲得全校第一名的學生頒發獎學金予以鼓勵

（D）　7. 由於班級學生的生活常規每況愈下，教師擬運用「腦力激盪」引導學生找出解決方法，其運用之最關鍵原則為何？

(A) 掌控時間

(B) 規定大家參與

(C) 運用菲力浦六六討論法

(D) 對於各種解決方法先不做價值判斷

（B）　8. 王老師對學生充滿同情，對教學抱持熱情。這使得他對弱勢學生的違規或抗拒行為，常不忍苛責。若以批判教育學的觀點來看，王老師的思維盲點為何？

(A) 教師應提供學生適切的學習資源

(B) 教師對該類學生的特質過度感同身受

(C) 教師應避免複製學校與社會上的種種不公義

(D) 教師是道德的中介者，必須善盡責任與義務

二、問答題

1. 學生上課玩手機，教師應如何介入以改善此行為？

101年度教師資格檢定考試：中等學校組

一、選擇題

（A）　1. 教師教學時不宜出現下列哪一選項？

(A) 對學生說：「牛牽到北京還是牛。」

(B) 熟悉班上學生姓名與背景，常以適性語言溝通鼓勵

(C) 對起點行為不足或內向羞怯學生，設定不同的成功標準

(D) 要求學生蒐集生活素材，做到「蛛絲馬跡皆學問，落花流水皆文章。」

(C) 2. 下列何者屬於班級經營中的「心理—社會」環境？

(A) 班級動線　　(B) 班級時間　　(C) 班級氣氛　　(D) 班級空間

(B) 3. 教師對於班級中表現良好的同學，可給予不同類型的獎賞。下列有關獎賞類型的敘述，何者正確？

(A) 和這位同學握一下手，是為活動式的獎賞

(B) 給這位同學一個微笑，是為社會式的獎賞

(C) 記這位同學一次優點，是為物質式的獎賞

(D) 送這位同學一份禮物，是為代幣式的獎賞

(D) 4. 王老師問：「每一個人都可以隨便打人、偷竊或說謊嗎？」。請問，下列哪一種學生的反應屬於「自律」？

(A) 因為我不喜歡，所以不可以

(B) 老師說不可以，所以不可以

(C) 這麼做是違反校規的，所以不可以

(D) 這麼做會侵犯與傷害別人，所以不可以

(D) 5. 小強與小明在課堂上講話，影響教學活動的進行。為處理此種不當行為，教師不宜採取以下何種策略？

(A) 問小強：「有什麼事嗎？」

(B) 走到教室前方，沉默的站著

(C) 注視著小明，把手指放在唇上

(D) 對著小強與小明微笑，點頭示意

(C) 6. 教師想瞭解學生是否熟練CPR急救程序，以便發給通過證明。此時應使用哪一種方式進行評量最為適切？

(A) 以口述方式說出操作程序與動作

(B) 學生兩兩互為對象進行模擬操作

(C) 以道具人安妮為對象進行模擬操作

(D) 聯繫消防局，利用溺水或意外個案進行實際操作

(C) 7. 下列哪一敘述最符合「果斷紀律」型教師的特質？

(A)把漫畫書收起來，否則就有你受的

(B)我一再要你不要講話，你卻明知故犯

(C)小莉，你必須舉手發問，未經允許，不得問問題

(D)為什麼你一再欺負小明，我已經告訴你好多次不要再欺負他了

二、問答題

1. 某生經常在課堂上製造事端以引起師生的注意，不僅干擾班級秩序，並且影響教學進度。面對此一案例時，教師應如何處理？

102年度教師資格檢定考試：國小組

一、選擇題

（C）　1. 下列哪些方法可促進學生踴躍發言？

甲、提供增強物

乙、依座號順序輪流發言

丙、提出符合學生生活經驗的問題

丁、儘量提出批評，以激勵學生反省

戊、對於較沉默的學生，鼓勵轉述他人之發言內容

(A)甲乙丙　　　(B)甲乙丁　　　(C)甲丙戊　　　(D)乙丙丁

（B）　2. 學生為了引起教師的注意，頻頻出現「不舉手就講話」的行為。教師較不宜採取下列何種處理方式？

(A)即刻予以制止　　　(B)予以懲戒處分

(C)予以漠視不加理會　　　(D)提醒尊重他人發言權

（C）　3. 小明上課愛玩玩具，又屢勸不聽。如果老師運用「我─訊息」策略，會對小明說什麼？

(A)小明，你上課一再玩玩具，實在很差勁！

(B)小明，你下次再玩玩具，我就沒收不還你了！

(C)小明，你上課玩玩具，影響我上課，我很生氣！

(D)小明，你爲什麼不聽話？叫你上課不要玩玩具你偏要玩！

二、問答題

1. 小華上課時喜歡跟老師唱反調。老師說坐下，他就是要站起來；老師說故事時，他就不斷喊：「不好聽！不好聽！」爲了避免產生連漪效應，教師應如何有效處理？試至少列舉四種策略。

102年度教師資格檢定考試：中等學校組

一、選擇題

(C)　1. 下列有關教室布置的敘述何者爲誤？
   (A)布置要考慮教育性和環保
   (B)布置要留意溫度、通風和光線
   (C)布置要固定，一勞永逸不再更換
   (D)布置要考慮安全，避免出現有毒物品

(D)　2. 楊老師使用微笑、輕拍學生肩膀或眼神接觸，以增強學生的良好行爲。楊老師使用下列哪一種增強方式？
   (A)實物性增強　(B)活動性增強　(C)符號性增強　(D)社會性增強

(D)　3. 教務主任爲了實驗，隨機抽取八年一班的三位學生，然後告訴新接八年一班的英文教師，這三位學生的資質特別優異。一學期後，這三位同學的成績果然脫穎而出。這三位同學表現優異的現象，屬於下列哪一種效應？
   (A)月暈效應　　(B)霍桑效應　　(C)混沌效應　　(D)比馬龍效應

(A)　4. 在班級經營時，教師不宜運用下列哪一種肢體語言？
   (A)經常觸及學生身體以表示親切
   (B)運用身體姿勢以傳達教師的情緒
   (C)運用眼神接觸，提醒聊天的學生停止說話
   (D)走近不專心的學生，讓其注意力集中於課業

（C）　5. 下列何者屬於「人本中心」的班級經營取向？

（A) 教師自行制定班規　　　　　(B) 教師負責班級規劃與組織

（C) 教師引導學生共同制定班規　(D) 教師要求學生遵守既定的規範

（C）　6. 姜老師對班級經營所抱持的基本想法是：「學生獲得獎勵的行為會重複出現，被忽視或懲罰的行為會減少或消失。因此，可適當使用增強物，來塑造學生的行為。」姜老師的想法較接近下列哪一選項的主張？

(A) 葛拉塞（W. Glasser）的選擇理論

(B) 高登（T. Gordon）的教師效能訓練

(C) 史金納（B. Skinner）的操作制約學習

(D) 雷多（F. Redl）和瓦登堡（W. Wattenberg）的團體動力學

（A）　7. 葉老師先對阿忠的媽媽說：「以我對阿忠的觀察，他跟同學間的相處一直很好，只是沒想到前幾天和同學發生一點爭執而大打出手。現在同學都不理他了。」再說：「雖然這件事我已居中做了排解，今天請您來學校，是想瞭解應該如何進一步幫助阿忠。」最後說：「我想告訴您接下來我會怎麼做，也希望您可以支持並和我合作。」這屬於下列哪一種親師溝通技巧？

(A) 三明治技術　(B) 迂迴溝通術　(C) 評價式稱讚　(D) 鑑賞式稱讚

（C）　8. 下列哪一項屬於無效的稱讚？

(A) 你代表班上同學比賽得到佳作，我們與有榮焉

(B) 你有今天的好表現，那是因為你能一直超越自我

(C) 這次本班成績進步，是因為命題老師多半是本班的任課老師

(D) 這次班級獲得團體總錦標，那是各位用汗水所編織出來的結果

（C）　9. 周老師利用「社會計量法」評估班上同學的人際關係。下列哪一項作法有待商榷？

(A) 周老師在指導語中限定每位學生最多只能選五人

(B) 周老師向學生保證，他對填答的結果會予以保密

(C) 為避免洩漏學生的選擇，周老師不會根據學生的作答進行分組

(D) 周老師使用真實情境的問題，例如：班遊中，你最希望與誰同

組？最不希望與誰同組？

（B） 10. 林老師強調：獎懲對學生是有效的，為營造一個理想的學習環境，要讓學生清楚知道老師的期望，且要貫徹執行。此一觀點符合下列哪一種班級經營的理念？

(A)目標導向　　(B)果斷紀律　　(C)和諧溝通　　(D)權變理論

103年度教師資格檢定考試：國小組

一、選擇題

（B） 1. 家庭聯絡簿是親師溝通有效的橋梁。下列有關家庭聯絡簿的運用方式，何者較為適切？

(A)學生偷竊、說謊等負向行為，宜用聯絡簿告知家長

(B)學生在校的優異表現，可透過家庭聯絡簿讓家長瞭解

(C)若家長工作忙碌，可一星期在家庭聯絡簿上簽名一次

(D)若家長連續幾天未在聯絡簿上簽名，只需問學生原因，不必連絡家長

（A） 2. 維持上課秩序，以利教學進行，是教師做好班級經營的要務。下列哪一種方式較不適當？

(A)教師要建立個人的權威　　　(B)教師善用輔導與管教辦法

(C)儘量讓教學變得生動有趣　　(D)教師事先與學生約定獎懲方式

（A） 3. 在班級經營上運用「條件契約」，下列何種作法較不適切？

(A)契約內容應經過學校核備　　(B)契約內容應讓學生感到公平

(C)契約中的語詞應具體明確　　(D)多採正向行為結果敘述方式

（A） 4. 張老師請同學討論：「如果知道其他同學受到霸凌，在自己也有可能受到威脅的情況下，是否應該主動告知師長？」同學充分討論各種情況，並仔細思考各種結果後，公開表達自己的想法與作法。此屬於價值澄清法中的哪一個階段？

(A) 選擇　　　　(B) 珍視　　　　(C) 行動　　　　(D) 檢討

二、閱讀下文後，回答1-2題

　　某日，上完體育課，同學陸續回到教室，小華忽然大叫：「我錢包裡的500塊錢不見了！」頓時，全班亂成一團。

(D)　1. 如果你是級任導師，宜先採取下列哪一項策略？

(A) 對全班進行地毯式大搜索

(B) 請學生匿名寫出最有嫌疑的同學

(C) 請小華公開說出最有嫌疑的三個同學

(D) 請小華回憶自到學校到現在的全部經歷

(A)　2. 如果小華丟錢屬實，但一直無法發現錢的下落。在放學前，導師宜採取下列何種策略？

(A) 安撫小華的激動情緒，連絡家長並說明後續的處理方向

(B) 告訴小華一切錯在他自己，不該攜帶太多錢財引發他人覬覦

(C) 態度堅定的告訴學生，沒有查個水落石出，大家就都不要放學

(D) 以如何預防丟錢為題，引導全班以小華為鑑，此後絕對不要帶錢到校

三、問答題

1. 營造一個安心且熱衷學習的教室文化，有助於提升學生的學習品質。請提出教師可用以形塑這種文化的三種方法，並加以說明之。

2. 張老師是國小高年級導師。她發現班上各組同學的向心力不高，組員之間很容易產生衝突，討論的表現也不佳。請提出四種可以改善上述狀況的策略，並加以說明之。

103年度教師資格檢定考試：中等學校組

一、選擇題

(B) 1. 上課時，黃老師發現大明為了引起她的注意，常會出現怪聲或做出奇特舉動，黃老師卻刻意不加理會；不久之後，大明自覺無趣，便不再出現前述行為。黃老師所採的策略屬於下列何者？
　　(A) 隔離　　　(B) 消弱　　　(C) 正增強　　　(D) 負增強

(B) 2. 王老師知道班上同學喜歡打球，但不喜歡寫數學練習題，因此要求全班同學完成數學練習題後才可以去打球。王老師運用了何種賞罰原則？
　　(A) 代幣原則（Token principle）
　　(B) 普利馬克原則（Premack principle）
　　(C) 社會性酬賞原則（Social reward principle）
　　(D) 社會互賴原則（Social interdependence principle）

(A) 3. 下列有關親師衝突的認知，何者正確？
　　(A) 親師衝突是可能發生的事件，教師應發揮專業素養，及時處理
　　(B) 親師衝突會造成敵意，應依家長的意見行事，避免衝突擴大
　　(C) 親師衝突代表教師的教學或管教方式有問題，應該立即檢討改進
　　(D) 教師只要公平對待每位學生，家長就會支持，不會發生親師衝突

(D) 4. 楊老師在廁所發現正在抽菸的學生，要學生把菸交出來，學生嗆老師多管閒事，老師一氣之下，打了學生一個耳光。隔天該生家長到校長室，告老師體罰學生。經正當程序後，楊老師被記一個大過，才平息這件事。下列敘述何者較為正確？
　　(A) 學生不該抽菸，被抓後態度又差，老師的體罰是可被接受的
　　(B) 家長應該告誡孩子，因犯錯被體罰是應該的，不可責怪老師
　　(C) 學校的處分太過不近人情，楊老師負起管教責任應該被肯定
　　(D) 老師應以說理方式輔導學生，而不應採取體罰方式加以處理

(A) 5. 九年三班的葉大雄上學經常遲到，但是今天卻準時到校。身為該班

導師的你，採取下列何種反應最適宜？

(A) 立即以口頭讚賞葉大雄的準時上學

(B) 交付葉大雄每日早自習點名的責任

(C) 給葉大雄記個優點，予以特別獎勵

(D) 哇！今天變天了，葉大雄準時上學了

二、問答題

1. 傅同學因段考作弊，被記大過乙次，其家長向導師抗議，認為校方小題大作。請說明可供該班導師參考的五項處理方式。

104年度教師資格檢定考試：國小組

一、選擇題

（ D ）　1. 吳老師帶著同學一起訂定班級公約。在討論過程中，吳老師告訴學生「該如何做」，而不是告訴他「不可以做些什麼」。此種作法最符合下列何種班規建立原則？

(A) 班規與學校校規相互配合符應　(B) 考慮學生的身心發展與成熟度

(C) 訂出大原則並切合簡單易執行　(D) 班規以正面措詞加以敘述為佳

（ D ）　2. 教師提問後，學生回答不正確時，下列何種處置方式較不適切？

(A) 教師再將題目複述一次

(B) 提供學生線索並略加以提示

(C) 建議學生暫停回答，再多加思考

(D) 教師提出個人觀點，修正學生的錯誤

（ A ）　3. 下列有關座位安排的敘述，何者有誤？

(A) 直列式有利於師生眼神接觸和非語言溝通

(B) 圓桌式雖有利於學生合作學習，但易使學生分心

(C) 馬蹄式有利於教師隨時走到中央位置，注意每個學生的反應

(D)在直列式的座位安排下，坐在前面和中央的學生，通常有較高的參與感

（A） 4. 下列何者較屬於果斷型（assertive style）的教師態度與行為？

(A)建立教室常規，並確實執行，以維持高效率的學習環境

(B)教師必要時，可以嚴厲指責學生，以展現教師的決斷力

(C)針對學生正向行為予以增強，避免懲罰學生的不當行為

(D)教師應獨當一面，避免學校行政人員及家長介入班級經營

（B） 5. 楊老師積極布置一個良好的教學情境來感染學生，讓學生能經由模仿作用提升學習動機與成效。此種作法較符合下列何種理論的主張？

(A)系統增強理論 　　　　(B)社會學習理論

(C)結構功能理論 　　　　(D)需求層次理論

（B） 6. 李老師上課時，看到小華不停地滑手機，吸引了其他同學的目光，沒多久還發出一陣陣的嘻笑聲。後來李老師沒收小華的手機，小華拜託李老師歸還無效後，生氣地瞪著老師。如果你是李老師，與學生溝通時，下列何者較為適切？

(A)你是不是想要對我動手 　(B)你是不是有話要跟我說

(C)你這樣是幼稚且愚笨的行為 　(D)如果我是你，我會立刻道歉

二、問答題

1. 小新、小明和小凱三個男生常在一起玩。小新的說話腔調及行為有點女性化，小凱有一次開玩笑說：「小新，你真像女生耶！我要叫小明摸你大腿喔！」這時小新拿起桌上的原子筆說：「你敢摸我，我就刺下去。」話才說完，他就馬上往小明的大腿刺下去！開玩笑的是小凱，小明只是站在一旁起鬨，反而成為受害者。如果你是老師，應該如何處理這項偶發事件？（至少寫出四項）

104年度教師資格檢定考試：中學教師組

一、選擇題

(C)　1. 劉老師為能掌控學生上課時的注意力，安排ㄇ字型學生座位，上課時採異質分組，進行小組討論與學習。除課本內容外，劉老師還編製許多加深加廣的教材，要求學生課前預習與課後複習。請問，劉老師的教學較偏向何種教育理念？

(A)精熟學習　　(B)協同教學　　(C)學習共同體　(D)生命共同體

(D)　2. 林老師得知班上某些同學，常在校園人跡較少的角落聚集。負責該角落整潔工作的同學也向林老師報告，打掃時常要清理一堆錫箔紙、奇怪的罐子、針頭及紙捲。林老師懷疑班上同學可能涉及藥物濫用的問題。請問，林老師如何處理較為恰當？

(A)立即通報警察機關來校處理　　(B)呈報學務處，由學務處處理

(C)與家長聯繫，自行帶回管束　　(D)與家長和相關單位共商對策

(B)　3. 有關班級經營的敘述，下列何者最為正確？

(A)班級經營應遵循成規，對學生一視同仁

(B)班級經營的決定應由教師與學生共同參與

(C)班際比賽得到冠軍是班級經營最應強調的事項

(D)教師只要有耐心與愛心，班級經營即可順利進行

(D)　4. 張老師計畫以「社會計量法」來安排學生座位時，會優先考量下列哪一方式？

(A)按照學生的成績高低安排座位

(B)按照學生的身高大小安排座位

(C)讓上課表現良好學生先選座位

(D)按照學生的同儕喜好安排座位

(B)　5. 游老師進行班級經營時，學生累積滿十個笑臉章，可選擇兌換第一等級的獎品，或可選擇不兌換，將十個笑臉章轉換成一張榮譽卡，每累積五張榮譽卡，則可兌換學生更喜歡的高一級獎品；依此類

推。游老師此一學習獎勵的設計，主要希望培養學生哪一種能力？

(A) 自我認同（self-identification）

(B) 延宕滿足（delay of gratification）

(C) 場地獨立（field independence）

(D) 觀點取替（perspective taking）

（B） 6. 下列哪一句話，比較屬於「我—訊息」（I-message）的溝通策略？

(A) 你總是缺交作業，我真不知該怎麼辦

(B) 我無法瞭解你缺交作業的原因，我很擔心你的成績會退步

(C) 你已缺交作業好多次了，下次再缺交作業，就不要來上課了

(D) 我為你缺交作業想了很多辦法，你還是缺交，你到底是怎麼了

7-8為題組

閱讀下文後，回答7-30題。

張老師安排四至五個學生為一組，並且各組均有高中低程度的學生；上課時老師先說明基本概念，再提供學習任務由小組共同討論，然後各組分享討論的結果。

（D） 7. 張老師運用此一教學設計最主要的用意為何？

(A) 改善班級常規管理 　　(B) 提供學生前導組體

(C) 增加學生學習精熟 　　(D) 提供鷹架增進學習

（D） 8. 此一教學設計最強調的學習觀點為何？

(A) 學習是訊息處理策略的應用 (B) 學習是需要經過練習而精熟

(C) 學習是教師專業知識的傳授 (D) 學習是透過社會互動而建構

二、問答題

1. 李老師的班上有許多漫畫迷，他擔心學生看漫畫會影響課業學習，但又不想採取嚴厲強制的手段來禁止學生看漫畫。請問，李老師應採取哪些班級經營策略來引導學生學習呢？請列舉五項。

105年度教師資格檢定考試：國小組

一、選擇題

（D）　1. 下列何種情境最不適合使用消弱策略？

(A) 小明上數學課時，沒有舉手就發言

(B) 小美上國語課時，發出奇怪的聲音

(C) 小威上自然課時，故意做出滑稽動作

(D) 小華上綜合課時，拿出小刀亂割桌子

（B）　2. 有關教師輔導與管教「比例原則」的敘述，下列何者最不適切？

(A) 採取之措施應有助於目的之達成

(B) 違規行為之處罰應強調能否達到以儆效尤的效果

(C) 採行措施所造成之損害不得與欲達成目的之利益明顯失去均衡

(D) 有多種同樣能達成目的之措施時，應選擇對學生權益損害較少者

（B）　3. 上體育課時，體育老師指導學生進行棒球賽。銘益揮棒時不慎打到榮光，害他掉了一顆大門牙。榮光家長要求銘益家長賠償，銘益家長不願意，認為不是故意的，應該道歉就可以了。雙方家長鬧得很不愉快，要求學校處理此事。如果您是級任老師，可採取下列哪些處理方式？

甲、事發當時，應立即將學生送醫，以盡級任老師之責

乙、此案件應交由雙方家長自行協商處理即可，不必干預

丙、事後應掌握時效與雙方家長、體育老師和學校行政，共同討論解決方案

丁、此案件發生在上體育課，應交由體育老師和學校行政去處理，以免越權

(A) 甲乙　　　　(B) 甲丙　　　　(C) 乙丁　　　　(D) 丙丁

閱讀下文後，回答問題。

下課沒多久，小美生氣的跑進教室，跟級任林老師說：「班上同學小明故意掀她裙子，還笑著說她的胸部很大 。林老師聽完，覺知小明所為是性騷擾

行爲，應該儘速處理。

（B） 4. 針對小美被性騷擾這個事件，林老師必須對小明進行管教，下列林老師的哪一項作爲最不適切？

(A) 請家長也在家中教導小明尊重異性

(B) 顧及小明自尊，採用忽視方式處理

(C) 讓小明知道性騷擾行爲是不應該的

(D) 瞭解小明的動機和原因，並進行輔導

（D） 5. 林老師必須採取一些作爲幫助小美，下列何者最不適切？

(A) 答應小美不會將此事宣揚

(B) 請家長一起關心小美的身心狀況

(C) 安撫小美，讓她明白不是她的問題

(D) 請小美和班上的女生聯合抨擊小明

二、問答題

1. 學校辦理五年級躲避球賽，最後甲班和丁班進行冠亞軍賽。兩班競賽非常激烈，賽程剩下最後十秒時，比數相同，但發球權在丁班手中，甲班的啦啦隊直呼不要接球。但孫同學想要接球卻漏接了，結果裁判判丁班獲勝。甲班的同學都責怪孫同學，讓孫同學很難過，隔天沒來上課。如果你是甲班老師，可採取哪些具體策略，讓孫同學回學校上課，重建全班的信心。（至少三項）

105年度教師資格檢定考試：中等學校組

一、選擇題

（A） 1. 下列班級經營措施，何者最符合「邏輯性後果」（logical consequence）的作法？

(A) 要求學生賠償損壞的公物

(B) 要求遲到的學生罰跑運動場

(C) 對亂丟紙屑的學生給予罰站

(D) 剝奪未交作業學生的下課休息時間

（B） 2. 小瑜急忙地跑到導師辦公室找陳老師。她說：「老……師，打破……玻璃了……」陳老師的回應是：「有人受傷嗎？打破哪裡的玻璃？誰打破的？」陳老師所運用的口語行為符合下列哪一種？

(A) 中立的陳述　　　　　　　(B) 形成問題的陳述

(C) 支持學習者的陳述　　　　(D) 教師自我支持的陳述

（C） 3. 根據「學校訂定教師輔導與管教學生辦法注意事項」，教師處理學生的違規行為時，下列何者並非合理的處罰方式？

(A) 在教室後面罰站二十分鐘

(B) 經學務處和隔壁班教師同意，於行為當日，暫時轉送其他班級學習

(C) 經班會決議通過並徵得家長會同意後，在班規中明訂處以一百元的罰款

(D) 在教室安排一堂課的「特別座」，暫時讓學生與其他同學保持適當距離

（D） 5. 當學生完成閱讀心得報告，獲得學校評為「特優」時，教師宜採取下列哪一種讚美較能激發學生的學習動機？

(A) 你真棒，真是太好了！

(B) 你拿到特優，真是全班的表率啊！要繼續保持下去喔！

(C) 你拿到特優，真是太棒了！繼續加油，學業成績就可以拿到第一名喔！

(D) 你很用心讀完整本書，努力完成心得報告，拿到特優，真是為你高興！

（B） 6. 有一群學生在學校走廊橫衝直撞，林老師攔下其中一位並質問：「你在走廊奔跑，有沒有違規？」這名學生很生氣地辯駁說：「我們有好幾個人在跑，為什麼只指責我？」林老師再次質問，該名學生再次辯駁，林老師仍是堅定地質問：「你在走廊奔跑，有沒有違規？」林老師是使用哪一種技術？

(A) 我—訊息法　(B) 破唱片法　(C) 邏輯後果法　(D) 漣漪效應法

二、問答題

1. 上課鐘響了，阿強還在籃球場打球，恰巧被體育老師看到，於是老師請他馬上進教室上課，但阿強正在興頭上，覺得再玩五分鐘就好。體育老師堅持阿強必須馬上進教室，阿強不從，並惡言相向。請問，如果你是這位體育老師，該如何處理（請至少列舉五項合理方法）？

106年度教師資格檢定考試：國小組

一、選擇題

(D)　1. 開學後，班上的秩序不佳，教師想運用比馬龍效應於班級經營中，下列何者較適切？

(A) 老師利用一節課讓學生上臺去講個夠，就不會再吵了

(B) 老師調動座位，讓愛講話的與安靜的孩子一起坐，降低吵鬧頻率

(C) 老師跟班長說：把吵鬧的學生名字記在黑板上，再罰他們清掃教室

(D) 老師跟學生說：我們班比其他班懂事，秩序一定會一天比一天進步

(B)　2. 下課時，學生一窩蜂跑到遊樂場遊玩，一個學生不小心在遊玩中摔倒受傷流血。導師得知後，應最優先採取下列哪一項行動？

(A) 立即詢問受傷學生或是在場學生，該生受傷原因

(B) 立即趕到現場，護送受傷的學生到健康中心處理

(C) 立即跟班上學生一起檢討，遊玩時應如何避免意外傷害

(D) 立即聯絡家長領回自行帶往就醫，或直接送醫再通知家長

(C)　3. 下列哪一種作法較能促進學生的班級歸屬感？

(A) 將所有的班級例行工作交由學生幹部決定

(B) 提供額外獎勵給願意分擔班級例行工作的學生

(C) 每隔一段時間讓全班學生輪流負責各項班級管理工作

(D) 所有年級的學生都可以自行決定所要負責的班級工作

（D）　4. 陳老師發現小美拿筆在課桌上塗鴉，想要以「邏輯後果」（logical consequences）來代替處罰。下列何種作法比較適切？

(A) 全班圍觀小美清洗她的課桌

(B) 小美必須清洗全班同學的桌子

(C) 一個星期之內，小美都不能使用課桌

(D) 小美要在放學之前找時間清洗她的桌子

（A）　5. 低調班級經營技巧（low-profile classroom management）強調在不影響教學節奏及課程進度的情況下，終止干擾教室上課的學生不當行為。下列在課堂上出現的行為問題，哪些較適用於低調班級經營的技巧？

甲、塗鴉

乙、傳紙條

丙、言語攻擊

丁、做白日夢

戊、破壞他人物品

(A) 甲乙丁　　　(B) 甲丙戊　　　(C) 乙丙戊　　　(D) 乙丁戊

（D）　6. 教師經常使用行為改變技術來塑造學生行為。對於正增強、負增強與懲罰三者的敘述，何者正確？

(A) 懲罰可以強化學生的正向行為

(B) 負增強意在停止學生負向行為

(C) 正增強和懲罰使用頻率儘量相當

(D) 正增強和負增強意在強化學生的正向行為

二、問答題

1. 新學期開始，有家長在班親會上提議，組成一個line群組，以方便聯絡班級事務，並請陳老師加入群組。面對家長的提議，陳老師應該如何妥善處理？

（請寫出至少三項作法，並說明理由）

106年度教師資格檢定考試：中等學校組

一、選擇題

(C) 1. 張明明喜歡指使同學幫他做事。有一天，他想要黃老師依他的想法更改上課的活動方式，但黃老師不願意，張明明便發脾氣不願意上課。張明明的行為屬於德瑞克斯（R. Dreikurs）所提出的哪一項錯誤目標？

(A) 尋求注意　　(B) 尋求報復　　(C) 尋求權力　　(D) 避免失敗

(B) 2. 開學一週來，有四位學生分別向林老師報告受到同學的「霸凌」。下列何者最符合「霸凌」的定義？

(A) 曾大華上課愛吵鬧，害我無法專心聽老師講話

(B) 巫筱真常常拿走我心愛的東西，並丟進垃圾桶

(C) 鄭大雄在打掃時間拿掃把亂揮，差一點打到我

(D) 鍾曉君有一次強迫我和她一起蹺課出去網咖玩

(D) 3. 德雄常在課堂中帶頭起哄，影響班上的學習活動。許老師為了不讓德雄帶頭起哄，刻意指派德雄擔任風紀股長，協助管理班級秩序。德雄為了維持班級秩序，自己的問題行為也有所改善。許老師的作法，較符合下列哪一效應或原則？

(A) 比馬龍效應　　　　　　(B) 約翰亨利效應

(C) 普利馬克原則　　　　　(D) 增強相對立原則

(C) 4. 在光明國中的校外教學過程中，建志私自離隊又忘了集合時間，因而遲到30分，影響後續的行程。帶隊老師十分生氣，在車上斥責建志。其他同學看到老師生氣的樣子，心生警惕。其後，未再發生遲到或私自離隊的情形。下列哪一效應可以解釋其他同學的行為反應？

(A) 羊群效應　　(B) 蝴蝶效應　　(C) 漣漪效應　　(D) 自我效應

（B）　5. 大明幫父母賣衣服到凌晨才休息，因此上學常遲到。盧老師要如何
運用三明治技術（sandwich technique）與其家長溝通？

(A) 先說大明上學遲到的事實，再提出他在校的優良表現，最後說明
老師的期望

(B) 先說大明在校的優良表現，再提出他上學遲到的事實，最後說大
明是位貼心的學生

(C) 先說大明上學遲到的事實，再提出請家長讓他提早回家休息，最
後說明學校的規定

(D) 先說大明上課精神不濟的事實，再提出學校的規定，最後說明輔
導室對大明的輔導措施

二、問答題

1. 導師在開學時通常會寫一封信給學生的家長或監護人，讓他們充分理解自己
的班級經營理念和作法，並請他們保持適切的親師互動。請就理念、作法及
親師互動等項目，撰擬此信。

■附錄二■

班級經營教師甄試口試試題

01. 你擔任班級導師時，在班級經營計畫的擬定方面，會包括哪些重要的項目？

02. 你擔任科任教師時，在班級經營方面，會重視哪些項目？為什麼？

03. 接一個新班級時，你會作哪些方面的準備？為什麼？

04. 如果今天是新生入學，你擔任導師的話，會作哪些方面的準備？簡要條列出來。

05. 擔任導師如何贏造良好的親師生關係？有哪些方法或策略可以參考？

06. 請問班級的教室布置要包括哪些項目？為什麼？

07. 教師如何營造一個良好的班級學習氣氛？有哪些方法可以參考？

08. 班級常規應該要包括哪些項目？你會定哪些重要的班級常規？

09. 在班級經營中如何重視學生的個別差異？有哪些方法可以參考？

10. 教師如何運用行為改變技術，改變學生的偏差行為？

11. 教師如何加強學生的閱讀理解？或是鼓勵學生進行閱讀？

12. 教師如何訓練學生良好的常規？有哪些方法可以參考？

13. 教師如何在班級中肯定學生？有哪些方法可以參考？

14. 教師對於違規的學生？有哪些策略可以運用？

15. 對於上課容易分心的學生，有哪些方法可以處理？

16. 教師如何維持班級良好的秩序？有哪些策略可以參考？

17. 班級氣氛受到哪些因素的影響？教師如何善用這些影響因素？

18. 教師如何鼓勵學生？有哪些方法可以參考？

19. 教師如何營造良好的師生關係？有哪些方法可以參考？

20. 班級學習角如何布置？要注意哪些事項？

21. 班級教室學生的座位如何安排？有哪些原則？

22. 科任教師的班級常規管理有哪些方法或策略？

23. 教師的教學活動如何提高學生的參與？

24. 對於學習困難的學生，有哪些方法可以參考？

25. 對於學習落後的學生，有哪些方法可以運用？

26. 教師如何運用發問技巧，瞭解學生的學習情形？

27. 學生的學習有哪些理論可以參考？這些理論如何運用？

28. 教師派給學生的家庭作業有哪些原則？這些原則如何運用？

29. 教師如何提高學生的學習動機？有哪些方法或策略可以運用？

30. 對於班級轉學生如何輔導？有哪些方法可以運用？

31. 教師如何協助學生的學校適應？有哪些輔導方法可以參考？

32. 班級網頁的設計有哪些項目？

33. 對於不守秩序的學生，教師如何輔導？

34. 對於過動的學生，教師如何輔導？

35. 對於逃學的學生，教師如何輔導？

36. 對於有說謊行為的學生，教師如何輔導？

37. 對於有暴力行為的學生，教師如何輔導？

38. 對於有偷竊行為的學生，教師如何輔導？

39. 對於單親的學生，教師如何輔導？

40. 對於有藥物濫用的學生，教師如何輔導？

41. 對於新移民的子女，教師如何輔導？

42. 班級容易出現哪些危機？教師如何因應？

43. 教師在放長假時，應該叮嚀學生哪些重要事項？

44. 班級安全檢查要注意哪些原則？

45. 假期作業的指定有哪些原則？

教育研究院教師資格檢定考試歷年試題107年以後試題，請參見下列網址
https://tqa.rcpet.edu.tw/TEA_Exam/TEA03.aspx

國家圖書館出版品預行編目資料

班級經營／林進材著.--三版.--臺北市：五南
圖書出版股份有限公司, 2022.09
　　面；　公分.
ISBN 978-626-343-250-5（平裝）
1.CST：班級經營
521.64　　　　　　　　111013217

1IPJ

班級經營

作　　者 ― 林進材（134.1）

發 行 人 ― 楊榮川

總 經 理 ― 楊士清

總 編 輯 ― 楊秀麗

副總編輯 ― 黃文瓊

責任編輯 ― 李敏華

封面設計 ― 王麗娟

出 版 者 ― 五南圖書出版股份有限公司

地　　址：106臺北市大安區和平東路二段339號4樓

電　　話：(02)2705-5066　　傳　　真：(02)2706-6100

網　　址：https://www.wunan.com.tw

電子郵件：wunan@wunan.com.tw

劃撥帳號：01068953

戶　　名：五南圖書出版股份有限公司

法律顧問　林勝安律師

出版日期　2005年4月初版一刷（共五刷）
　　　　　2017年9月二版一刷（共二刷）
　　　　　2022年9月三版一刷
　　　　　2023年10月三版二刷

定　　價　新臺幣560元

經典永恆・名著常在

五十週年的獻禮 ── 經典名著文庫

五南，五十年了，半個世紀，人生旅程的一大半，走過來了。

思索著，邁向百年的未來歷程，能為知識界、文化學術界作些什麼？

在速食文化的生態下，有什麼值得讓人雋永品味的？

歷代經典・當今名著，經過時間的洗禮，千錘百鍊，流傳至今，光芒耀人；

不僅使我們能領悟前人的智慧，同時也增深加廣我們思考的深度與視野。

我們決心投入巨資，有計畫的系統梳選，成立「經典名著文庫」，

希望收入古今中外思想性的、充滿睿智與獨見的經典、名著。

這是一項理想性的、永續性的巨大出版工程。

不在意讀者的眾寡，只考慮它的學術價值，力求完整展現先哲思想的軌跡；

為知識界開啟一片智慧之窗，營造一座百花綻放的世界文明公園，

任君遨遊、取菁吸蜜、嘉惠學子！